किन्नर
अबूझ रहस्यमय जीवन

किन्नर

अबूझ रहस्यमय जीवन

शरद द्विवेदी

लोकभारती प्रकाशन

लोकभारती प्रकाशन
पहली मंजिल, दरबारी बिल्डिंग, महात्मा गांधी मार्ग
प्रयागराज-211 001

वेबसाइट : www.lokbhartiprakashan.com
ईमेल : info@lokbhartiprakashan.com

शाखाएँ : 1-बी, नेताजी सुभाष मार्ग, दरियागंज
नई दिल्ली-110 002
अशोक राजपथ, साइंस कॉलेज के सामने
पटना-800 006
1, अनमोल सोराबजी संतुक लेन, धोबी तलाव,
मरीन लाइंस, मुम्बई-400 002

पहला संस्करण : 2022
दूसरा संस्करण : 2024

मूल्य : ₹ 795

बी.के. ऑफसेट
नवीन शाहदरा, दिल्ली-1100 032
द्वारा मुद्रित

KINNAR
ABUJH RAHASYAMAY JIVAN
by Sharad Dwivedi

ISBN : 978-93-93603-34-0

प्रात:स्मरणीय गोलोकवासी
बाबा स्व. रामसुफल द्विवेदी
व
दादी स्व. सूरजकली को समर्पित

विनम्र श्रद्धांजलि

स्व. डॉ. रामनरेश त्रिपाठी

स्व. मन्तू मिश्रा

स्व. बेनीमाधव मिश्रा

स्व. श्रीकृष्ण द्विवेदी 'मन्त्री जी'

क्रम

आमुख

दुनिया का हर देश, हर धर्म इनसानियत की धुरी पर टिका है। तमाम जाति, धर्म, वर्ग व संस्कृति में बँटने के बावजूद सभी इनसानियत की राह पर चलते हैं। इसके अनुरूप नियम-कानून बनाए गए हैं, लेकिन उसका दायरा सिर्फ स्त्री व पुरुष तक सीमित है। कानून के जरिए सिर्फ लड़का-लड़की, स्त्री-पुरुष को अधिकार, सम्मान दिलाने पर जोर दिया गया। थर्ड जेंडर अर्थात किन्नर उसके दायरे में नहीं आए। इनसान होने के बावजूद किन्नर उपेक्षित हैं। इनके हित में कानून तो बने लेकिन उसका जमीनी स्तर पर पालन नहीं हो रहा है। इसके पीछे तर्क दिया जाता है कि किन्नर न स्त्री हैं और न ही पुरुष। फिर उन्हें कोई आरक्षण अथवा कानून का लाभ कैसे दिया जाए? यह स्थित भारत सहित विश्व के लगभग सभी देशों में है। आखिर यह बड़ी विडम्बना है ना! यहाँ व्यक्ति को बिना किसी गलती की सजा दी जा रही है। सजा देनेवाला कोई और नहीं, बल्कि वही शासनतन्त्र है जो सबको बराबरी का हक देने का दम भरता है। खैर, 20वीं सदी आते-आते किन्नरों का स्वाभिमान व अधिकार लेने का जज्बा जागा तो अधिकतर देशों की सत्ता हिल गई। किन्नरों के हित में कानून बनाए गए। भारत में भी किन्नरों के पक्ष में कानून बना। उन्हें धार्मिक, सांस्कृतिक पहचान दिलाने की कागजी कार्रवाई शुरू हुई। लेकिन, अभी बहुत कुछ करना बाकी है। किन्नरों के आत्मीय दर्द, उनकी खूबी, उनके संस्कार, संस्कृति व परम्पराओं को शरद द्विवेदी ने अपनी पुस्तक 'किन्नर : अबूझ रहस्यमय जीवन' में बखूबी समाहित किया है। यह पुस्तक किन्नरों से आत्मीय जुड़ाव कराती है। साथ ही किन्नरों को आत्मगौरव की अनुभूति होगी। इससे किन्नर स्वयं के अधिकार व सम्मान के लिए पुरजोर आवाज उठाने को प्रेरित होंगे।

—डॉ. बिपिन पांडेय
अध्यक्ष विश्व पुरोहित परिषद

अपनी बात

किन्नर-हिजड़ा-मामू! इन शब्दों के कानों में गूँजते ही आँखों के समक्ष बेबस, लाचार इनसान की छवि प्रकट हो जाती है। बदन पर साड़ी, माँग में सिन्दूर, हाथों में चूड़ी व माथे पर बिन्दी धारण किए स्त्री स्वरूप सामने नजर आती है। लेकिन, क्या ये वास्तव में स्त्री होते हैं? जवाब मिलेगा नहीं। क्या पुरुष साड़ी पहनकर स्त्री का श्रृंगार करते हैं? इसका भी जवाब है नहीं। इस जवाब के बाद हर किसी के मन में तीसरा प्रश्न कौंधता है कि स्त्री व पुरुष नहीं हैं तो ये इनसान हैं कौन? इसका उत्तर है 'किन्नर'। जो न स्त्री हैं और न ही पुरुष, लेकिन दोनों का गुण इनके अन्दर समाहित होता है। किन्नरों की यही व्यथा है। स्त्री व पुरुष के ताने-बाने में उलझा समाज इसी कारण किन्नरों को महत्त्व नहीं देता। लैंगिक विकृति के कारण जन्म के बाद उन्हें माँ-बाप त्याग देते हैं, फिर समाज दर-दर की ठोकरें खिलाता है। किन्नरों के मुस्कुराते हुए चेहरे के ओट में दर्द का अथाह सागर समाहित है। उपेक्षा का दंश ऐसा है कि इनसान होने के बावजूद उन्हें भिन्न जीवन जीने को मजबूर होना पड़ता है। आम इनसान से दूरी ने किन्नरों का जीवन रहस्यमई बना दिया। इनकी परम्पराएँ-संस्कार-श्रृंगार समाज के लिए रहस्य है।

देखा जाए तो ज्ञान-विज्ञान का इतिहास तमाम संस्कृति और सभ्यताओं की लुप्त होती कथाओं से भरा पड़ा है। उन कथाओं में किन्नरों का जिक्र भी आता है। प्राचीनकाल में ऋषि-मुनियों ने विभिन्न ग्रन्थों में किन्नरों की महत्त्वपूर्ण उपस्थिति दर्शाई है। उन्हें भगवान शिव के अर्द्धनारीश्वर का प्रतीक, मर्यादा पुरुषोत्तम श्रीराम के अनन्य भक्त के रूप में प्रदर्शित करते हुए किन्नरों को 'उपदेवता' की उपाधि प्रदान की गई। लेकिन, समय के साथ सारी मान्यताएँ व उपाधियाँ गर्त में चली गईं। आज किन्नरों को लेकर तमाम भ्रान्तियाँ हैं। अनेकों मिथक उनकी स्थिति चिन्ताजनक बनाते हैं। सच्चाई यह भी है कि किन्नरों का तिलिस्म व रहस्य लोगों को आकर्षित भी करता है। मैं भी उन्हीं लोगों में शामिल हूँ, जो किन्नरों के पर्दे के पीछे की सच्चाई की अनुभूति करने के लिए प्रयासरत रहा। कुछ तो जुगुप्सा और कुछ अनकही जानने की आतुरता की वजह से किन्नरों के रहस्यमय संसार

की ओर मेरा रूझान हुआ। या यूँ कहूँ कि स्वयं के अन्दर व्याप्त इनसानियत के प्रवाह ने उस ओर धकेल दिया। विद्वानों की मानें तो चेतन पर अचेतन अक्सर अपना प्रभाव बना लेता है। यह भी हो सकता है कि बचपन से स्त्री के स्वरूप में पुरुषों की भाँति कड़कती आवाज, लचकपूर्ण चालवाले इनसानों की विचित्रता को देखकर बड़े होने पर शब्दों के भाव के रूप में विस्तार पाया, जो एक पुस्तक के आकार में प्रस्फुटित हुई है।

'अपनी बात' देशज लोक मान्यताओं से शुरू होती है, जो मानव की प्रारम्भिक पाठशाला है। जहाँ से आचरण और सभ्यता के अंकुर फूटते हैं। बचपन की कुछ धुँधली यादें हैं। मैं बाबा रामसुफल द्विवेदी व दादी सूरजकली का आत्मीय स्नेह-सान्निध्य प्राप्त करने के लिए अपने गाँव प्रतापगढ़ जिला के कुंडा तहसील के अन्तर्गत आनेवाले अखैबरपुर जाता था। बाबा रात में सन्त-महात्माओं व महापुरुषों से जुड़ी रोचक कहानियाँ सुनाते थे। कहानियों में कई बार किन्नरों का जिक्र आता था। बाबा किन्नरों का जिक्र अर्द्धनारीश्वर व श्रीराम के प्रिय भक्त के रूप में करते थे। लेकिन, किन्नर स्त्री हैं अथवा पुरुष ? ये प्रश्न उस समय मेरे मन में नहीं आया। उन्हीं कहानियों के कारण सनातन धर्म, संस्कृति व इनसानियत के बीज उसी वय में अंकुरित हुए। उम्र बढ़ने पर अलग-अलग क्षेत्रों में किन्नरों की विचित्र और बेढब दुनिया से सामना हुआ। मेरे लिये वह हमेशा कौतुहल का केन्द्र थे। मन जानने को आतुर था कि किन्नर स्त्री-पुरुष से अलग कैसे होते हैं? कोई उन्हें अपने साथ क्यों नहीं रखता? मन में कौंधते यह यक्ष प्रश्न जवाब पाने को व्याकुल थे। लेकिन, कभी उनके निजी जीवन में झाँकने की हिम्मत नहीं हुई। सही कहूँ तो मैं भी किन्नरों को आम इनसान से अलग मान बैठा था। किन्नरों के भयावह प्राणी होने की छवि मेरे मन में बसी थी।

कालचक्र बढ़ता रहा। मैं पत्रकारिता की दुनिया में कदम रख चुका था। उसी दौरान वर्ष 2013 मेरे लिये खास अवसर लेकर आया। इसी वर्ष प्रयागराज में सनातन धर्म व वैभव का प्रतीक महाकुम्भ मेला लगा। मैं देश के प्रमुख समाचार पत्र 'दैनिक जागरण' में कार्यरत था। महाकुम्भ की विशेष कवरेज के लिए टीम बनी। मुझे भी टीम का हिस्सा बनाया गया। रिपोर्टिंग करते हुए मैंने अखाड़ों व नागा संन्यासियों के विचित्र संसार को करीब से देखा। फिर 2015 में नागा संन्यासियों पर आधारित पुस्तक लिखी। पुस्तक को सुन्दर आकार देने में संगम लाल जी का प्रयास अतुलनीय रहा। संगम लाल जी नागा संन्यासियों की सामग्री देखकर मेरी रुचि व जिज्ञासा को भाँप गए थे। उन्होंने नागा संन्यासियों की भाँति मुझे किन्नरों के जीवन पर पुस्तक लिखने को प्रेरित किया। तब मैंने उनकी बातें सुनकर अनसुना कर दिया

था, क्योंकि वह मेरे लिये असम्भव था, लेकिन संगम लाल जी को खुश करने के लिए कह देता था कि, 'हाँ किन्नरों के ऊपर किताब जरूर लिखूँगा।' मेरी इच्छा के विपरीत संगम लाल जी के शब्द धीरे-धीरे मेरे मन-मस्तिष्क मे विस्तार ले रहे थे। खैर, मैं अपनी पत्रकारिता की दुनिया में रमा था। प्रयागराज में वर्ष 2019 में कुम्भ मेला का आयोजन हुआ। वृहद कवरेज के लिए 'दैनिक जागरण' की पुनः विशेष टीम बनी। सौभाग्य से मैं टीम का हिस्सा बन गया। इस कुम्भ में 'किन्नर अखाड़ा' की दस्तक ने धार्मिक क्षेत्र में उथल-पुथल मचा दिया था। किन्नरों के अचानक धर्माचार्य बनने से आरोप-प्रत्यारोप का दौर चरम पर था। वहीं, आम जनमानस की भाँति किन्नरों का संन्यासी स्वरूप मेरे लिये भी कौतुहल का केन्द्र था। रिपोर्टिंग के दौरान किन्नर अखाड़ा के संस्थापक ऋषि अजय दास, आचार्य महामंडलेश्वर लक्ष्मीनारायण त्रिपाठी, महामंडलेश्वर भवानी माँ का आत्मीय सान्निध्य प्राप्त हुआ। इससे मुझे बचपन की जिज्ञासा शान्त करने का मौका मिल गया। जब उनके साथ समय बिताया तब लैंगिक दिव्यांगता की वेदना, उपेक्षा भरे जीवन की असल अनुभूति हुई। धार्मिक, कानूनी व सामाजिक अधिकार की प्राप्ति के लिए किन्नरों के अन्दर व्याप्त दुनिया से लड़ने का माद्दा भी देखा। यहाँ से किन्नरों के प्रति मेरी सोच बदल गई। मेरे मन में उनके प्रति सम्मान का भाव जाग्रत हो गया। कुम्भ बीतने के बाद पुनः अपने कार्य में जुट गया। कई कुचक्र व साजिशों को झेलते हुए कर्त्तव्य के पथ पर पग बढ़ा रहा था। छह जून 2019 को मैं 'दैनिक जागरण' के राज्य ब्यूरो का हिस्सा बन गया। मुझे चुनौतीपूर्ण काम मिला था। ईश्वर की कृपा से अपने काम में लगा रहा। फिर 25 मार्च, 2020 को प्रधानमन्त्री नरेन्द्र मोदी जी ने कोरोना वायरस का प्रकोप बढ़ने पर देश में लॉकडाउन घोषित कर दिया। हमें सुबह कार्यालय न आने की छूट मिल गई। मैंने उस समय का सदुपयोग करते हुए 26 मार्च से किन्नरों के जीवन पर पुस्तक लिखने की प्रक्रिया शुरू कर दी। 'आपदा को अवसर' में बदलते हुए किन्नरों के रहस्य, परम्परा व कर्त्तव्यों से जुड़े विभिन्न घटनाक्रमों को तथ्यों के साथ लिपिबद्ध करके 'किन्नर कथा' नामक पुस्तक लिखी। कोरोना काल की दूसरी लहर में वर्ष 2021 के 29 अप्रैल को बड़े भाई श्रीकृष्ण द्विवेदी 'मन्त्री जी', 3 मई को ससुर डॉ. रामनरेश त्रिपाठी, 14 मई को बड़े चाचा त्रिलोकनाथ द्विवेदी का निधन हो गया। ये तीनों विभूतियाँ मेरे प्रेरक थीं। इनका निधन मेरी व्यक्तिगत छति थी। इनके निधन से मेरे जीवन में कुछ समय के लिए शून्यता आ गई थी। इसके बावजूद मैं कर्त्तव्य पथ पर पग बढ़ाता रहा।

पुस्तक को बेहतर बनाने में प्रयागराज दैनिक जागरण के सम्पादकीय प्रभारी राकेश पांडेय जी का मार्गदर्शन प्राप्त हुआ। प्रेरणा व अपनत्व देने के लिए उनका

कृतज्ञ हूँ। कार्यालय में वरिष्ठजन सुरेश पांडेय जी, अवधेश पांडेय जी, श्याम मिश्र जी, आशुतोष तिवारी जी, ज्ञानेन्द्र सिंह जी व प्रमोद यादव जी का प्रोत्साहन मिला। दैनिक जागरण के कार्यकारी सम्पादक विष्णु प्रकाश त्रिपाठी जी, उत्तर प्रदेश के राज्य सम्पादक आशुतोष शुक्ल जी, नई दुनिया मध्य प्रदेश के राज्य सम्पादक सद्‌गुरु शरण अवस्थी जी, राष्ट्रीय ब्यूरो प्रभारी आशुतोष झा जी, राज्य ब्यूरो प्रभारी अजय जाएसवाल जी, प्रयागराज के महाप्रबन्धक मनीष चतुर्वेदी, वरिष्ठ समाचार सम्पादक हरिशंकर मिश्र जी, राज्य ब्यूरो के वरिष्ठ साथी राजीव दीक्षित जी, धर्मेश अवस्थी जी व वरिष्ठ पत्रकार पवन द्विवेदी का मार्गदर्शन प्राप्त हुआ, जिसके लिए सबका आभारी हूँ। वरिष्ठ छायाकार भालचन्द्र चौबे जी, शरद मालवीय जी, राजीव वार्ष्णेय जी, शिव त्रिपाठी, गिरीश श्रीवास्तव, चन्द्रप्रकाश मिश्र, मुकेश कनौजिया व सत्यम श्रीवास्तव से आत्मीय सहयोग प्राप्त हुआ। भाषाविद् आचार्य पृथ्वीनाथ पांडेय जी, मार्गदर्शक व्रतशील शर्मा जी, सरस्वती पत्रिका के सम्पादक रविनन्दन सिंह जी व अनुपम परिहार जी ने विपरीत परिस्थितियों में हौसला बढ़ाया।

मैं अपने पिता सिद्धनाथ द्विवेदी व माँ विमला द्विवेदी के आशीर्वाद से इस कृति को आकार देने व सन्दर्भित तथ्यों को सम्यक तरीके से क्रमबद्ध करने में सफल हुआ। बड़े पिता जी सन्तकुमार द्विवेदी, चाचा सूर्यकुमार द्विवेदी, मामा शंकर दयाल मिश्र का सान्निध्य प्रेरणादाई रहा। पत्नी मंजू द्विवेदी, बहन अंजना, बहनोई रविप्रकाश मिश्र व भाई धीरज द्विवेदी की उत्प्रेरणा उत्साहवर्धक रही। पुत्र सात्विक व पार्थ भी मेरी प्रेरणा का हिस्सा बने। मेरा सुख यह है कि रचनाधर्मिता की ओर ईमानदारी से कदम यूँ ही निरन्तर बढ़ता रहे...।

—शरद द्विवेदी

किन्नरों के जन्म का कारण

हमारे समाज का ताना-बाना नर-नारी से मिलकर बना है। इन्हीं दोनों से सृष्टि का विस्तार माना गया है। पृथ्वी की समस्त संरचना, मानव संख्या में वृद्धि नर व नारी के मिलन से ही होती आई है। इन्हें अलग-अलग रूपों व पदों के अनुरूप समाज में देखा-समझा जाता है। इसकी व्याख्या विभिन्न रूपों नें काफी विस्तृत है। अगर उसी को सरल व संक्षेप में कहें तो पृथ्वी पर दो प्रकार के इनसानों की बाहुल्यता है। वह हैं नर व नारी। व्यक्ति भले किसी धर्म, जाति, वर्ग में जन्म ले, परन्तु उसकी उत्पत्ति लड़का व लड़की के रूप में ही होती है। उम्र बढ़ने पर वह लड़का-लड़की से युवक-युवती, पुरुष-महिला, वृद्ध व वृद्धा के रूप में पहचाना जाता है। यानी उम्र बढ़ने के साथ उनकी पहचान अलग-अलग रूपों में होती है। परन्तु उसके मूल अर्थात लिंग में कोई परिवर्तन नहीं होता। दो भिन्न लिंगों के रूप में इनसान की अलग-अलग पहचान होती है। लेकिन, इन दोनों के अतिरिक्त तीसरा वर्ग अथवा जेंडर भी हमारे समाज का हिस्सा है। जिसे किन्नर, हिजड़ा या थर्ड जेंडर के रूप में जाना जाता है। सामान्य रूप से संस्कृत भाषा में प्राणियों के दो रूप माने गए हैं स्त्रीलिंग व पुल्लिंग। जबकि व्याकरण की दृष्टि से तीन लिंग हैं। इन लिंगों में स्त्रीलिंग, पुल्लिंग व नपुंसकलिंग हैं। यही नहीं, अंग्रेजी में भी तीन जेंडर होते हैं, फेमिनिन, मैस्क्युलिन व न्यूटर जेंडर। लेकिन, तीसरे जेंडर की संख्या बहुत कम है। जन्मजात लैंगिक विकृति होने के कारण वह न नर होते हैं, न ही मादा अर्थात नारी। इससे उन्हें मानव समाज में बदनुमा दाग समझा जाता है। यही, इनकी उपेक्षा का प्रमुख कारण है। थर्ड जेंडर या किन्नरों की पहचान कुछ ऐसी बनाई गई है कि समाज के अधिकतर लोग उन्हें खुद से अलग देखते हैं। वह उन्हें इनसान के रूप में मानते ही नहीं हैं। जबकि सत्यता यह है कि किन्नरों के प्रति उपेक्षा का भाव प्रदर्शित करके समाज स्वयं की अज्ञानता का प्रदर्शन करता है। समाज भूल जाता है कि किन्नर किसी दूसरे लोक से नहीं आए हैं। ऐसा भी नहीं है कि किन्नर सिर्फ अभी पैदा हो रहे हैं। किन्नर तो अनादिकाल से पृथ्वी पर वास करनेवाली पवित्र आत्मा हैं। परन्तु अधिकतर लोग इस सच्चाई से अनभिज्ञ हैं। या यूँ कहें कि सच्चाई जानने के बावजूद अनजान बनने का प्रयास

करते हैं। इसके मूल में चाहे जो मंशा हो, परन्तु उसे किसी भी रूप में सही नहीं माना जा सकता।

किन्नरों की उत्पत्ति अथवा जन्म को लेकर जानने का प्रयास किया जाए तो उसका इतिहास काफी गौरवपूर्ण मिलता है। धर्मशास्त्रों में आम स्त्री व पुरुष से किन्नरों के श्रेष्ठ होने का प्रमाण मिलता है। वैसे, किन्नरों की उत्पत्ति को लेकर अलग-अलग किंवदन्तियाँ मिलती हैं। सनातन धर्मग्रन्थों के अनुसार सृष्टि की उत्पत्तिकाल से किन्नर पृथ्वी पर वास कर रहे हैं। देवी, देवताओं, असुरों की तरह किन्नर भी सृष्टि का अहम हिस्सा हैं। धार्मिक मान्यताओं के अनुसार किन्नरों की उत्पत्ति परमपिता ब्रह्माजी की छाया अथवा उनके पैर के अँगूठे से हुई है। जबकि दूसरी मान्यता है कि किन्नरों के आदिजनक अरिष्टा व कश्यप ऋषि थे। दोनों रूपों में किन्नर धार्मिक रूप से श्रेष्ठ व सम्मानीय माने गए हैं। देवताओं से तुलना होने पर उन्हें 'उपदेवताओं' की श्रेणी में रखा गया है। जो मनुष्य से ज्यादा श्रेष्ठ हैं। मनुष्य जन्म लेने के बाद अपने कर्म के अनुसार अलग-अलग क्षेत्रों में स्वयं की पहचान बनाता है, जबकि किन्नर तो जन्मजात 'किन्नर' होते हैं। उन्हें परमात्मा ही अलग पहचान देकर पृथ्वी पर भेजते हैं। कुछ लोगों को लगता है कि जब किन्नर की पहचान अलग है तो उनके जन्म की प्रक्रिया भी भिन्न होगी। परन्तु, ऐसा नहीं है। किन्नरों के जन्म की प्रक्रिया सामान्य है। किसी के घर में जैसे लड़का या लड़की का जन्म होता है। ठीक वैसे ही आम लोगों के घर में एक स्त्री के गर्भ से कोई बच्चा किन्नर के रूप में जन्म लेता है। जन्म के समय कुछ ग्रहीय स्थिति विपरीत होती है, जिसके कारण बच्चे में नर व मादा दोनों के गुण समाहित हो जाते हैं। वह बच्चा किन्नर कहलाता है।

विश्व पुरोहित परिषद के अध्यक्ष प्रख्यात ज्योतिषाचार्य डॉ. बिपिन पांडेय के अनुसार माँ के गर्भ में बच्चे के आने व जन्म लेने के कालखंड में उसके जीवनभर का ताना-बाना तय हो जाता है। बच्चा जब जन्म लेता है तो उस समय की ग्रहीय स्थिति उसके जीवनभर की रूपरेखा तय कर देती है। ग्रहों के प्रबल योग में जन्म लेनेवाला बच्चा धन, यश, कीर्ति प्राप्त करता है। भले ही वह गरीब परिवार में जन्म ले, परन्तु उसका भाग्य प्रबल है तो उम्र बढ़ने के साथ किसी-न-किसी माध्यम से वह समस्त सुख-सुविधाएँ, यश-कीर्ति हासिल कर लेता है। वहीं, जिसकी ग्रहीय स्थिति ठीक नहीं रहती वह चर्चित, धनाढ्य घर में जन्म लेने के बावजूद कुछ खास नहीं कर पाता। यहाँ समझनेवाली बात यह है कि बच्चे के जन्म का कालखंड व उसका ग्रहीय योग सबसे अधिक मायने रखता है। किन्नरों के साथ भी वैसा ही है। डॉ. बिपिन पांडेय बच्चे के नपुंसक यानी किन्नर के रूप में जन्म लेने के पीछे ग्रहीय

योग को प्रमुख कारण बताते हैं। बताते हैं कि धर्मशास्त्रों में उसका विस्तृत उल्लेख है, विपरीत ग्रहीय स्थिति में जन्म लेने पर बच्चे में प्रजनन क्षमता नगण्य हो जाती है। ऐसे बच्चों का हाव-भाव, चाल-चलन औरों से भिन्न होता है। उम्र बढ़ने पर वह स्त्री व पुरुष दोनों की भाँति व्यवहार करता है। लेकिन, झुकाव स्त्रियों की तरफ ज्यादा रहता है। डॉ. बिपिन अपनी बात को प्रमाणित करने के लिए आचार्य वराहमिहिर द्वारा रचित ग्रन्थ 'बृहज्जातकम्' का जिक्र करते हैं। बताते हैं कि बृहज्जातकम् में क्लीब यानी नपुंसक के जन्म के बारे में विस्तार से बताया गया है। उसमें पाँच प्रमुख कारण बताये गए हैं। हर कारण में ग्रहों की विपरीत स्थिति को नपुंसकता का प्रमुख कारण बताया गया है।

पहला कारण— जन्मलग्न में यदि चन्द्रमा सम राशि में और सूर्य विषम राशि में स्थित होकर एक-दूसरे को देखते हैं तब बच्चा नपुंसक होता है।

दूसरा कारण—जन्मलग्न में यदि शनि सम राशि में और बुध विषम राशि में होकर एक-दूसरे को देखते हैं तब जन्म लेनेवाले बच्चे में प्रजनन की क्षमता खत्म हो जाती है। ऐसे में वह नपुंसक के रूप में जन्म लेता है।

तीसरा कारण— बच्चे के जन्म के समय यदि चन्द्रमा और लग्न दोनों विषम राशि में हों और मंगल इन दोनों पर दृष्टि डाल रहे हों तब नपुंसक सन्तान का योग बनता है।

चौथा कारण— चन्द्रमा सम राशि में और बुध विषम राशि में हों और मंगल की दृष्टि उन पर पड़े तब नपुंसकता का योग बनता है। ऐसे स्थिति में जन्म लेनेवाला बच्चा नपुंसक होता है।

पाँचवाँ कारण— जन्मलग्न में शुक्र, चन्द्रमा और लग्न यह तीनों विषम राशि के नवमाँश में हों तथा राशि कोई भी हो तब नपुंसक सन्तान का योग बनता है। ऐसी स्थिति में बच्चा नपुंसक पैदा होता है।

वहीं, वैज्ञानिक दृष्टि से देखने पर स्थिति थोड़ी भिन्न मिलती है। चिकित्सकों का मत है कि स्त्री के गर्भधारण में वीर्य की अधिकता होने पर लड़का और रक्त की अधिकता होने पर लड़की का जन्म होता है। परन्तु, स्त्री के गर्भधारण के दौरान वीर्य और रक्त की मात्रा समान होने पर जन्म लेनेवाले बच्चे में प्रजनन क्षमता खत्म हो जाती है। इससे बच्चा किन्नर के रूप में जन्म लेता है। इन दोनों रूपों में किन्नर के जन्म की स्थिति स्पष्ट है। मोतीलाल नेहरू मेडिकल कॉलेज प्रयागराज में कार्यरत डॉ. सचिन सिंह बताते हैं कि पुरुष ही नहीं, बल्कि महिलाएँ भी किन्नर होती हैं। पुरुषों की तरह महिला किन्नरों की लिंग में विकृति होती है। शिशु के जन्म के समय लड़के के जननांग देखकर यह पता लगाया जाता है कि वो किन्नर (हिजड़ा) है।

लेकिन, लड़कियों में इसका पता 10-12 साल की आयु में चलता है। इसके पहले लड़कियों के किन्नर होने का पता नहीं चल पाता, क्योंकि उनके गुण में ज्यादा बदलाव नहीं होता। उम्र बढ़ने पर शारीरिक बनावट ठीक से न होने व लड़की के समान गुण विकसित न होने पर किन्नर होने की जानकारी होती है। यही कारण है कि कुछ महिला किन्नर समाज के बीच में रहती हैं और उनकी पहचान नहीं हो पाती। कइयों का स्त्री समझ कर विवाह भी हो जाता है।

महिला किन्नरों की यह है पहचान

-महिला किन्नरों को मासिक धर्म नहीं होता।

-आवाज में भारीपन रहता है।

-पुरुषों के समान दाढ़ी-मूँछ निकल आती है।

-स्तन विकसित नहीं होता।

-चाल-ढाल महिलाओं की तरह नहीं होती।

-गर्भधारण करने की क्षमता नहीं होती।

सनातन धर्म ग्रन्थों में किन्नरों के बारे में स्पष्ट व सारगर्भित वर्णन किया गया है। विस्तारपूर्वक बताया गया है कि ब्रह्मांड की उत्पत्ति के साथ ही ईश्वर ने त्रिगुणात्मक प्रकृति का निर्माण किया। धनात्मक, ऋणात्मक और उदासीन यह त्रिगुणात्मक प्रकृति रचना में दैवीय शक्ति की अद्‍भुत देन हैं। इन्हीं शक्तियों पर आधारित प्रकृति की रचना का ढाँचा निर्मित है। सृष्टि की उत्पत्ति के मूल में देवता और राक्षसों की उत्पत्ति हुई। देवता जहाँ धनात्मक ऊर्जा से बने थे। वहीं, राक्षस ऋणात्मक ऊर्जा के परिणाम थे। देवताओं की सकारात्मक सोच थी। वह बुद्धि व विवेक के धनी थे। देवता सृजनात्मक सोच के पोशक थे। वहीं, राक्षसी समुदाय इसके ठीक विपरीत था। वे नकारात्मक ऊर्जा, अज्ञान, अविवेक से भरे थे। राक्षस सदा विनाशात्मक सोच के पोशक थे। इन दो समुदायों की विपरीतता के बिना शायद इस सृष्टि की लता ही रुक जाती। इसी कारण दोनों को अलग-अलग स्वरूपों में बढ़ावा दिया गया। राक्षसों ने नकारात्मक सोच के साथ जब-जब त्रिभुवन में आतंक मचाया तब-तब भगवान विष्णु ने विभिन्न रूपों को धारण करके उनका विनाश करके ब्रह्मांड को स्थिरता प्रदान किया। वहीं, उदासीन प्रवृत्ति में किन्नरों को रखा गया, जो यश, वैभव से दूर रहकर सिर्फ धार्मिक कृत्यों से खुद को जोड़े रहे।

सनातन धर्म के पुराणादि ग्रन्थों में भगवान विष्णु के दस अवतारों का रोचक वृत्तान्त मिलता है। इसमें भगवान विष्णु के दो अवतार बड़े अद्‍भुत थे, जिनके

उल्लेख के बिना किन्नरों की दास्ताँ शायद अधूरी रह जाएगी। भगवान विष्णु के वे दो अवतार थे, वराह व नृसिंह। इन दोनों अवतारों के बारे में पुराण कहते हैं कि जब धरती पर लोभ, मोह, अहंकार और अत्याचार बढ़ता है। तब विविध रूप धारण करके भगवान विष्णु धरती को पापाचार से बचाते हैं। जब लोभ इतना बढ़ जाए कि धन के आगे सारे रिश्तों की बलि चढ़ा दी जाए, तब इन मायावियों का सर्वनाश करने के लिए भगवान विष्णु अलग-अलग स्वरूपों में प्रकट होते हैं।

लोभ के प्रतीक हिरण्याक्ष और हिरण्यकशिपु नाम के दो राक्षस कालान्तर में हुए। हिरण्य अर्थात स्वर्ण, जो स्वर्ण को अपना इष्ट या भगवान मानता हो, उसे हिरण्याक्ष कहा जाता है। जबकि स्वर्ण को कछुए के अंगों की भाँति अपने भीतर समेटने की इच्छा रखनेवाला हिरण्यकशिपु कहलाता है। यह दोनों धन एकत्र करने की चाह में अन्धे थे। धन की प्राप्ति के लिए पापाचार करने लगे। जब इनका लोभ अत्याधिक बढ़ गया, तो हिरण्याक्ष को मारने के लिए भगवान विष्णु ने वराह अवतार लिया। इस अवतार की विशेषता यह थी कि इनका मुख तो वराह अर्थात सुअर का था लेकिन, नीचे का पूरा शरीर देवतारूपी मानव का था। इसी प्रकार हिरण्यकशिपु को मारने के लिए भी भगवान विष्णु ने जिस नृसिंह अवतार का रूप धारण किया था, वह भी दो जातियों का मेल था। मुखमंडल शेर का था, हाथ व पैर के पंजे भी शेर के थे लेकिन, बाकी शरीर का स्वरूप मनुष्य का था अर्थात दो जीवों से मिलकर उनकी रचना का प्रकटीकरण हुआ था। इन दो जीवों के रूप के मेल के द्वारा भगवान विष्णु ने दोनों राक्षसों का वध किया था। इसमें नृसिंह अवतार ने राक्षसरूपी लोभ की उस प्रकृति को हर प्रकार से मध्य की स्थिति में लाकर मारा, जब न तो रात थी और न दिन अर्थात सन्ध्याकाल। धरती, न आकाश अपितु जंघाओं पर रखकर मारा।

हिरण्याक्ष व हिरण्यकशिपु की लोभरूपी प्रकृति को नष्ट करने के लिए ईश्वर आधे-अधूरे विकृत शारीरिक रूप में प्रकट हुए। ठीक उसी प्रकार किन्नर अधूरी, विकृत शारीरिक रचना के धनी हैं। इस प्रकार वे भी ईश्वर के उसी स्वरूप का प्रतीक हैं। जो ऋणात्मक शक्तियों की वृद्धि रोकने का कार्य करते हैं। यह तृतीय प्रकृति यानी किन्नर समाज में बढ़ते लोभ को नष्ट करने में अपनी महती भूमिका निभाने का प्रयास कर रही है। इसके लिए किन्नर धर्म, राजनीति, सामाजिक कार्य सहित समाज के अलग-अलग क्षेत्रों में महत्त्वपूर्ण भूमिका निभा रहे हैं। किन्नरों के अन्दर बढ़ती जागरूकता को देखते हुए साफ नजर आ रहा है कि उनका दखल आनेवाले दिनों में समाज के हर क्षेत्र में बढ़ता ही जाएगा। यही सक्रियता समाज में उन्हें स्वीकार्यता व सम्मान दिलाने में कारगर होगी।

सनातन धर्म ग्रन्थों में किन्नरों का महत्त्व

सनातन धर्म में त्रिदेव यानी भगवान ब्रह्मा, भगवान विष्णु व भगवान शिव की महिमा का बखान है। ब्रह्माजी सृष्टि के रचयिता, विष्णुजी सृष्टि के पालक और शिवजी सृष्टि के संहारक माने गए हैं। मान्यता है कि सृष्टि-निर्माण के बाद से सब कुछ तीनों देवों के निर्देशानुसार संचालित हो रहा है। इसका विस्तृत उल्लेख अनेक धर्मग्रन्थों में मिलता है। तीनों देवों में भगवान शिव के विभिन्न स्वरूपों का बखान शास्त्रों में किया गया है। शिव का प्रतीकात्मक स्वरूप 'लिंग' है। शिवलिंग का सनातन धर्मावलम्बी अत्यधिक पूजन करते हैं। इसमें भी 12 ज्योर्तिलिंग का विशेष महत्त्व है। देश के अलग-अलग दुरूह क्षेत्रों में स्थित ज्योर्तिलिंग साक्षात भगवान शिव के प्रतीक माने जाते हैं। शिवलिंग को दो शक्तियों से निर्मित माना गया है। शिवलिंग जहाँ पुरुष शक्ति का परिचायक है, तो वहीं जिस योनि आकृति ने उसे समाहित कर रखा है वह स्त्री शक्ति का परिचायक है। जबकि विज्ञान के दृष्टि से यह धनात्मक व ऋणात्मक रूपी ब्रह्मांडीय विद्युतीय शक्तियों का प्रतीकात्मक स्वरूप है। शिवलिंग का स्वरूप सृष्टि में धनात्मक व ऋणात्मक रूपों में विभक्त होकर आपस में क्रियाशील होता है। इससे सृष्टि का निर्माण व संचालन होता है। इसी कारण आदिशिव को अर्द्धनारीश्वर भी कहा जाता है।

शिवलिंग के दो भाग, यानी लिंग व योनि हैं। वह दो शक्तियों के प्रतीक हैं। इसमें स्त्री व पुरुष शक्ति की अभिव्यक्ति समाहित है। लेकिन, शिव के अर्द्धनारीश्वर स्वरूप में स्त्री और पुरुष दोनों के अर्द्धभाग को मनुष्य के नख से शिख तक एकात्मक रूप में प्रदर्शित मिलते हैं। शिव के इस अर्द्धनारीश्वर स्वरूप को हिन्दू श्रद्धाभाव से पूजते हैं। भगवान शिव का अर्द्धनारीश्वर स्वरूप में स्त्री व पुरुष दोनों की अभिव्यक्ति समाहित है। भगवान शिव का अर्द्धनारीश्वर स्वरूप किन्नर स्वरूप प्रकट करता-सा लगता है, क्योंकि उनके अन्दर भी स्त्री व पुरुष दोनों की प्रकृति अर्थात गुण समाहित होता है। इससे किन्नरों की चाल-चलन व व्यवहार आम स्त्री व पुरुष से भिन्न होता है। सतयुग, त्रेतायुग व द्वापरयुग में अनेक मौकों पर किन्नरों की महिमा बखानी गई है। उन्हें 'उपदेवता' की संज्ञा देते हुए पूज्यनीय बताया गया है।

शिवपुराण में अर्द्धनारीश्वर की कथा आती है, जिसके अनुसार ब्रह्माजी ने सारी सृष्टि की रचना करके समस्त जीवों का निर्माण कर दिया। लेकिन, प्रजा की रचना न हो सकी। तब ब्रह्माजी ने मैथुन क्रिया से सृष्टि बनाने का निर्णय लिया, जिससे उसका निरन्तर विस्तार होता रहे। पूर्वकाल में ईश्वर में शक्तियों का कुल प्रकट नहीं हुआ था। इसके कारण ब्रह्माजी ने मैथुन सृष्टि की रचना नहीं की थी। यहाँ इस बात को बल मिलता है कि सर्वप्रथम मैथुन सृष्टि के पहले की सृष्टि रचना में प्रजा सन्तान उत्पन्न करने की क्षमता से विहीन थी। जैसे आज के किन्नर हैं। किन्नरों में भी सन्तान उपन्न करने की क्षमता का अभाव होता है। वह सन्तान उत्पन्न नहीं कर सकते।

फिर ब्रह्माजी ने स्त्री व पुरुष के संयोग से सृष्टि की रचना को गति प्रदान की। इसके बाद ब्रह्माजी को आभास हुआ कि प्रजा वृद्धि के निमित्त परमेश्वर से पूछना चाहिए, क्योंकि उनकी प्रसन्नता के बगैर यह प्रजा सुखी व सम्पन्न नहीं रहेगी, न ही उसकी अपेक्षा के अनुरूप वृद्धि होगी। यह सोचकर ब्रह्माजी ने तप करने का निर्णय लिया। उन्होंने आदि परमशक्ति अनन्त से युक्त परमेश्वर की तपस्या शुरू की। इससे प्रसन्न होकर भगवान शिव व माता पार्वती अर्द्धनारीश्वर के रूप में प्रकट हुए। तब ब्रह्माजी ने उनसे कहा कि, 'मैं ब्रह्मा पुरुष शक्ति से युक्त हूँ, परन्तु स्त्री शक्ति के अभाव में मैं मैथुन सृष्टि की रचना नहीं कर सकता। मैं आपसे प्रजा की वृद्धि के निमित्त प्रार्थना करता हूँ, कि अपने अंश से चराचर की वृद्धि करें।' यह सुनकर उस शक्ति ने अपनी भू के मध्य से एक प्रतापशाली शक्ति को प्रकट किया और ब्रह्माजी के वचन से वह देवी दक्ष की कन्या हुई। इसके बाद भगवान शिव अर्न्तध्यान हो गए। उस दिन से इस लोक में स्त्री संयोग प्रतिष्ठित हुआ। जबकि सृष्टि के निर्माणकाल से अर्द्धनारीश्वर के रूप में किन्नरों की उत्पत्ति हो रही है।

किन्नरों की महिमा का बखान सनातन धर्म के प्रमुख ग्रन्थ 'श्रीरामचरितमानस' में प्रमुखता से किया गया है। श्रीरामचरितमानस में अनेकों स्थानों पर 'किन्नर' शब्द का प्रयोग मिलता है। प्रभु श्रीराम के जन्म व उनके जीवनकाल में अनेक सुअवसरों पर गोस्वामी तुलसीदास जी ने किन्नर शब्द का प्रयोग किया हैं।

श्रीरामचरितमानस के प्रारम्भिक कांड बालकांड के प्रारम्भ में ही गोस्वामी जी ने सभी की प्रार्थना इस प्रकार से की है—

देव दनुज नर नाग खग प्रेत पितर गन्धर्व।
बंदऊँ किंनर रजनीचर कृपा करहु अब सर्ब।।

इस चौपाई में देवता, नर, नाग, पक्षी, प्रेत, पितर, गन्धर्व, दानव इत्यादि के साथ किन्नरों का उल्लेख किया गया है।

ऐसे ही तीर्थराज प्रयाग में माघ मास में मकर-सक्रान्ति पर्व पर संगम में होनेवाले स्नान, भजन-पूजन का बखान करते हुए तुलसीदास जी कहते हैं—

माघ मकरगत रवि जब होई।
तीरथपतिहिं आव सब कोई।।
देव दनुज किंनर नर श्रेनीं।
सादर मज्जहि सकल त्रिबेनी।। (बालकांड, 44)

यहाँ त्रिवेणी यानी संगम में स्नान के लिए सबके साथ किन्नरों के आगमन का उल्लेख किया गया है। तीर्थराज प्रयाग में सम्मान के साथ किन्नरों को यज्ञ इत्यादि कार्यों के लिए सादर आमन्त्रण होता है।

किंनर नाग सिद्ध गंधर्बा। बधुन्ह समेत चले सुर सर्बा।

जब दक्ष प्रजापति ने यज्ञ का आयोजन किया था। तब यज्ञ में नाग, सिद्ध, गन्धर्व, देवताओं के साथ किन्नरों को भी आमन्त्रित किया गया। यह किन्नरों के विशेष महत्त्व को साबित करता है।

ऐसे ही जब लंकापति रावण का मर्यादा पुरुषोत्तम भगवान श्रीराम ने वध किया तब गोस्वामी जी ने लिखा—

बरषहिं सुमन हरषि सुर, गगन निसान।
गावहिं किंनर सुरबधू, नाचहिं चढ़ी बिमान।। (लंकाकांड, 109क)

मर्यादा पुरुषोत्तम भगवान श्रीराम के राज्याभिषेक के समय कहा गया कि—

नभ दुदंभि बाजहिं बिपुल गंधर्व किंनर गावहीं।
नाचहिं अपछरा बृंद परमानंद , सुर मुनि पावहीं।। (उत्तराकांड, 12)

इन दोनों मंगलकारी अवसरों पर अन्य समुदायों के साथ किन्नरों की प्रसन्नता का वर्णन आता है। इसके अलावा दोनों चौपाइयों में अलग-अलग अवसरों पर विशेष रूप से किन्नरों के द्वारा गीत गायन का उल्लेख मिलता है। गन्धर्वों की भाँति ही किन्नर भी उस काल में संगीत गायन में अपना स्थान रखते थे। तब उनका एक सम्मानजनक स्थान समाज में था। यही कारण है कि प्रजा की खुशहाली के लिए प्रभु श्रीराम ने जब अश्वमेध यज्ञ कराया तो उसमें देवताओं, राजाओं सहित अन्य विशिष्टजनों के साथ किन्नरों को भी ससम्मान आमन्त्रण भेजा था।

किन्नरों की वीरता, ईमानदारी व कर्म के प्रति समर्पण को लंकापति रावण अच्छी तरह से जानते थे। अगर कहा जाए कि रावण किन्नरों के इस गुण से प्रभावित थे तो अतिशयोक्ति नहीं होगी। यही कारण है कि रावण ने किन्नरों का हठपूर्वक हरण करके उन्हें अपने राज्य में ले आए। इसका वर्णन भी मिलता है—

देव, जच्छ गन्धर्व नर, किंनर, नाग कुमारि।
जीति बरीं निज बाहु बल बहु सुंदर बर नारी।। (बालकांड, 182ख)

किन्नर, सिद्ध, मनुष्य, देवता, नाग सभी के पीछे रावण हठपूर्वक लग गया। ब्रह्माजी की सृष्टि के सभी शरीरधारी स्त्री-पुरुषों को उसने अपने अधीन कर लिया था। इन दोनों चौपाइयों से इस बात का पता चलता है कि अन्य समुदायों के साथ ही किन्नरों का भी हरण किया गया था। अर्थात किन्नर जाति से रावण परिचित था। त्रेतायुग में किन्नरों की संख्या बहुतायत में थी। वह अन्य मनुष्य की भाँति समाज में अपना अस्तित्व रखते थे। इसी से रावण ने अन्यों के साथ उनका हरण किया था।

किन्नरों में काम शक्ति होती है। भले ही उनका जनन अंग विकृत हो या शारीरिक बनावट में स्त्री व पुरुष दोनों के ही अंश देखे जाते हों। रामायण की इस बात से यह स्पष्ट होता है कि इनमें कामेच्छा रहती है, क्योंकि जब शिवजी ने पार्वती से विवाह करने से मना कर दिया था, तब देवताओं ने उन्हें काम के वशीभूत करने के लिए उनके पास कामदेव को भेजा। कामदेव की शक्ति से चराचर सृष्टि कामान्ध हो गई—

मदन अंध ब्याकुल सब लोका।
निसि दिनु नहिं अवलोकहिं कोका।।
देव दनुज नर किंनर ब्याला।
प्रेत पिसाच भूत बेताला।।
इन्ह कै दसा न कहेउँ बखानी। (बालकांड, 85)

अर्थात् सब लोग कामान्ध होकर व्याकुल हो गए। चकवा-चकवी, रात-दिन नहीं देखते थे। तब देवता, दानव, मनुष्य, किन्नर, प्रेत, पिशाचों का क्या वर्णन किया जाए, क्योंकि यह तो सदा से ही काम के गुलाम हैं ही। मानस की इस बात से यह स्पष्ट समझ में आता है कि औरों की तरह किन्नर भी हमेशा कामशक्ति के प्रति आकर्षित रहते हैं। मानस के विभिन्न अंशों में समाज के समस्त अच्छे-बुरे अवसरों पर किन्नरों की महत्ता विस्तार से बखानी गई है। इसका तात्पर्य है कि हमारी धरती पर त्रेतायुग का काल किन्नरों के लिए सम्मानजनक था।

श्रीमद्भागवतपुराण में रामायणकाल की एक घटना के विषय में पंचम स्कन्ध के 19वें अध्याय में कुछ इस प्रकार का श्लोक आता है—

किम्पुरुषे वर्षे भगवन्तमादिपुरुषं, लक्ष्मणाग्रजं सीताभिरामं
तच्चरणसंनिकर्षाभिरतः परमभागवतो हनुमान् सह किम्पुरुषैः अविरतभक्तिरुपास्ते।

अर्थात् ब्रह्माजी के सृष्टिकाल गणना में तो एक वर्ष का नाम किम्पुरुष वर्ष रखा गया है। जिसमें कहा गया है कि लक्ष्मण जी बड़े भाई आदिपुरुष,

सीता हृदयाभिराम भगवान श्रीराम के चरणों के सान्निध्य के रसिक परम् भागवत श्रीहनुमानजी अन्य किन्नरों के सहित अविचल भक्ति से उनकी उपासना करते हैं। इसका तात्पर्य यह है कि स्वयं हनुमानजी इन किन्नरों के सान्निध्य में रहे हैं, अर्थात् वह भी किन्नरों का सम्मान करते थे।

भागवतजी में किन्नरों की उत्पत्ति का प्रसंग मिलता है। तृतीय स्कन्ध के 20वें अध्याय के अनुसार—

स किन्नरान् किम्पुरुषान, प्रत्यात्म्येनासृजत्प्रभुः।
मानयन्नात्मना त्मानमात्माभासं विलोकयन्।।

अर्थात् एक बार ब्रह्माजी ने अपना प्रतिबिम्ब देखा तो अपने को बहुत सुन्दर मानकर उस प्रतिबिम्ब से किन्नर और किम्पुरुष उत्पन्न किए। ब्रह्माजी के त्याग देने पर उनका यह प्रतिबिम्ब शरीर ग्रहण किया, इसलिए यह सब उस काल में अपनी सहभागिनों के साथ मिलकर ब्रह्माजी के गुण कर्मादि का गान करते हैं। समस्त धार्मिक उल्लेखों से यह बात स्पष्ट होती है कि किन्नरों का इतिहास ब्रह्माजी के सृष्टि-निर्माण के साथ हो गया था। यह जाति विशेष रूप से नृत्य-गायन, मनोरंजन का ही कार्य करती रही है।

राजा इल बन गए थे स्त्री—संसार में किन्नरों को लेकर अलग-अलग कथाएँ विभिन्न रूपों में प्रचलित हैं। हर कथा का अपना महत्त्व व तथ्य है। जो किन्नरों के अस्तित्व को सदियों पहले से प्रमाणित करते हैं। कथाओं के जरिए ही किन्नरों के विभिन्न स्वरूपों का पता चलता है। ऐसी ही एक कथा राजा इल से जुड़ी है। प्राचीनकाल में राजा कर्दम बहुत प्रतापी थे। वह धर्मात्मा राजा थे, उनके द्वारा दिए गए न्याय की कीर्त्ति दूर-दूर तक फैली थी। राजा कर्दम को एक इल नामक पुत्र भी था। पिता की मृत्यु के बाद राजसिंहासन पर इल आसीन हुए। अपने नेक कर्म, विद्वत्ता के बल पर इल महान राजा बने। एक बार राजा इल अपने सैनिकों के साथ शिकार खेलने वन में गए थे। शिकार खेलते-खेलते वह उस पर्वत पर पहुँच गए जहाँ भगवान शंकर माता-पार्वती के साथ विहार कर रहे थे। माता पार्वती को प्रसन्न करने के लिए भगवान शंकर ने खुद को स्त्री बना लिया था। भगवान शंकर के स्त्री बनते ही वहाँ मौजूद सभी पशु-पक्षी स्त्रीलिंग हो गए। उस समय राजा इल व उनके सैनिक भी वहीं मौजूद थे, इसलिए वह भी स्त्री हो गए।

राजा इल स्वयं को स्त्री रूप में पाकर बहुत दुखी हुए। वह पहले की तरह खुद को पुरुष बनाने के लिए भगवान शिव के पास गए। लेकिन, शिव ने उन्हें पुरुषत्व रूप छोड़कर दूसरा वर माँगने को कह दिया। इससे इल बहुत निराश हो गए। इसके बाद इल माता पार्वती को प्रसन्न करने में लग गए। कुछ दिनों बाद माता पार्वती

इल से प्रसन्न हो गईं, उन्होंने इल को वर माँगने की अनुमति दी। इस पर इल उनसे स्वयं को पुरुष बनाने की मिन्नत करने लगे। तब माता पार्वती ने कहा कि उन्हें पुरुष का स्वरूप भगवान शंकर ही दे सकते हैं। वह भगवान शंकर को मनाने का प्रयत्न करेंगी। लेकिन, माता पार्वती के मनाने के बावजूद भगवान शंकर जी इल को हमेशा के लिए पुरुषत्व का स्वरूप देने को तैयार नहीं हुए। इससे निराश होकर राजा इल ने माता पार्वती से कहा कि उन्हें एक मास स्त्री व एक मास पुरुष के रूप में रहने का वरदान प्रदान करें। माता पार्वती ने उनकी यह इच्छा पूरी कर दी। साथ ही कहा कि वह जब स्त्री रूप में रहेंगे तब पुरुष के स्वरूप की कोई बात उन्हें ज्ञान नहीं होगी। इसी प्रकार पुरुष के रूप में रहने पर उन्हें स्त्री के स्वरूप का कुछ भी ज्ञान नहीं होगा। इसके बाद राजा इल एक मास इला रूपी स्त्री व एक मास पुरुष के स्वरूप में राजा इल बनकर रहने लगे। राजा इल के इसी दो स्वरूपों को किन्नर के रूप में देखा जाता है। किन्नर भी स्त्री व पुरुष स्वभाव से मेल खाते हैं, राजा इल भी अलग-अलग मास में उसी रूप को धारण करते थे।

प्रभु यीशु ने बखानी महिमा—मसीही धर्मावलम्बियों के आराध्य यीशू मसीह ने बाइबिल में किन्नरों की तुलना ईश्वरीय पुत्र साधु-सन्तों से की है। उन्होंने मसीही धर्मग्रन्थ बाइबिल में लिखा है कि, 'हिजड़ा तो जन्म से बनकर आता है, उसे स्वयं परमात्मा बनाते हैं। वह धरती पर साधु की भाँति जीवन व्यतीत करते हैं। यहाँ उनका हिजड़ों से साधुओं की तुलना का अभिप्राय इस बात से है कि जिस प्रकार हिजड़ा अथवा किन्नर ईश्वरीय रचना की कमी के कारण मानव जाति की उत्पत्ति से वंचित रहता है, ऐसे ही साधु भी सम्पूर्ण विकसित शरीरवाला होकर भी स्वयं को जनकल्याण व आत्मकल्याण की भावना जोड़ लेता है। इसके कारण वह खुद को सृष्टिक्रम से दूर रखते हैं। इसमें एक विवशता से सृष्टि रचना से दूर रहता है, तो वहीं दूसरा स्वेच्छा से इस भागीदारी से अपने हाथ खींच लेता है। लेकिन, दोनों का कारण व स्थिति एक जैसे ही होती है। खास बात यह है कि साधु कर्म के कारण ऐसा करता है। जबकि किन्नर जन्मजात उसका भागी बनते हैं।

प्रभु श्रीराम के लिए किन्नरों का स्थान

सनातन धर्म की गणना संसार के सबसे प्राचीन धर्मों में होती है। सनातन धर्म की नीतियों, निर्देशों व परम्पराओं को अपनानेवाले मानव हिन्दू धर्मावलम्बी कहलाते हैं। वैसे कुछ विद्वान सनातन को धर्म के बजाए जीवन-पद्धति मानते हैं। यह ऐसी पद्धति है जिसमें सिर्फ अपने धर्मावलम्बियों का ही नहीं, बल्कि पूरे मानवजाति, जीव-जन्तु, पेड़-पौधे, नदी, पहाड़, पृथ्वी सभी का संरक्षण समाहित है। सबकी रक्षा करने के लिए उसे अलग-अलग स्वरूपों में पूज्यनीय बनाया गया है। इसके लिए पर्व व विधि-विधान भी निर्धारित किए गए हैं। इसी मान्यताओं व परम्पराओं के प्रभाव से प्रकृति का संरक्षण किया गया। किन्नरों की दृष्टि से सनातन धर्म में झाँकने पर उनके ईश्वरीय उपस्थिति के अनेक प्रमाण मिलते हैं। सतयुग, त्रेतायुग व द्वापरयुग में आम मनुष्य से भिन्न होने के कारण किन्नरों को नर-नारी से श्रेष्ठ होने का दर्जा प्राप्त था। इस दौर (सतयुग, त्रेतायुग व द्वापरयुग) में किन्नर उपदेवता की भाँति सम्मानीय थे। किन्नरों ने प्रभु श्रीराम व श्रीकृष्ण के जन्म में बधाई गीत गाया है। यह उनकी विशिष्टता का प्रमाण है यही नहीं, त्रेतायुग में प्रभु श्रीराम वनवास के लिए निकले तब किन्नरों ने तमसा नदी के तट पर 14 वर्ष तक उनकी प्रतीक्षा की। जब प्रभु श्रीराम लंका पर विजय प्राप्त करके वापस अयोध्या जा रहे थे, तो किन्नरों को नदी के तट पर खुद की प्रतीक्षा करते पाया। यह देखकर श्रीराम को आश्चर्य हुआ, क्योंकि उनके वनवास जाते समय जितने लोग अयोध्या से साथ आए थे वे सभी नर-नारी वापस लौट गए थे। सिर्फ किन्नर ही अपने स्थान पर उनकी प्रतीक्षा में रुके रहे। किन्नरों के त्याग व समर्पण को देखकर उनके श्रीराम काफी प्रसन्न हुए। किन्नरों के प्रति उनके मन में सम्मान काफी बढ़ गया। यही कारण है कि प्रभु श्रीराम स्वयं अनेक मौकों पर किन्नरों को सम्मान देते हैं। इससे किन्नरों की उपदेवता की मान्यता को प्रबलता मिलती है।

इसके पहले मर्यादा पुरुषोत्तम श्रीराम अयोध्या से जब वनवास करने चित्रकूट के जंगल व पहाड़ियों में रुके थे उस समय भी किन्नरों का उल्लेख मिलता है। श्रीरामचरितमानस में उस समय का वर्णन करते हुए कहा गया है कि—

अमर नाग किंनर दिसिपाला, चित्रकूट आए तेहि काला।
राम प्रनामु कीन्ह सब काहू, मुदित देव लहि लोचन लाहू।।

(अयोध्याकांड, 134)

अर्थात देव, नाग, किन्नर व दिशाओं के दिग्पाल उस समय चित्रकूट पहुँचे। उन्हें देखकर रामजी ने सबको प्रणाम किया। यह देखकर देवता श्रीराम को नेत्र से देखने का लाभ पाकर आनन्दित हो गए। इससे इस बात का पता चलता है कि भगवान राम भी किन्नरों का सम्मान करते थे। उन्हें देवतुल्य मानते थे। श्रीराम के द्वारा किन्नरों की स्तुति करना साधारण घटना नहीं है। यह किन्नरों की धार्मिक महत्ता को दर्शाता है। इससे साबित होता है कि किन्नर साधारण मनुष्य से काफी श्रेष्ठ देवतुल्य हैं। मनुष्य से उनकी शारीरिक असमानता व त्याग करने का जज्बा किन्नरों को उपदेवता की श्रेणी में लाता है।

लेकिन, आज का समाज किन्नरों के देवतुल्य स्वरूप से अनभिज्ञ है। इस दृष्टि से प्रभु श्रीराम के अनुयाई उन्हीं के दिखाए मार्ग पर चलने में अक्षम नजर आ रहे हैं। वह श्रीराम की आराधना करके उन्हें पूजते हैं। लेकिन, श्रीराम जिन किन्नरों का सम्मान करते थे, उन्हें उपेक्षा के भाव से देखते हैं। शायद यही कारण है कि श्रीराम को पाने के लिए मनुष्य दर-दर भटकता है लेकिन, उन्हें व उनकी कृपा प्राप्त नहीं हो पाती, क्योंकि श्रीराम ऐसे लोगों को कैसे अपना सकते हैं, जो उनके प्रिय किन्नरों और आदर्शों की उपेक्षा करता हो? श्रीराम कथा के मर्मज्ञ मोरारी बापू अपनी कथा में कहते हैं कि, 'अगर प्रभु श्रीराम को पाना है तो मनुष्य को किन्नरों का तिरस्कार छोड़कर उनके प्रति सम्मान का भाव लाना होगा। किन्नर का सम्मान करने से मनुष्य को वह प्राप्त होगा जिसकी उन्होंने कल्पना भी न की होगी। ऐसा करनेवाले भक्त के पास प्रभु श्रीराम खुद चलकर आएंगे, अन्यथा जीवनभर सिर्फ दर-दर की ठोकरें ही खानी पड़ेगी और न माया मिलेगी, न राम...।'

महाभारत काल में किन्नरों की स्थिति

धर्माचार्यों का मत है कि मनुष्य की आत्मा में परमात्मा का वास होता है। पृथ्वी पर जन्म लेनेवाले हर मनुष्य की आत्मा पवित्र होती है। परमात्मा मनुष्य को उसकी अन्तरआत्मा के जरिए हर मौके पर सही व गलत, धर्म व अधर्म में भेद करने की अनुभूति कराते हैं। इनसान जब गलत कार्य करता है तो उसकी अन्तरात्मा उसे ऐसा न करने का आभास कराती है। गलत कार्य करने के पहले हृदय में भय की अनुभूति होती है। वह अनुभूति ईश्वर का संकेत होता है। वह अपने संकेत के जरिए मनुष्य को गलत कार्य करने से आगाह करते हैं। ईश्वर के संकेत को समझनेवाला गलत कार्य करने से बच जाता है। जबकि संकेत को समझने के बावजूद उसकी अनदेखी करनेवाला इनसान बुराइयों की दलदल में फँसता जाता है। यही धर्म व इनसानियत के विरुद्ध कर्म मनुष्य को पाप का भागीदार बनाता है। लेकिन, किन्नर आत्मा व कर्म दोनों से पवित्र होते हैं। किन्नरों के कर्म का मूल आधार परोपकार है। इनका जीवन त्याग की पराकाष्ठा है। किन्नर स्वयं के दर्द व दुश्वारियों को छिपाकर दूसरों का हित चाहते हैं। हर किसी का भला हो उसके लिए दिल से दुआएँ देते हैं। किन्नरों का यही परोपकार का भाव उन्हें नर-नारी से अलग करके विशिष्ट सम्मान दिलाता है। अपने नेक कार्य के कारण किन्नर हर काल में महत्त्वपूर्ण भूमिकाओं व पदों में आसीन थे। अलग-अलग रूपों में उनका महत्त्व व स्वीकार्यता इतिहास के पन्नों में दर्ज है। प्राचीनकाल में मिली स्वीकार्यता आज के दौर में किन्नरों के अस्तित्व को प्रबलता प्रदान करती है। किन्नर अपने पूर्वजों के महत्त्व को देखते हुए खुद को गौरवान्वित महसूस करते हैं। महाभारत काल किन्नरों के गौरवपूर्ण दौर में शामिल है। महाभारत काल में किन्नरों को समाज अपने बीच समानता के साथ रखता था। आम स्त्री-पुरुष की भाँति किन्नरों को अधिकार प्राप्त था, उनकी बातों को महत्त्व दिया जाता था। इसको लेकर अनेक कथाएँ प्रचलित हैं, उन कथाओं के प्रमाण भी मिलते हैं। किन्नरों की एक कथा गंगा-पुत्र भीष्म पितामह से भी जुड़ी है।

हस्तिनापुर के प्रतापी राजा शान्तनु के ज्येष्ठ पुत्र को गंगा-पुत्र भीष्म के नाम से जाना जाता है। शान्तनु को उनकी दूसरी पत्नी सत्यवती से चित्रांगद व

विचित्रवीर्य नामक पुत्र हुए। सत्यवती का विवाह अपने पिता शान्तनु से करवाने के लिए गंगा-पुत्र भीष्म ने अविवाहित रहकर राजगद्दी पर न बैठने की प्रतिज्ञा कर रखी थी। उन्होंने बिना विवाह किए जीवनभर हस्तिनापुर की रक्षा करने का संकल्प लिया था। लेकिन, भीष्म अपने दोनों भाइयों का विवाह करवाना चाहते थे। जब शान्तनु की मृत्यु हुई तो प्रतिज्ञा के अनुसार बड़ा होने के बावजूद भीष्म राजगद्दी पर नहीं बैठे। जबकि नियमानुसार बड़ा राजकुमार होने के कारण उन्हें राजगद्दी पर बैठना चाहिए था। लेकिन, भीष्म ने अपने छोटे भाई चित्रांगद को राजगद्दी पर बैठाया। राजा बनने के कुछ समय बाद गन्धर्वों से युद्ध करते हुए चित्रांगद की मृत्यु हो गई। इसके बाद भीष्म ने अपने सबसे छोटे भाई विचित्रवीर्य को राजगद्दी पर बैठाया। इसी बीच काशीराज की तीन पुत्रियों अम्बा, अम्बिका व अम्बालिका के स्वयंवर का आयोजन हुआ। स्वयंवर में अनेक देशों के प्रतापी राजा पहुँचे। भीष्म भी उस स्वयंवर में गए थे। स्वयंवर आरम्भ होने पर भीष्म समस्त राजाओं को परास्त करके तीनों राजकुमारियों का हरण करके हस्तिनापुर ले आए। उन्होंने तीनों राजकुमारियों को राजमाता सत्यवती को सौंप दिया। अम्बिका व अम्बालिका का विवाह हस्तिनापुर के राजा विचित्रवीर्य से कराया गया। लेकिन, अम्बा ने विचित्रवीर्य से विवाह से इनकार कर दिया। अम्बा ने बताया कि वह राजा शल्व से प्रेम करती हैं। इसकी जानकारी भीष्म को हुई तो उन्होंने अम्बा को ससम्मान राजा शल्व के पास भिजवा दिया। लेकिन, राजा शल्व ने अम्बा से विवाह करने से इसीलिए इनकार कर दिया, क्योंकि वह किसी के द्वारा जीती हुई थीं। इससे वह अम्बा से विवाह करने में स्वयं का अपमान महसूस कर रहे थे। शल्व द्वारा स्वीकार न करने पर अम्बा वापस हस्तिनापुर आ गईं। उन्होंने भीष्म से कहा कि आप मुझसे विवाह करिये, क्योंकि आपने मुझे जीता है। लेकिन, भीष्म ने अपनी प्रतिज्ञा का हवाला देकर अम्बा से विवाह करने से मना कर दिया। अम्बा ने भीष्म से प्रतिज्ञा तुड़वाने का काफी प्रयास किया, परन्तु सफल नहीं हुईं। अन्त में निराश व क्रोधित होकर अम्बा ने भीष्म को शाप देते हुए कहा कि, 'तुम्हें इच्छा-मृत्यु का वरदान भले मिला है। लेकिन, मैं ही तुम्हारी मृत्यु का कारण बनूँगी'। अगले जन्म में वह शिखंडी नामक किन्नर के रूप में जन्म लेती है। यह सर्वविदित तथ्य है कि महाभारत युद्ध के समय भीष्म की मृत्यु का कारण शिखंडी ही बनते हैं।

युद्ध के दौरान जब भीष्म पितामह पांडवों की सेना पर कहर बरसा रहे थे और अर्जुन भी उनके आगे टिक नहीं पा रहे थे। तब भगवान श्रीकृष्ण के निर्देश पर शिखंडी को युद्धभूमि पर लाया जाता है। शिखंडी स्त्री रूप में अर्जुन के रथ पर सवार होकर युद्ध के मैदान में आते हैं। उन्हें देखकर भीष्म पितामह अपना अस्त्र-

शस्त्र रख देते हैं, क्योंकि वह स्त्री पर वार नहीं करते थे। इसका फायदा उठाकर अर्जुन भीष्म पर बाणों की बौछार करने लगते हैं। इससे भीष्म बाणों की शैय्या पर लेट जाते हैं और अन्त में उनकी मृत्यु होती है। इससे पता चलता है कि शिखंडी किन्नर के रूप में होकर भी राजसत्ता का भागीदार था। अन्य राजाओं की भाँति ही उसे योद्धा के रूप में पूर्ण सम्मान प्राप्त था।

किन्नरों की एक कथा पांडवों से भी जुड़ी है। पांडवों को 13 वर्ष का वनवास काल भुगतना पड़ता है। वनवास काल में अर्जुन एक वर्ष के अज्ञातवास में रहे। इस दौरान देवराज इन्द्र की अप्सरा उर्वशी के शाप के कारण अर्जुन बृहन्नला नामक किन्नर बन गए थे। किन्नर के रूप में अर्जुन ने विराटनगर के राजा विराट की पुत्री को नृत्य की शिक्षा दी थी। इससे भी स्पष्ट होता है कि किन्नरों को महाभारत काल में कला व अन्य सभी सामाजिक पहलुओं में सम्मान प्राप्त था।

अर्जुन-पुत्र अरावन से किन्नरों का विवाह

किन्नरों को हमेशा श्रृंगार किए देखा जाता है। घर से बाहर निकलने से पहले किन्नर खुद को आकर्षित बनाने के लिए श्रृंगार करते हैं। अक्सर सजे-सँवरे रहनेवाले किन्नरों का विवाह भी होता है। वह भी पूरे रस्म-रिवाजों से। लेकिन, विवाह सिर्फ एक दिन के लिए होता है। हर सुहागिन किन्नर का पति भी एक ही होता है। वे पति हैं महाभारत काल के अरावन देव। अरावन किन्नरों के आराध्य हैं। वह उनसे एक दिन के लिए विवाह करके अगले दिन स्वयं को विधवा बना लेते हैं। यह विवाह भी साल में सिर्फ एक दिन किया जाता है। इसकी परम्परा प्राचीनकाल से चली आ रही है, जिसके पीछे महाभारत काल की एक रोचक घटना है।

महाभारत की कथा के अनुसार एक बार अर्जुन ने द्रौपदी से शादी की शर्त का उल्लंघन कर दिया था। इससे उन्हें इन्द्रप्रस्थ से निष्कासित करके एक साल के लिए तीर्थयात्रा पर भेजा गया। इन्द्रप्रस्थ से निकलकर अर्जुन घूमते-घूमते उत्तर पूर्व भारत पहुँच गए। वहाँ उनकी मुलाकात विधवा नाग राजकुमारी उलुपी से हुई। अर्जुन व उलुपी एक-दूसरे पर मोहित हो गए। फिर दोनों ने विवाह कर लिया। विवाह के बाद उलुपी ने एक पुत्र को जन्म दिया, जिसका नाम अरावन रखा गया। इधर, अर्जुन का एक वर्ष का समय भी पूरा होनेवाला था। इससे पुत्र का जन्म होने के बाद अर्जुन दोनों को छोड़कर अपनी आगे की यात्रा पर निकल पड़ते हैं। जबकि अरावन नागलोक में अपनी माँ के साथ रहते हैं। युवा होने पर अरावन नागलोक छोड़कर पिता अर्जुन के पास आते हैं। जब अरावन अर्जुन के पास आते हैं, तब कुरुक्षेत्र में कौरव व पांडवों के बीच युद्ध चल रहा था। इससे अर्जुन अरावन को

युद्ध करने के लिए भेज देते हैं। युद्ध के दौरान पांडवों को अपनी जीत के लिए माँ काली के चरणों में स्वेच्छिक नर बलि देने की जरूरत पड़ती है। बलि के लिए एक राजकुमार की जरूरत पड़ी तो कोई आगे नहीं आया। अपने पिता को व्यथित देखकर उस समय अरावन खुद को नर बलि के लिए प्रस्तुत करते हैं। लेकिन, उन्होंने शर्त रखी कि वह अविवाहित नहीं मरना चाहते। इससे सबसे बड़ा संकट उत्पन्न हो गया, क्योंकि कोई भी राजा अरावन से विवाह कराकर अपनी पुत्री को एक दिन बाद विधवा नहीं करना चाहता था। इससे कोई राजा अरावन से अपनी पुत्री का विवाह कराने के लिए तैयार नहीं हुआ। इस विकट स्थिति में भगवान श्रीकृष्ण ने स्वयं को मोहिनी रूप में बदलकर अरावन से विवाह कर लिया। विवाह के अगले दिन अरावन ने अपना शीश काटकर माँ काली के चरणों में अर्पित कर दिया। अरावन की मृत्यु के बाद भगवान श्रीकृष्ण मोहिनी रूप में काफी देर तक विलाप करते रहे। भगवान श्रीकृष्ण पुरुष होते हुए भी स्त्री रूप में अरावन से विवाह करते हैं, इसीलिए उन्हें किन्नर का स्वरूप माना गया है। इसी कारण किन्नर भी अरावन से एक रात के लिए विवाह रचाते हैं और उन्हें अपना आराध्य मानते हैं।

अरावन का सबसे प्राचीन व मुख्य मन्दिर तमिलनाडु के विल्लुपुरम जिला के कूवगम गाँव में स्थित है। वहाँ तमिल नववर्ष की पहली पूर्णिमा की तिथि से 18 दिन का उत्सव धूमधाम से मनाया जाता है। इस उत्सव में देश-विदेश के किन्नर कूवगम गाँव आकर 16 दिन तक खूब नाचते-गाते हैं। उत्सव मनाने के बाद 17वें दिन विशेष पूजा की जाती है। धर्मगुरु अरावन देव मन्दिर में भगवान की ओर से किन्नरों के गले में मंगलसूत्र पहनाते हैं। इसके बाद किन्नरों की अरावन देव की मूर्ति से शादी रचाई जाती है। मन्दिर के बाहर व भीतर का दृश्य एक स्वप्नलोक की भाँति होता है। वहाँ किन्नर दुल्हन रूप में तस्वीरें खिंचवाते हुए उसकी अनुभूति करते हैं। उत्सव के अन्तिम दिन यानी 18वें दिन अरावन की प्रतीकात्मक मूर्ति को पूरे क्षेत्र में घुमाया जाता है। इसके बाद उसे तोड़ दिया जाता है। इसके जरिए अरावन की मृत्यु को दर्शाया जाता है। इसके बाद दुल्हन बने किन्नर अपना मंगलसूत्र तोड़ देते हैं और श्रृंगार मिटाकर विधवा के रूप में सफेद कपड़े पहनकर विलाप करने लगते हैं। इसके जरिए किन्नर भी अपने जीवन से जल्द मुक्ति पाने की कामना करते हैं। किन्नरों के विवाह करने व उसके बाद विधवा रूप धारण करने की परम्परा निरन्तर चली आ रही है। इस मान्यता के पीछे सबसे बड़ी सच्चाई यह छुपी है कि किन्नरों में सब-कुछ पाने व करने की बलवती इच्छा मौजूद है, जिसे आम इनसान पाना चाहता है। किन्नर की भी इच्छा होती है कि उनकी शादी हो, उनका भी एक परिवार हो और वह आमजन की भाँति जीवन व्यतीत करें। परन्तु सिर्फ सन्तान-

उत्पन्न न कर पाने की अपनी शारीरिक कमी के कारण वह इससे महरूम रहते हैं। वैसे अरावन से विवाह किन्नरों की परम्परा से जुड़ा है, जिसे वह पूरी श्रद्धा से निभाते हैं। वहाँ विधवा होने के बाद भी अधिकतर किन्नर शृंगार करते हैं। कम उम्र के किन्नर शृंगार करना नहीं छोड़ते, क्योंकि उन्हें खुद को आकर्षक दिखाना होता है। अपने आकर्षण के बल पर ही किन्नर लोगों को प्रभावित करने में सफल होते हैं अन्यथा उनकी ओर कोई देखना भी पसन्द नहीं करेगा। वहीं, अधेड़ या बुजुर्ग किन्नर अरावन से विवाह करके विधवा होने के बाद उसी स्वरूप में जीवन व्यतीत करते हैं, क्योंकि उन्हें कहीं आने-जाने या माँगने की जरूरत नहीं होती। वह घर में रहकर भजन, पूजन व धार्मिक चर्चाओं में जीवन व्यतीत करते हैं। ऐसे किन्नरों के शिष्य उनकी देख-रेख करते हैं। वह अपने गुरु का माता-पिता से बढ़कर सम्मान करते हुए उनकी हर जरूरत पूरी करते हैं।

देवी किन्नरी की साधना

किन्नरी यानी देवियाँ। हिमाचल प्रदेश में एक स्थान है किन्नौर, जिसे किन्नरी के नाम से जाना जाता है। वहाँ, देवी किन्नरी आठ स्वरूप में विराजमान हैं। यह शीघ्र प्रसन्न होनेवाली देवियाँ हैं, जिनकी साधना से व्यक्ति को द्रव्य, भोग, दिव्य रसायन, स्वर्ण, वस्त्रालंकार की प्राप्ति होती है। देवी किन्नरी पृथ्वी पर किन्नरों के देव स्वरूप की परिचायक हैं। वह किन्नरों को उनके देवरूप में होने की अनुभूति कराती हैं। यही कारण है कि तन्त्र साधना में लीन रहनेवाले किन्नरों का उनसे विशेष जुड़ाव है। अप्सराओं की तरह देवी किन्नरी की साधना की जाती है। लेकिन, उनकी साधना अत्यन्त कठिन है, जिससे हर कोई उन्हें प्रसन्न नहीं कर पाता। देवी किन्नरी को प्रसन्न करने के लिए मोह, माया, काम व मोक्ष की भावना से मुक्त होना पड़ता है। आम इनसान ऐसा करने में अक्षम होता है, क्योंकि वह इन्हीं की प्राप्ति के लिए साधना करता है। अगर देवी किन्नरी की साधना कोई सन्त, अघोरी अथवा किन्नर करते हैं तब देवी जल्द प्रसन्न होती हैं। इसके पीछे विशेषता यह है कि सन्त, अघोरी अथवा किन्नर अपनी साधना के प्रति पूर्णरूप से समर्पित होते हैं। साथ ही उनकी साधना स्वयं के कल्याण के बजाए जनकल्याण के लिए होती है। देवी किन्नरी ऐसे साधक के प्रति अत्यन्त दयावान होती हैं। उन्हें सिद्ध करने के लिए अधिक समय की आवश्यकता नहीं पड़ती है।

देवी किन्नरी की इन आठ स्वरूपों की होती है साधना—

-मंजूघोष किन्नरी

-मनोहारिणी किन्नरी

-शुभग किन्नरी

-विशालनेत्रा किन्नरी

-सुरतिप्रिय किन्नरी

-अश्वमुखी किन्नरी

-दिवाकरीमुखी किन्नरी।

-मंगलामुखी किन्नरी

मंजूघोष किन्नरी—माँ मंजूघोष देवी की एक मास तक अमावस्या से पूर्णिमा तक साधना की जाती है। इसमें नित्य पूजन, नेवैद्य बली आदि कर्म किए जाते हैं। माँ साधक को दिव्य रसायन व ऐश्वर्य देती हैं।

साधना का मन्त्र—'ॐ मंजूघोष आगच्छागच्छ स्वाहा।'

मनोहारी किन्नरी—माँ मनोहारी स्वरूप की साधना भी एक मास तक चलती है। अमावस्या से पूर्णिमा तक साधना पर्वत शिखर पर की जाती है। माँ साधक को सभी मनोकामनाएँ भार्या के रूप में प्रदान करती हैं।

साधना मन्त्र—'ॐ मनोहार्ये स्वाहा।'

शुभग किन्नरी—देवी शुभग किन्नरी की साधना उज्जट पर्वत शिखर पर होती है। साधना के दौरान चन्दन मिले जल से अर्घ्य देना पड़ता है। प्रसन्न होकर माँ साधक को स्वर्ण मुद्राएँ प्रदान करती हैं।

सधना का मन्त्र—'ॐ सुभगे स्वाहा।'

विशालनेत्रा किन्नरी—देवी विशालनेत्रा की साधना नदी के एकान्त तट पर की जाती है। माँ साधक को स्वर्ण मुद्राएँ व मनोवांछित फल प्रदान करतीं हैं।

साधना का मन्त्र—'ॐ विशालनेत्रे स्वाहा।'

सुरतिप्रिय किन्नरी—देवी सुरतिप्रिय की साधना किसी पवित्र नदी अथवा संगम तट पर की जाती है। प्रसन्न होने पर माँ साधक को वस्त्रालंकार व स्वर्ण प्रदान करतीं हैं।

साधना का मन्त्र—'ॐ सुरति प्रिये स्वाहा।'

अश्वमुखि किन्नरी—देवी अश्वमुखि निर्जन, उज्जट पर्वत शिखर पर साधना करने से प्रसन्न होती हैं। वह साधक को काम, भोग, ऐश्वर्य, धन व स्वर्ण प्रदान करती हैं।

साधना का मन्त्र—'ॐ अश्वमुखि स्वाहा।'

दिवाकरीमुखि किन्नरी—देवी दिवाकरी मुखी निर्जन पर्वत शिखर पर साधना करने से प्रसन्न होती हैं। प्रसन्न होने पर साधक को भोग व ऐश्वर्य प्रदान करती हैं।

साधना का मन्त्र—'ॐ दिवाकरी मुखि स्वाहा।'

मंगलामुखी किन्नरी—देवी मंगलामुखी की साधना नितान्त एकान्त में किसी पवित्र नदी अथवा संगम तट पर करनी चाहिए। माँ साधक की समस्त इच्छाओं की पूर्ति करती है।

साधना का मन्त्र—'ॐ मंगला किन्नरी स्वाहा।'

तन्त्रवरिधि साधक शिरोमणि माँ मंगलामुखी उपासक श्रीपंचायती बड़ा अखाड़ा के महन्त बजरंगमुनि उदासीन जी महाराज किन्नरी साधना पर प्रकाश डालते हुए

बताते हैं कि अगर कोई मसान साधक है तब वह अष्ट किन्नरी साधना मात्र 51 दिन में पूर्ण कर सकता है। साधना के समय साधक को विशेष रूप से सावधान रहना पड़ता है, क्योंकि किन्नरी साधना तलवार की धार पर चलने के समान होती है। साधक जब जले हुए मुर्दे की भभूत को लगाकर श्मशान व मसान का आवाहन करके साधना के लिए अष्ट किन्नरी को स्थापित करता है, उस समय उसको अपनी कामवासनाओं को पूर्ण रूप से वश में रखना पड़ता है। अगर ऐसा करने में साधक असफल हो जाता है तो उसकी मृत्यु निश्चित होती है। इस साधना को सरल रूप से करने के लिए किन्नर की मदद लेनी चाहिए। अगर कोई किन्नर साक्षी रूप से साधक का समर्थन करता है तब साधना बिना किसी विघ्न के पूर्ण हो जाती है। इसका प्रमुख कारण किन्नर का देवी किन्नरी से आत्मीय जुड़ाव है। किन्नर जन्मजात सन्त व साधक होते हैं। किन्नरों का भाव, कर्म व विचार आम स्त्री व पुरुषों की अपेक्षा पवित्र होता है। वह छल, कपट, कुचक्र, मोह, माया जैसी विकृतियों से दूर रहते हुए साधारण जीवन व्यतीत करते हैं। किन्नरों का यही निष्कपट भाव उन्हें देवी किन्नरी का प्रिय बनाता है। जब किन्नर देवी किन्नरी की साधना करते हैं तो वह जल्द प्रसन्न हो जाती हैं। सनातन धर्म की रक्षा, हिन्दुओं की आत्मशक्ति बढ़ाने के लिए तपस्या में लीन रहनेवाले महन्त बजरंगमुनि बताते हैं कि, 'देवी किन्नरी की साधना अधिक प्रचलित नहीं है। इस कारण अधिकतर लोग देवी किन्नरी साधना के प्रति जागरूक नहीं हैं। अष्ट किन्नरी की साधना पृथ्वी पर सबसे अधिक म्यांमार व नेपाल देश में ज्यादा होती है। जबकि भारत में तमिलनाडु, उड़ीसा, पश्चिम बंगाल, हिमाचल प्रदेश, अरुणाचल प्रदेश में देवी किन्नरी साधक होते हैं। वह अपनी साधना के प्रति सदैव प्रयासरत रहते हैं। जनकल्याण के भाव से साधना करनेवाले व्यक्ति देवी किन्नरी को प्रसन्न करने में लीन रहते हैं। लेकिन, भारत में साधकों की संख्या अपेक्षाकृत काफी कम है। तन्त्र विद्या के ज्ञाता ही यह कठोर साधना करते हैं।'

किन्नरों के प्रमुख साधना स्थल

दुनियाभर में प्रयागराज प्राचीनकाल से ज्ञान-दान व तपस्या का प्रमुख केन्द्र है। हर युग में ऋषि-मुनि सृष्टि कल्याण की संकल्पना को साकार करने के लिए जप-तप में लीन रहते रहे हैं। तीर्थराज होने के कारण यह स्वाभाविक रूप से सन्त-महात्माओं की साधना का साक्षी रहा, जहाँ वह निष्काम भाव से तपस्यारत रहते थे और 24 घंटे मन्त्रोच्चार की गूँज व यज्ञकुंड में आहुतियाँ डालने का निर्बाध सिलसिला चलता रहता था। लेकिन, धीरे-धीरे यह प्रक्रिया थमती गई। प्रयागराज से सन्तों का डेरा उठकर हिमालय की कन्दराओं की ओर प्रस्थान कर गया। देश के हर हिस्से की तरह प्रयागराज भी गुलामी की जंजीरों में जकड़ गया। कभी मुस्लिम आक्रान्ताओं, मुगलों, तो कभी अंग्रेजों ने प्रयागराज की प्राचीन परम्परा व अस्तित्व को मिटाने का कुचक्र रचा। इसके बावजूद प्रयागराज अपनी जड़ से जुड़ा रहा। अनेक हमले सहने के बावजूद सन्त-महात्माओं ने प्रयागराज की मान्यता को खत्म नहीं होने दिया। मौजूदा समय में माघ मास में लगनेवाले वार्षिक मेले के अवसर पर वही स्वरूप जीवन्त हो उठता है। माघ मास में प्रतिवर्ष माघ पर्व, छह वर्ष पर अर्द्धकुम्भ व 12 वर्ष पर कुम्भ पर्व जैसे धार्मिक आयोजनों से सनातन धर्म व संस्कृति के वैभव से दुनिया खुद को जोड़ती है। वहीं, सनातन धर्मावलम्बियों को अपनी गौरवपूर्ण सभ्यता, त्याग की परम्परा से साक्षात्कार करने का सौभाग्य प्राप्त होता है। माघ मास में त्रिवेणी तट पर शास्त्र, शक्ति व तन्त्र-साधना करने के लिए देश-विदेश के सन्त-महात्मा प्रयागराज आते हैं और मानव-उद्धार, प्रकृति-संरक्षण के लिए मास-पर्यन्त जप-तप में लीन रहते हैं। धार्मिक मान्यता है कि माघ मास में संगम की रेती पर प्रवास करके साधना करनेवाले साधक को स्वतः सिद्धि प्राप्त हो जाती है। इसी कारण साधकगण प्रयागराज में साधना करके अपनी शक्ति को जाग्रत व संरक्षित करते हैं। प्रयागराज वह पवित्र धरा है, जहाँ सभी सम्प्रदायों के साधकों की साधना को विस्तार मिला है। इनके साथ धार्मिक व सामाजिक रूप से उपेक्षित रहे किन्नरों की तपस्या का केन्द्र संगम का तट बना। सन्त-महात्माओं के साथ-साथ किन्नरों के द्वारा अनुष्ठान-साधना करने की घटनाएँ प्रयागराज में घटित हुईं

हैं। प्रयागराज और माघ मास के अद्‌भुत महात्म्य के कारण सन्त-महात्मा, अघोरी, तान्त्रिक, प्रवचन-कथावाचक के साथ किन्नर भी कुटिया व शिविरों में गुप्त रूप से तन्त्र साधना में लीन रहते हैं। इसके बाद वे जन-कल्याण की संकल्पना को साकार करने के लिए देश के अलग-अलग शहरों में अनुष्ठान भी करते हैं।

किन्नर प्रयागराज के साथ ही काशी, कोलकाता के कालीघाट, असम स्थित माँ कामाख्या पीठ, भुवनेश्वर के बैताल मन्दिर, मध्य प्रदेश के खजुराहो सहित तन्त्र-साधना के लिए विख्यात देश के हर पवित्र स्थल पर जाते हैं। वहाँ कठिन साधना यम-नियमपूर्वक करते हैं। इसके अलावा देश के अलग-अलग शहरों में साधना-अनुष्ठान के जरिए किन्नर आम जनमानस को भारतीय साधना की सार्थक शक्ति का एहसास कराते हैं। इसके साथ ही पूजन-साधना, विशेषकर तन्त्र-साधना के प्रति फैली भ्रान्तियों को दूर करने में अहम भूमिका निभा रहे हैं। किन्नरों का मत है कि तन्त्र-विद्या भूत-प्रेत से सम्बन्धित नहीं है, इससे अन्धविश्वास नहीं फैलता, बल्कि यह जन-कल्याण की पवित्र साधना है। तन्त्र-विद्या की ऐसी महत्ता को देखते हुए किन्नर भ्रान्तियों की जंजीरों में जकड़े समाज को मुक्त करने के लिए सार्थक पहल करने का प्रयास कर रहे हैं। किन्नर अखाड़ा की महामंडलेश्वर भवानी माँ तन्त्र-विद्या की प्रमुख साधक हैं। वह किन्नर समाज को तन्त्र-साधना की शक्ति की अनुभूति कराकर उसके आध्यात्मिक स्वरूप को जीवन्त करने में अहम भूमिका निभा रही हैं। किन्नर तन्त्र-साधना के जरिए अपनी आध्यात्मिक शक्ति की अहमियत व धार्मिक मान्यता की सार्थकता को साबित करना चाहते हैं। वह समाज को एहसास कराना चाहते हैं कि उन्होंने संन्यास दिखावे के लिए नहीं लिया है, न ही किसी को आकर्षित करने के लिए अपने वस्त्र बदलकर भगवा वस्त्रधारी हुए हैं। बल्कि वह तन, मन व भाव से आध्यात्मिकता की ओर प्रवृत्त हुए हैं।

जूना अखाड़ा के जगद्गुरु स्वामी पंचानन गिरि देश के प्रख्यात तन्त्र-साधक हैं। वह ऐसे सन्त हैं, जो किन्नरों के साथ भी तन्त्र-साधना करते हैं। वह बताते हैं कि किन्नर छठें नारायण और साक्षात बुध ग्रह के प्रतीक हैं। किन्नर आत्मा, कर्म व विचार से पवित्र होते हैं। अत: अगर वे तन्त्र-साधना करेंगे तो उसका फल जल्द प्राप्त होगा। परन्तु अधिकतर किन्नर अपनी इस अदृश्य शक्ति से अनभिज्ञ-से हैं। किन्नरों की तरह उनकी धार्मिक शक्ति की खासियत के बारे में समाज के लोग नहीं जानते। जन-जन में किन्नरों की शक्ति की अनुभूति कराने के लिए ही मैं उन्हें तन्त्र-साधना की ओर प्रवृत्त होने के लिए प्रेरित करने का प्रयास कर रहा हूँ। हमने मिल-जुलकर जन-कल्याण की मंशा से जो साधना की, वह अविलम्ब फलित हुई है। स्वामी पंचानन गिरि तन्त्र-शास्त्र के महत्त्व पर प्रकाश डालते हुए बताते हैं कि

वह सनातन धर्म का विश्वकोष है। तन्त्र-ग्रन्थ संवाद रूप में हैं, जिनमें स्वयं भगवान शिव वक्ता व माँ पार्वती श्रोता हैं। वस्तुतः तन्त्र-शास्त्र एक साधना परक विज्ञान है, जिसमें युगों की अनुभूति और आध्यात्मिक साधना का वर्णन मिलता है। इसमें योग, वेदान्त, सांख्य, मीमाँसा, व्याकरण का अद्‌भुत समन्वय देखने को मिलता है। तन्त्र-शास्त्र व्यावहारिक दर्शन होने के कारण कलियुग में बौद्धिक युग के लिए परम आवश्यक है। यही कारण है कि तन्त्र-साधक सदियों से अपनी तपस्या में लीन हैं। किन्नरों के द्वारा तन्त्र-साधना करने से उसकी सार्थकता का और विस्तार होगा।

भगवान शिव की पवित्र साधना है तन्त्र

जगद्‌गुरु स्वामी पंचानन गिरि तन्त्र को भगवान शिव की पवित्र साधना बताते हैं। इस साधना के जरिए अल्प समय में मनुष्य की समस्त कामनाएँ पूर्ण होती हैं। तन्त्र-साधना के मर्म पर प्रकाश डालते हुए कहते हैं कि यह प्राणी परम्परा है। प्राणी परम्परा के अनुसार वाम मार्ग, अघोर, कौल, शव-साधना व शिव-साधना की जाती है। यह सभी साधनाओं का माध्यम है। तान्त्रिक अनुष्ठानों में बलि देने की परम्परा है। लेकिन, बलि देना ही है, ऐसा जरूरी नहीं है। तारा-पीठ व माँ कामाख्या पीठ में बलि देना जरूरी है। बिना बलि दिए भी तन्त्र-साधना या अनुष्ठान किया जा सकता है। पहले की अपेक्षा अब बलि देने का विधान भी बदल गया है। अब पशु की जगह नारियल की बलि दी जाती है। माता चंडी को गन्ने की बलि देकर प्रसन्न किया जाता है। तान्त्रिक ग्रन्थों में पंच मकार का विधान है। पंच मकार तान्त्रिक अनुष्ठान-साधना का आवश्यक अंग माना जाता है। लेकिन, मैं अपनी साधना में पंच मकार का उपयोग नहीं करता। न ही बलि देता हूँ। इसके बाद भी मेरी सारी साधनाएँ सफल होती हैं। आज तक मेरी कोई साधना व्यर्थ नहीं गई है। इससे साफ है कि तन्त्र साधना में जीव हत्या करके खून बहाना जरूरी नहीं है। सिर्फ तन-मन व विचारों में पवित्रता होनी चाहिए। इसके बाद सारी साधना स्वतः सफल हो जाएगी।

मोक्ष का बड़ा माध्यम है तन्त्र-शास्त्र

जगद्‌गुरु स्वामी पंचानन गिरि तन्त्र-साधना को मोक्ष का बड़ा माध्यम बताते हैं। कहते हैं कि तन्त्र-साधना परमात्मा से साक्षात्कार की साधना है। इसके जरिए चमत्कारिक परिणाम सामने आते हैं। शास्त्रों में कहा गया है कि भाग्य से ज्यादा व समय से पहले किसी को कुछ प्राप्त नहीं होता। परन्तु, तन्त्र-साधना के जरिए व्यक्ति को वह प्राप्त हो सकता है, जो उसके भाग्य में नहीं है। परन्तु यह भी सत्य है कि उसके स्वरूप को बिगाड़ने का प्रयास किया गया है। तन्त्र-विद्या को भौतिक समृद्धि और अपनी इच्छाओं की पूर्ति का माध्यम बना दिया गया है। इसी कारण

इसका स्वरूप बिगड़ता गया। तन्त्र-साधना को लोगों ने भ्रमित करनेवाली विद्या मानकर उससे दूरी बना ली। आम लोगों को लगा कि तन्त्र-अनुष्ठानों से फायदा कम व अहित की ज्यादा सम्भावना होती है, जबकि सत्यता यह है कि तन्त्र-साधना सिर्फ मानव-कल्याण के लिए होती है, किसी का अहित करने के लिए नहीं। तन्त्र-साधना से जन-जन जुड़ें, उसके लिए धार्मिक आयोजनों में प्रवचनों के जरिए सच्चाई बताने का यथासम्भव प्रयास कर रहा हूँ। किन्नर भी समाज के अंग हैं, अत: साधना-अनुष्ठान-पूजन के सम्बन्ध में, विशेष रूप से तन्त्र-साधना के साथ जुड़ी भ्रान्तियों को दूर करने के लिए मैं निरन्तर प्रयासरत हूँ।

पं. देवीदत्त ने सुझाया तन्त्र का मर्म

प्रयागराज वैष्णव, शैव, शक्ति साधना का प्रमुख केन्द्र रहा है। यहाँ सनातनकाल से ही साधना की धूम रही है, जिससे आकर्षित होकर देश-विदेश से जिज्ञासु लाभान्वित होने के लिए आते रहे हैं। यह सिलसिला यथावत बना है। यदि वर्तमान काल की ही बात की जाए तो प्रयागराज के झूँसी के प्रख्यात सन्त प्रभुदत्त ब्रह्मचारी जी और ज्योतिष पीठ के जगद्गुरु शंकराचार्य स्वामी ब्रह्मानन्द सरस्वती व स्वामी शान्तानन्द सरस्वती जी महाराज तथा अरैल के सन्त सच्चा बाबा को भला कौन भूल सकता है? यह ऐसे सन्त थे जिन्होंने अपनी विद्वत्ता, त्याग व समर्पण के बल पर सनातन धर्म के मर्म से जन-जन को जोड़ा साथ ही देश को नई दिशा दी। यही नहीं इस नगरी से ही तन्त्र-शास्त्र के प्रचार-प्रसार का देश-विदेश में स्मरणीय कार्य भी हुआ। इसका शुभारम्भ 1942 के प्रयागराज में लगे कुम्भ पर्व के अवसर पर पं. देवीदत्त शुक्ल की प्रेरणा से 'चंडी' पत्रिका के प्रकाशन के द्वारा हुआ। पं. देवीदत्त शुक्ल जी हिन्दी साहित्य के लब्ध प्रतिष्ठ साहित्यकार और 'सरस्वती' पत्रिका के युगीन सम्पादक तो थे ही, तन्त्र-शास्त्र के भी उद्‌भट ज्ञाता भी थे। ज्योतिर्विद व वरिष्ठ पत्रकार डॉ. रामनरेश त्रिपाठी इसीलिए शुक्ल जी को ऋषि-परम्परा के अद्‌भुत विद्वान के रूप में याद करते हैं। उनके अनुसार पं. देवीदत्त शुक्ल को साहित्य और साधना की परम्परा अपने पूर्वजों से विरासत के रूप में प्राप्त हुई थी। पं. देवीदत्त शुक्ल की यह परम्परा उनके बाद उनके योग्य शिष्य न्यायमूर्ति शिवनाथ काटजू तथा उनके सुपुत्र पं. रमादत्त शुक्ल जी के द्वारा और आगे बढ़ी। पं. देवीदत्त शुक्ल की साधना के सुफल से उनके परिवार की तीसरी पीढ़ी भी यथासम्भव इस परम्परा के पालन में रत है। मौजूदा समय शुक्ल जी के पौत्र ऋतशील शर्मा 'चंडी' पत्रिका तथा अन्य तन्त्र-ग्रन्थों के प्रकाशन में समर्पित भाव से लगे हुए हैं।

वास्तव में पं. देवीदत्त शुक्ल सनातन धर्म की प्रतिमूर्ति थे। वह जीवन-पर्यन्त हिन्दुस्तान, हिन्दू व हिन्दी के संरक्षण-उत्थान के लिए निस्वार्थ भाव से समर्पित रहे। वह राष्ट्र को सर्वोपरि रखते थे। कहते थे कि राष्ट्र सुरक्षित होगा तभी धर्म संरक्षित होगा। धर्म संरक्षित होगा, तो मातृ-भाषा हिन्दी का विस्तार भी होगा। आज भी पं. देवीदत्त शुक्ल की ख्याति 'सरस्वती' पत्रिका के ऐतिहासिक सम्पादक के नाते है। 'सरस्वती' पत्रिका के जरिए पं. देवीदत्त शुक्ल ने हिन्दी-साहित्य को नया आयाम दिया। 'सरस्वती' पत्रिका के माध्यम से समाज में राष्ट्र-भक्ति व मातृ-भाषा 'हिन्दी' के प्रति जुड़ाव-लगाव की भावना पैदा करने का अविस्मरणीय कार्य किया। देखा जाए तो पं. देवीदत्त शुक्ल ने भक्ति, कर्म और ज्ञान की त्रिवेणी प्रवाहित करके राष्ट्र के लोगों को एकता के सूत्र में पिरोने में अहम भूमिका निभाई थी। उनके 'सरस्वती'—सम्पादनकाल में पं. सूर्यकान्त त्रिपाठी 'निराला', पं. सुमित्रानन्दन पन्त, डॉ. हरिवंश राय बच्चन, डॉ. रामकुमार वर्मा, महीयसी महादेवी वर्मा आदि की रचनाएँ प्रमुखता के साथ प्रकाशित होती रहीं। सभी विधाओं के साहित्य को बढ़ावा देने के पीछे पं. देवीदत्त शुक्ल का मकसद हिन्दी को सर्वांग सुन्दर बनाकर जन-जन तक पहुँचाना था। वह साहित्य और अध्यात्म के सच्चे साधक की भाँति जीवनभर हिन्दी के प्रचार-प्रसार में लगे रहे। इस कार्य में उन्होंने इतना परिश्रम किया, जिसके कारण उनके नेत्रों की ज्योति ही चली गई और वह अन्धे हो गए। यही कारण है कि हर कोई उन्हें हिन्दी साहित्य का अद्वितीय विद्वान मानता है। लेकिन, हिन्दी के साथ पं. देवीदत्त शुक्ल ने अध्यात्म व तन्त्र-शास्त्र के लिए भी असाधारण योगदान दिया है। जब समाज में तन्त्र-विद्या के सम्बन्ध में अनेक भ्रान्तियाँ फैली हुई थीं, तब पं. देवीदत्त शुक्ल जी ने उसके धार्मिक व वैज्ञानिक स्वरूप को तथ्यपूर्ण तरीके से प्रस्तुत करने का यादगार कार्य किया। तन्त्र-शास्त्र का महत्त्व जन-जन तक पहुँचाने के लिए उन्होंने 'चंडी' नामक पत्रिका का प्रकाशन कराया। साहित्यकार पं. ठाकुरदत्त मिश्र 1942 में 'चंडी' पत्रिका के पहले सम्पादक बनाए गए। पत्रिका की सामग्री पं. देवीदत्त शुक्ल की देख-रेख में तैयार होती थी। 'सरस्वती' पत्रिका के सम्पादक होने के नाते 'चंडी' पत्रिका में वह अपना नाम प्रकाशित नहीं करवाते थे। वह आत्म प्रचार से दूर रहकर सारा काम पर्दे के पीछे से रहते थे। वास्तव में उन्होंने 'चंडी' पत्रिका के जरिए दुनिया को तन्त्र-उपासना के सही और वैज्ञानिक स्वरूप को बताया और समझाया। हर व्यक्ति तन्त्र व शक्ति-साधना का मर्म समझ सके, उसके लिए 'चंडी' पत्रिका का प्रकाशन सहज व सरल हिन्दी भाषा में प्रामाणिकता के साथ कराया। 'चंडी' पत्रिका के जरिए उन्होंने तन्त्र-शास्त्र एवं शक्ति-उपासना सम्बन्धी साहित्य प्रचुर मात्रा में मार्ग-दर्शन के लिए उपलब्ध कराने का बड़ा कार्य

कराया। कहना ना होगा कि पं. ठाकुरदत्त मिश्र ने भी 'चंडी' पत्रिका को लोकप्रिय बनाने में अपनी रचनात्मक भूमिका बखूबी निभाई। वह शास्त्रों का अध्ययन करके वह नए-नए लेखों का प्रकाशन करते थे। इसका समाज में व्यापक असर हुआ। फिर 1945 में पं. देवीदत्त शुक्ल के पुत्र पं. रमादत्त शुक्ल ने युवावस्था में 'चंडी' पत्रिका के सम्पादन का दायित्व अपने ऊपर लिया। उन्होंने पिता के मार्ग-दर्शन में अपनी विद्वत्ता व समर्पण से 'चंडी' पत्रिका की लोकप्रियता को नए आयाम प्रदान किए। उन्होंने सारगर्भित लेखों के जरिए तन्त्र के प्रति लोगों की भ्रान्तियों को दूर करने का सार्थक प्रयास किया। चंडी पत्रिका की लोकप्रियता का अन्दाजा इसी से लगाया जा सकता है कि हिन्दी में प्रकाशित होने के बाद उसका संस्कृत, बांग्ला आदि भाषाओं में अनुवाद कराकर लोगों तक पहुँचाया जाता था। इससे भारत के हर कोने में रहनेवाले लोग तन्त्र-साधना के सही स्वरूप से जुड़ सके। जिन मठ-मन्दिरों में तान्त्रिक-अनुष्ठान होते थे, वहाँ चंडी पत्रिका में प्रकाशित होनेवाले नीति-निर्देशों का पालन किया जाता था। इसके जरिए आम लोग भी तन्त्र-साधना से जुड़ने लगे। कहा जा सकता है कि, 'चंडी' अपने आप में ऐसी अनूठी पत्रिका है, जिसका प्रकाशन बिना अनुदान व विज्ञापन के आज भी हो रहा है। पत्रिका के वर्तमान सम्पादक ऋतशील शर्मा बताते हैं कि, 'मेरे बाबाजी तन्त्र-शास्त्र के उद्भट विद्वान थे। वह अपने धर्म व परम्परा के प्रति बेहद संवेदनशील थे। पूजा-पाठ के साथ धर्म से जुड़ा हर कार्य शास्त्रीय नियम व निर्देशों के अनुसार करते थे। अगर धार्मिक कृत्यों को लेकर किसी के अन्दर कोई असमंजस की स्थिति होती थी, तब बाबा जी शास्त्र-सम्मत तर्कों से उसका निवारण करते थे। तन्त्र-शास्त्र के प्रति भी उस समय लोगों में काफी भ्रान्तियाँ फैली थीं। देश 1940 के दशक में अंग्रेजों की गुलामी से मुक्त होने को संघर्षरत था। ब्रिटिश हुकूमत की शक्ति व बन्दिशों के कारण मठ-मन्दिरों में साधना-अनुष्ठान की परम्परा धीरे-धीरे बन्द होने-सी लगीं। ऐसे समय में पं. देवीदत्त शुक्ल तथा राष्ट्र-संस्कृति-हिन्दुत्व के प्रति जागरूक मनीषी व्यक्ति थे। उन्होंने तन्त्र-साधना के प्रति जन-जागरण के ध्येय से 1942 में 'चंडी' पत्रिका का प्रकाशन प्रारम्भ कराया।

चंडी पत्रिका के प्रकाशन ने तन्त्र-शास्त्र व साधना के प्रति लोगों की भ्रान्तियाँ दूर करने का सार्थक प्रयास किया। साथ ही देश-विदेश के जिज्ञासु लाभान्वित हुए। पं. ठाकुरदत्त मिश्र के बाद मेरे पिताश्री पं. रमादत्त शुक्ल ने 'चंडी' पत्रिका का सम्पादन किया। उन्होंने चंडी पत्रिका के जरिए तन्त्र-साधना के महत्त्व व संवेदना को संरक्षित करते हुए उसके सही स्वरूप से जन-जन को जोड़ने में अहम भूमिका निभाई। करीब छह दशक तक पत्रिका का सम्पादन उन्होंने एक साधक के रूप

में किया। चंडी पत्रिका का जो भी विकास-प्रचार हो रहा है, उसके आधार में इन विभूतियों की समर्पित साधना ही है। हम आज भी इस पत्रिका के जरिए तन्त्र की भ्रान्तियों को दूर करके उसके वैज्ञानिक व जनकल्याण स्वरूप को जन-जन तक पहुँचाने का प्रयास कर रहे हैं।

तन्त्र साधना के जरिए लोगों का कष्ट दूर करनेवालीं किन्नर अखाड़ा की महामंडलेश्वर भवानी माँ का मत है कि, 'अध्ययन व अध्यापन का हिस्सा न होने के कारण तन्त्र-शास्त्र के प्रति अज्ञानता व भ्रान्ति फैली है। इससे चाहकर भी लोग तन्त्र-साधना से खुद को नहीं जोड़ पाते। वह तन्त्र को अहित करनेवाली विद्या मानते हैं। जबकि तन्त्र विश्व का सबसे बड़ा विज्ञान है। भारतीय अध्यात्म, जिसका मूलाधार मन्त्र विज्ञान है। मन्त्रों के आधार पर तन्त्र-यन्त्र, योग, ज्योतिष, आयुर्वेद आदि वैज्ञानिक विधाओं की सार्थकता आज भी परिलक्षित हो रही है। ऐसे महत्त्वपूर्ण तन्त्र-मन्त्र विज्ञान के शोधात्मक रूप को निखारने की जरूरत है। किन्नर अखाड़ा व किन्नर समाज उसी दिशा में अग्रणी भूमिका निभा रहा है। देश के अलग-अलग शहरों में तान्त्रिक-अनुष्ठान करके जन-कल्याण की संकल्पना को साकार किया जा रहा है। साथ ही उसके सार्थक स्वरूप से जन-जन में जाग्रति फैलाई जा रही है। भवानी माँ का कथन सत्यता की अनुभूति भी कराता है। प्रयागराज में माघ मास में किन्नर साधना में लीन रहते हैं। इसके बाद वर्ष-पर्यन्त कहीं-न-कहीं उनके अनुष्ठान चलते रहते हैं। खास बात यह है कि किन्नरों का अनुष्ठान जन-हित के लिए होता है। लेकिन, अनुष्ठान का खर्च किन्नर किसी से नहीं लेते। बल्कि स्वयं सारा खर्च वहन करते हैं। उन्हें भिक्षा माँगने से जो पैसा मिलता है, उसे वह अनुष्ठान में खर्च करते हैं। इनका अनुष्ठान दूसरे की भलाई के लिए होता है। परन्तु उसमें किसी का अहित करने की भावना नहीं होती। किन्नर किसी का अहित करने की भावना से कोई अनुष्ठान नहीं करते हैं। अधिकतर लोगों के लिए आज भी तन्त्र-शास्त्र के प्रति कौतूहल और जिज्ञासा का भाव है।

अत: आवश्यकता है कि जिज्ञासुओं को तन्त्र-शास्त्र का न केवल वास्तविक ज्ञान दिया जाए, अपितु उसके सरल-सहज और जनोपयोगी पक्ष से समाज के सभी वर्ग के लोगों को जोड़ने का उपयोगी कार्य किया जाए। इसके लिए धर्माचार्यों को अपने ज्ञान, समर्पण व साधना के जरिए समाज को सार्थक सन्देश देना होगा। साथ ही तन्त्र विद्या के वैज्ञानिक स्वरूप को दुनिया के सामने लाने की जरूरत है। ऐसा करके तन्त्र साधना के वैभव का पूर्ण विस्तार देश-विदेश में किया जा सकेगा। तभी इस प्राचीन विद्या के जरिए मानव कल्याण का मार्ग प्रशस्त हो पायेगा। इसमें किन्नरों को प्रोत्साहित करने की जरूरत है। किन्नरों का तन्त्र साधना से जुड़ना

परमात्मा व आत्मा से मिलन के समान है। किन्नरों की साधना स्वत: फलित हो जाती है। किन्नरों में जन व राष्ट्रहित में सर्वस्व न्योछावर करने का माद्दा है। आम इनसान दूसरे के हित में कुछ करने से पहले सोचता है। वह लाभ व हानि का आँकलन करने के बाद कोई कार्य करता है। परन्तु, किन्नर जीवनभर दूसरे के हित में कार्य करते हैं। वह कभी अपना हित नहीं देखते हैं। किन्नरों ने धर्म व जनहित में तन्त्र विद्या को अपनाया है। इसके जरिए किन्नरों का परोपकार का भाव प्रकट हुआ है। चिन्ताजनक स्थिति यह है कि किन्नरों का जीवन व तन्त्र विद्या अधिकतर लोगों के लिए आज भी कौतूहल का केन्द्र है। वह दोनों से जुड़ना व समझना चाहते हैं। परन्तु, उसके लिए सही प्रयास नहीं करते। न ही उन्हें उचित माध्यम मिलता है। अत: आवश्यकता है कि जिज्ञासुओं को तन्त्रशास्त्र का न केवल वास्तविक ज्ञान दिया जाए, अपितु उसके लिए सामूहिक रूप से संकल्पबद्ध होकर हर प्रमुख स्थल पर समूह के रूप में कुछ किया जाए। सुखद स्थिति यह है कि किन्नर उस दिशा में तेजी से पग बढ़ा रहे हैं। इसका सार्थक परिणाम आएगा, उसकी उम्मीद हर किसी को है।

किन्नरों का धर्मान्तरण

विश्व में भारत एकमात्र ऐसा देश है जिसकी पहचान सदैव सनातन धर्म से होती है। सनातन धर्म का मूल 'वसुधैव कुटुम्बकम्' अर्थात पूरी धरती के लोग उसका परिवार हैं। सनातन ऐसा धर्म है जो न सिर्फ मानव, बल्कि पशु, पक्षी, नदी, वृक्ष, पर्वत सहित पूरी सृष्टि के कल्याण की सीख देता है। यह किसी का हक मारने के बजाए उन्हें सम्मान सहित अपनाने को प्रेरित करता है। भारत की पवित्र धरा सृष्टि निर्माण का केन्द्र मानी जाती है। मान्यता है कि तीर्थराज प्रयाग में परमपिता ब्रह्मा ने यज्ञ करने के बाद सृष्टि का निर्माण किया था। सृष्टि की उत्पत्ति के बाद धरती यज्ञ, अनुष्ठान व ऋषि-मुनियों की तपस्या का केन्द्र बनी। विश्वभर में ऋषि-मुनि का प्रवास था। हर जगह हिन्दू राजाओं का आधिपत्य था। लेकिन, जप-तप का केन्द्र भारतवर्ष की पवित्र धरती रही। हमारे ऋषियों ने पर्वतों व कन्दराओं में तपस्या करके सनातन धर्म का वैभव तीनों लोकों में फैलाया था। मर्यादा पुरुषोत्तम भगवान श्रीराम, भगवान श्रीकृष्ण सहित अनेक देवी-देवताओं के जन्म व लीला की साक्षी रही है भारत की पवित्र भूमि। दौर बदलने के साथ धरती के अलग-अलग खंडों में भिन्न-भिन्न विचारधारा पनपने लगी। संख्याबल बढ़ने पर धरती पर नए-नए नाम से अनेक देश बन गए। लेकिन, उनकी पूजा पद्धति, मान्यताएँ व संस्कार सनातन धर्म के अनुरूप ही थे। सिर्फ हर देश के राजा अलग हुआ करते थे। दौर बदलता गया, छठीं शताब्दी में इस्लाम व बौद्ध धर्म की उत्पत्ति हो गई। ईसाई धर्म का प्रभाव भी तेजी से फैलने लगा। दुनिया के कई देशों के वासियों ने सनातन धर्म छोड़कर इसाई, इस्लाम व बौद्ध धर्म अपना लिया था। वह उसी की परम्परा व नियम-निर्देशों का पालन करने लगे थे। लेकिन, भारत उससे अछूता था। भारत देश में सनातन धर्म का पालन करनेवाले हिन्दुओं का वास था। अलग-अलग देश बनने व नए धर्म की उत्पत्ति होने के बावजूद हिन्दू भविष्य के खतरे से अनभिज्ञ थे। उन्हें कभी लगा ही नहीं कि नए देश व धर्म की उत्पत्ति होने से कभी उनका अस्तित्व खतरे में पड़ जाएगा। वह 'वसुधैव कुटुम्बकम्' के मूलमन्त्र का पालन करते रहे। दुरूह स्थानों पर स्थापित मन्दिर, पर्वतों से निकलनेवालीं भिन्न-भिन्न पवित्र नदियाँ हिन्दुओं की

आस्था, परम्परा व अस्तित्व को दर्शाने के लिए पर्याप्त हैं। यह साबित करता है कि सनातन धर्म की जड़ें बहुत गहरी हैं। लेकिन, 'वसुधैव कुटुम्बकम्' के मूलमन्त्र का पालन करनेवाले हिन्दुओं का अस्तित्व मिटाने के लिए सदियों से तरह-तरह के कुचक्र रचे जा रहे हैं।

सनातन धर्म व हिन्दुओं को खत्म करने के लिए अनेक कुठाराघात किए गए। विदेशी मुस्लिम आक्रान्ताओं ने अपने अत्याचार के सहारे भारत की सनातन संस्कृति का खात्मा करने का भरसक प्रयास किया। हिन्दू अपना धर्म परिवर्तित कर लें, उसके लिए उन्हें तरह-तरह की प्रताड़ना दी गईं। इससे भारत को धार्मिक, आर्थिक एवं सामाजिक रूप से काफी क्षति पहुँची। हिन्दुओं के ऊपर विदेशी मुस्लिम आक्रान्ताओं ने धर्मान्तरण के लिए सबसे ज्यादा अत्याचार किया था। उन्होंने हिन्दुओं को धार्मिक, मानसिक व सामाजिक रूप से गुलाम बनाने की योजनाबद्ध तरीके से काम किया। भावनात्मक चोट पहुँचाने के लिए उन्होंने भारत में मौजूद प्राचीन मठ-मन्दिरों का अस्तित्व मिटाना शुरू कर दिया। मन्दिरों का अस्तित्व मिटाकर मस्जिद बनवाई गई। जबकि कई मन्दिरों का अस्तित्व मिटाने में अक्षम होने पर उससे सटाकर मस्जिद बनवा दिया। भय व लोभ दिखाकर लाखों हिन्दुओं का धर्मान्तरण करवाकर इस्लाम स्वीकार कराया गया। आम व्यक्ति की तरह किन्नर भी उससे अछूते नहीं रहे। किन्नरों का धर्मान्तरण कराकर उन्हें हिन्दू से मुसलमान बनाया गया। मुसलमानों का भारत में अन्तिम शासन मुगलों का था। मुगलों के बाद अंग्रेजों ने भारत पर काफी समय तक राज किया। अंग्रेजों ने अपने शासनकाल में भारत में इसाई धर्म व उसकी संस्कृति का प्रचार-प्रसार कर लोगों को उसे अपनाने पर विवश किया। यह सनातन धर्म की ताकत कहें अथवा पवित्र संस्कार कि लाखों लोगों का धर्मान्तरण होने के बावजूद भारत में आज भी हिन्दू धर्म को माननेवालों की बहुलता है। अनेक हमले, अत्याचार-प्रलोभनों को सहते हुए भी सनातन धर्म अपनी मान्यताओं, त्याग व समर्पण के बल पर आज भी खड़ा है।

दक्षिण भारत से हुआ इस्लाम का प्रवेश—छठीं शताब्दी से पहले भारत सहित विश्व के अधिकतर देशों में सनातन धर्मावलम्बी हिन्दुओं की आबादी अधिक थी। अधिकतर देशों में प्राचीन मठ-मन्दिर स्थापित थे। वहाँ वैदिक परम्परा के अनुरूप भजन-पूजन होता था। लेकिन, छठीं शताब्दी में सनातन धर्म से अलग नए पन्थ व परम्पराएँ पाँव पसारने लगे। अनेक देशों में प्रभाव जमाने के बाद बौद्ध व इस्लाम का प्रवेश भारत में हुआ। सनातन धर्म के खिलाफ बौद्ध धर्म का प्रचार-प्रसार तेजी से हुआ। इसके साथ इस्लाम को माननेवालों की संख्या भी निरन्तर बढ़ती गई। इनका लक्ष्य हिन्दुओं को सनातन धर्म से विमुख करके अपने साथ

जोड़ना था, जिसमें काफी हद तक सफल भी हुए। धार्मिक कुरीतियों का खात्मा करके हर मानव को समान अधिकार व सम्मान देने का सन्देश दिया गया। इससे कम समय में अधिक लोग उनसे जुड़ गए। लेकिन, कुछ साल बाद इस्लाम व बौद्ध धर्म का प्रभाव तेजी से फैलाने की मुहिम शुरू की गई। इसके लिए हिंसा का सहारा लिया गया। हिंसा के बल पर इस्लाम का विस्तार करने के अनेकों उदाहरण इतिहास के पन्नों में दर्ज हैं। ऐसा माना जाता है कि सनातन धर्म का अस्तित्व संकट में पड़ने पर भगवान शंकर के अवतार माने जानेवाले आदिशंकराचार्य जी का जन्म भी उसी कालखंड में हुआ। आदिशंकराचार्य जी ने अपनी विद्वता से बौद्ध धर्म के नाम पर हिंसा करनेवालों को सनातन धर्म अपनाने पर विवश कर दिया। इससे अधिकतर बौद्ध पुनः सनातनी हिन्दू बन गए। आदिशंकराचार्य जी के जीवनकाल में इस्लाम का फैलाव भारत में नहीं हुआ था। चन्द लोग ही उससे जुड़े थे। उस दौर में इस्लाम को माननेवाले शान्ति से जीवनयापन करते थे। इस्लाम का भारत में विस्तार आदिशंकराचार्य जी की जीवनलीला समाप्त होने के बाद हुआ। आश्चर्य की बात यह है कि इस्लाम के आगमन का द्वार सनातन धर्म की आत्मा माना जानेवाला क्षेत्र दक्षिण भारत बना। संस्कृत, वेद व पुराणों के मर्म को दक्षिण भारतीय हृदय से आत्मसात करते हैं। वैदिक रीति-रिवाजों व परम्पराओं का पालन दक्षिण भारत के लोग यम-नियम से करते हैं। लेकिन, उसी क्षेत्र से इस्लाम का प्रवेश भारत में हुआ। इतिहासकारों का मत है कि केरल के निवासी चेरामन पेरूमल इस्लाम स्वीकार करनेवाले पहले हिन्दू थे, उन्होंने सेवा, सच्चाई, अहिंसा के मर्म से लोगों को जोड़ने के लिए इस्लाम स्वीकार किया था। परन्तु, इस्लाम स्वीकार करने के कुछ दिनों बाद उनकी मृत्यु हो गई। लेकिन, चेरामन पेरूमल के साथ भारत में इस्लाम का बीज पड़ गया था। ऐसा माना जाता है कि गुजरात के भावनगर के घोघा में 623 ई. में बरवाडा नामक मस्जिद बनवाई गई। इसके बाद तमिलनाडु में 628 से 630 ई. के बीच पलैया जुमा मस्जिद का निर्माण कराया गया। वहीं, केरल के कोडुंगलु में 629 ई. में मलिक बिन दीनार नामक मस्जिद बनी। यह वो दौर था जब भारत में इस्लाम के प्रति लोगों में आकर्षण कम था। तब इस्लाम को सेवा, संस्कार का माध्यम बनाकर लोगों को उससे जोड़ा जाता था। साथ ही इस्लाम स्वीकार करनेवालों को आर्थिक लाभ भी दिया जाता था। धन की लालच में कुछ हिन्दुओं ने इस्लाम स्वीकार कर लिया। लेकिन, उनकी संख्या अपेक्षा से काफी कम थी। ब्रिटिश इतिहासकार इलियट का दावा है कि 630 ई. में अरब के मुसलमानों ने भारत में प्रवेश किया था। वह व्यापार के सिलसिले में भारत आए थे। धीरे-धीरे अपना बसेरा बनाकर इस्लाम का प्रचार-प्रसार करने में लगे। लेकिन, चाहकर भी

ज्यादा सनातन धर्मावलम्बियों को उनके विचारों से डिगा नहीं पाये। वह सालों तक प्रचार-प्रसार करने के बावजूद बहुत कम लोगों को इस्लाम से जोड़ पाए, क्योंकि उस दौर में सनातन धर्मावम्बी अपने धर्म, संस्कार, परम्परा व पहचान पर गर्व की अनुभूति करते थे।

अत्याचार करके कराया गया धर्मान्तरण— जब हिन्दू आसानी से अपना धर्म व संस्कृति छोड़ने को तैयार नहीं हुए तब उनके ऊपर अत्याचार शुरू किया गया। अनेक इतिहासकारों व धर्माचार्यों का मत है कि भारत में अत्याचार व तलवार का भय दिखाकर धर्मान्तरण कराया गया। गायत्री गंगा चैरिटेबुल संस्थान के अध्यक्ष परमहंस प्रभाकरजी महाराज का मत है कि, 'हिन्दुओं का धर्मान्तरण कराने के लिए अत्याचार की शुरुआत मोहम्मद-बिन-कासिम ने की थी। भारत में 672 ई. के आस-पास अरब के मोहम्मद-बिन-कासिम ने आक्रमण कर दिया। कासिम ने सिन्ध प्रान्त के राजा दहिर को हराकर उनके राज्य में कब्जा कर लिया। इसके बाद उसने हिन्दुओं पर अत्याचार करके इस्लाम स्वीकार करने पर मजबूर किया। इस्लाम स्वीकार न करनेवालों को लाइन से खड़ा करके उनका सिर कटवाया गया। शरीर में खौलता तेल डालने, कोड़ों से पीटने, आँख फोड़ने जैसी यातनाएँ दी गईं। कासिम के दबाव में सिन्ध प्रान्त में इस्लाम स्वीकार करनेवालों की संख्या में इजाफा हुआ।' इसके बाद 10वीं शताब्दी में तुर्की का महमूद गजनवी ने पंजाब प्रान्त में आकर खूब लूटपाट किया। पंजाब के लोगों को बन्धक बनाकर उनके ऊपर अत्याचार करके इस्लाम स्वीकार करवाया। इसके बाद 1192-93 में मोहम्मद गोरी ने भारत पर आक्रमण करके दिल्ली सल्तनत पर कब्जा कर लिया। मोहम्मद गोरी व पृथ्वीराज चौहान के बीच तराइन में भीषण युद्ध हुआ। अल्प संसाधन होने के बावजूद पृथ्वीराज चौहान ने गोरी के सामने घुटने नहीं टेके, बल्कि उसका बहादुरी से मुकाबला किया। लेकिन, अन्त में उन्हें पराजय का सामना करना पड़ा। पृथ्वीराज चौहान की पराजय के बाद भारत में इस्लाम का प्रभाव तेजी से बढ़ाया गया। मोहम्मद गोरी ने हिन्दुओं पर अत्याचार करना शुरू कर दिया। मठ-मन्दिरों को तोड़कर हिन्दुओं को प्रताड़ित किया। प्रताड़ना से बचने के लिए हिन्दुओं ने इस्लाम स्वीकार करना शुरू कर दिया। आम हिन्दुओं की तरह काफी किन्नरों ने खुद को सुरक्षित व ताकतवर बनाने के लिए इस्लाम स्वीकार कर लिया। मोहम्मद गोरी के बाद भारत में बारी-बारी से मुस्लिम आक्रान्ता हमला करते रहे। हर आक्रान्ता का लक्ष्य एक था मठ-मन्दिरों को तोड़कर हिन्दुओं पर अत्याचार करके उन्हें इस्लाम स्वीकार करने पर मजबूर करना। साथ ही भारत की धन-सम्पदा को लूटकर ले जाते थे। इसी मंशा से कुतबुद्दीन ऐबक 1206 ईसवी

में भारत आया। कुतबुद्दीन मामलुक यानी गुलामवंश का शासक माना जाता है। इसके बाद जलालुद्दीन फिरोज खिलजी ने 1290 ईसवी में भारत आकर खिलजी वंश चलाया। इसके बाद 1320 ईसवी में तुगलक वंश की शुरुआत गयासुद्दीन तुगलक ने की। जबकि 1415 ईसवी में सैयद वंश की परम्परा भारत में खिज्र खान ने आरम्भ किया। फिर लोदी वंश का शासन आया। लोदी वंश 1451 में बहलोल लोदी ने शुरू किया। इसके बाद भारत में मुगलों का शासन आया। भारत में 1526 से 1857 तक का कालखंड मुगल शासकों का माना जाता है। मुगलों ने अपना प्रभुत्व स्थापित करने के लिए कठोर नियम-कानून बनाए थे।

मुगलों ने किए अत्याचार

मुगलों ने भारत में अपने शासनकाल में हिन्दुओं का अस्तित्व खत्म करने के लिए काफी अत्याचार किए। मठ-मन्दिरों को तोड़ने के साथ उन्होंने नई मस्जिद का निर्माण कराया। साथ ही अत्याचार के बल पर हिन्दुओं का धर्मान्तरण भी कराया। यहाँ गौर करनेवाली बात यह है कि मुस्लिम आक्रान्ताओं के सदियों तक अत्याचार झेलने के बावजूद भारत में हिन्दुओं का अस्तित्व कायम रहा। देश के अलग-अलग प्रान्तों में हिन्दू राजा काबिज थे। वह अपने धर्म व संस्कृति के अनुरूप शासन करते थे। सारे नियम व कानून भी उसी के अनुरूप बनाए जाते थे। लेकिन, उनकी संख्या काफी कम थी। प्रख्यात इतिहासकार प्रो. योगेश्वर तिवारी बताते हैं कि, '1526 में बाबर ने भारत पर आक्रमण करके अपना प्रभुत्व स्थापित करना शुरू कर दिया। इसके लिए वह हिन्दुओं के अस्तित्व पर चोट करने लगा। आम लोगों को धार्मिक व मानसिक रूप से गुलाम बनाने के लिए बाबर ने अनेक प्राचीन मठ-मन्दिरों को तहस-नहस कर दिया। अनेक स्थानों पर मन्दिरों की जगह मुसलमानों की इबादत के लिए मस्जिदें बनवा दिया। ऐसा करके उसने हिन्दुओं को भावनात्मक व मानसिक रूप से अपना गुलाम बनाने का प्रयास किया। इसका सिलसिला हुमायूँ, जहाँगीर, शाहजहाँ, औरंगजेब, मोहम्मद शाह रंगीले, बहादुर शाह प्रथम, अलाउद्दीन खिलजी, सुल्तान मुजफ्फर सहित अनेक मुस्लिम शासकों के शासनकाल में भी जारी रहा। तलवार की नोक पर व लालच दिखाकर हिन्दुओं का धर्मान्तरण कराकर उन्हें इस्लाम धर्म अपनाने पर विवश किया गया। मुस्लिम शासक काफी हद तक अपने मिशन में सफल रहे। भय व लोभ के कारण लाखों हिन्दुओं ने अपना धर्म बदलकर इस्लाम स्वीकार कर लिया। धर्मान्तरण की जद में किन्नर भी आए। किन्नरों को हिन्दू से इस्लाम धर्म अपनाने पर विवश किया गया। जो किन्नर धर्मान्तरण करने को तैयार नहीं होता था, उन्हें सबके सामने कोड़ों से

पीटा जाता, शरीर में तेल गर्म करके डाला जाता, नाखून उखाड़ने के साथ जिस्म को थोड़ा-थोड़ा काटकर असहनीय दर्द दिया जाता था। यह ऐसी यातनाएँ थीं, जिसकी कल्पना मात्र से रूह काँप जाती है। इन प्रताड़नाओं के कारण काफी हिन्दुओं व किन्नरों को अपनी जान गंवानी पड़ी। वहीं, मुस्लिम शासकों के सान्निध्य में रहने पर उन्हें धन-दौलत दी जाती थी। इसे देखकर किन्नर धर्मान्तरण करके इस्लाम स्वीकार करने लगे। हर मुस्लिम शासक के दौर में किन्नरों के इस्लाम धर्म स्वीकार करनेवालों की संख्या बढ़ती रही। इस्लाम धर्म स्वीकार करनेवाले किन्नरों का रहन-सहन उसी के अनुरूप होता गया। वह मुस्लिम शासकों के नीति व निर्देशों का पूरी ईमानदारी से पालन करते थे। किन्नरों को जिस काम में लगाया जाता था, वह उसे पूरे समर्पण के साथ पूरा करते थे। मुस्लिम शासक किन्नरों की वीरता, त्याग व समर्पण से काफी प्रभावित थे। वह किन्नरों को खुद का विश्वासपात्र भी मानते थे। इससे उन्हें महत्त्वपूर्ण कार्यों की जिम्मेदारी सौंपी जाती थी। किन्नरों को रानियों की सुरक्षा में लगाया जाता था। मुस्लिम शासकों को किन्नरों से कोई खतरा नजर नहीं आता था, क्योंकि वे नपुंसक होते हैं। रानियाँ चाहकर भी उनसे अवैध रूप से शारीरिक सम्बन्ध स्थापित नहीं कर सकती थीं। किन्नरों की संख्या तब ज्यादा नहीं थी। इससे हर रानी की देख-रेख में किन्नरों को लगाना मुमकिन नहीं था। ऐसी स्थिति में जहाँ किन्नर नहीं होते थे, वहाँ मुस्लिम शासक नौजवानों के जननांगों को कटवा देते थे। इसके बाद उन्हें रानियों की सुरक्षा में लगाया जाता था। जननांग कटने के बाद उनके अन्दर भी किन्नरों के गुण आ जाते थे। किन्नर आम व्यक्ति की अपेक्षा काफी वीर होते थे, कार्य के प्रति उनमें सबसे अधिक समर्पण था। इससे रानियों की सुरक्षा की जिम्मेदारी उन्हें दी जाती थी। किन्नरों को बिना किसी रोक-टोक के रानियों के कक्ष में जाने की अनुमति थी। हरम में वही रानियों के साथ हर समय रहते थे। रानियों को कोई जरूरत पड़ती थी तो किन्नर के जरिए वे उसे पूरा करवाती थीं। किन्नर नृत्य व गायन करके रानियों का मनोरंजन करते थे, उन्हें सजाने व सँवारने का काम भी वही करते थे।'

राज दरबार में थी अहमियत

मुस्लिम शासनकाल में रानियों की देख-रेख के अलावा किन्नर राज दरबार में भी महत्त्वपूर्ण जिम्मेदारी निभाते थे। किन्नर अनेक शासकों के काफी करीब थे। शासन उनकी राय पर ही सारा काम करते थे। कुतबुद्दीन ऐबक के दरबार में गुरफान नामक किन्नर प्रमुख भूमिका में था। गुरफान को बिना रोक-टोक कहीं भी आने-जाने की छूट थी। वहीं, गयासुद्दीन तुगलक की रानियों की देख-रेख की

जिम्मेदारी किन्नर शैला बेगम के पास थी। शैला को सभी सम्मान देते थे। राज दरबार के लोग उन्हें माई के नाम से सम्बोधित करते थे। इसी प्रकार मोहम्मद शाह रंगीले के करीबी लोगों में गुलाम नबी नामक किन्नर भी था। वह शासन के संचालन में महत्त्वपूर्ण भूमिका निभाते थे। राज्य पर जब कोई विपत्ति आती, तब रंगीले अपने विश्वासपात्र गुलाम नबी से सलाह लेकर ही कदम उठाता था। कई युद्धों में गुलाम नबी ने युद्ध के मैदान में उतरकर विरोधियों से सीधे मोर्चा लिया था। इसी प्रकार अलाउद्दीन खिलजी के शासनकाल में किन्नर वरिष्ठ सैन्य अधिकारी थे। खिलजी का प्रमुख पदाधिकारी मलिक गफूर नामक किन्नर था। गफूर ने इस्लाम स्वीकार कर लिया था। वह खिलजी का दायाँ हाथ माना जाता था। गफूर के प्रयासों से खिलजी ने दक्षिण भारत में अपने साम्राज्य का विस्तार किया। खिलजी कोई भी कदम उठाने से पहले गफूर की राय जरूर लेता था। अगर गफूर कोई काम को अनुचित बताकर उसे करने से मना कर देते तो खिलजी अपना निर्णय वापस ले लेता था। अलाउद्दीन की मृत्यु के बाद गफूर ने सात वर्षीय बालक सिहाबुद्दीन खिलजी को सिंहासन पर आसीन करवाया। लेकिन, पर्दे के पीछे से राज्य का संचालन स्वयं गफूर ही करते थे।

वहीं, गुजरात में सुल्तान मुजफ्फर के शासनकाल में किन्नर मुमित-उल-मुल्क कोतवाल हुआ करता था। मुमित की वीरता व दूरदर्शिता की गाथा दूर-दूर तक फैली थी, वह अपने सुल्तान का करीबी माना जाता था। सुल्तान मुजफ्फर के साथ मुमित ने कई युद्धों में दुश्मनों पर करारा प्रहार करके अपनी वीरता का प्रदर्शन किया था। जबकि जहाँगीर के शासनकाल में कई किन्नर महत्त्वपूर्ण पदों पर कार्यरत रहे थे। इफ्तिखार खान नामक किन्नर जहाँगीर की जागीर का फौजदार हुआ करता था। इसी प्रकार जहाँगीर की अदालत में सैयद मोमिन नामक किन्नर था, जो महत्त्वपूर्ण फैसले लेने में अहम भूमिका निभाता था। जब कोई कठिन निर्णय लेना होता था तब जहाँगीर सैयद मोमिन से राय लेते थे। इसके अलावा जहाँगीर की रानियों के हरम में किन्नर पहरेदारी किया करते थे। वहीं हुमायूँ जहाँगीर, औरंगजेब सहित अनेक शासकों के समय किन्नरों की उपस्थिति थी।

मुगलों के बाद भारत में अंग्रेजों का शासनकाल आया। अंग्रेजों ने अपना प्रभुत्व स्थापित करने के लिए प्रशासनिक रूप से नई संरचना बनाई। अंग्रेजों ने भारत को नया स्वरूप देने के लिए नए-नए नियम-कानून बनाने के साथ आम लोगों में भय पैदा किया। सबको नियम-कानून मानने की बाध्यता थी। अंग्रेज इसाई धर्म को माननेवाले थे। प्रशासनिक पैठ बढ़ाने के बाद मसीही धर्माचार्य लोगों को इसाई धर्म अपनाने को प्रेरित करते रहते थे। इसके चलते भारत में इसाई धर्म का प्रचार-प्रसार

काफी तेजी से हुआ। लोभ व भय के कारण लोगों ने इसाई धर्म अपनाना शुरू कर दिया। इससे भारत में इसाई धर्म को माननेवालों की संख्या काफी बढ़ गई। लेकिन, अंग्रेजों ने अत्याचार करके ज्यादा लोगों का धर्मान्तरण नहीं कराया। बल्कि लालच देकर गरीब लोगों को इसाई बनने को प्रेरित करते थे। अंग्रेजों के शासनकाल में गरीब तबके के लोगों ने सबसे अधिक धर्मान्तरण किया। इनमें अधिकतर अनुसूचित जाति वर्ग के लोग शामिल थे। उन्होंने इसाई धर्म स्वीकार करके उनके नियम व कायदे अपना लिये। इस दौरान काफी किन्नर भी इसाई बन गए। जबकि इसाई के घर जन्म लेनेवाले किन्नर जन्मजात उसी धर्म को मानते थे। जब अंग्रेजों ने भारत छोड़ा तब ईसाइयों का बड़ा वर्ग यहीं रुक गया। इसमें अधिकतर वही भारतीय थे, जो हिन्दू व इस्लाम धर्म को छोड़कर इसाई बने थे। लेकिन, सच्चाई यह भी है कि मुगल व अंग्रेजों के सैकड़ों साल राज करने व धर्मान्तरण कराने के बावजूद भारत हिन्दू देश बना रहा। हिन्दुओं की आबादी भारत में अधिक है। अतः भारत को अघोषित हिन्दू राष्ट्र के रूप में जाना जाता है। लेकिन, उसी हिन्दू बाहुल्यवाले देश में ज्यादातर किन्नर मुस्लिम बन जाते हैं। मौलवियों व इमामों को हजारों, लाखों रुपए देकर वह अपना धर्म परिवर्तन कराते हैं। यह अपने आप में चौंकानेवाली बात है। लेकिन, इसके पीछे कुछ विवशताएँ और मान्यताएँ हैं, जिसके कारण किन्नर अपना धर्म परिवर्तन करके मुस्लिम बनते हैं।

पुनर्जन्म से बचने की मान्यता

किन्नरों की एक विशिष्ट मान्यता यह है कि वह अगला जन्म किन्नर के रूप में नहीं पाना चाहते। किन्नर रहते हुए उन्हें समाज में अनेक प्रताड़नाएँ व उपेक्षा झेलनी पड़ती हैं। गैरों के साथ ही अपने माता-पिता, भाई-बहन के कड़वे शब्द झेलना पड़ते हैं। घर से निकलने के बाद उनको दर-दर की ठोकरें खाने को मजबूर होना पड़ता है। इससे किन्नर चाहता है कि अगला जन्म उसका इस रूप में न होने पाये। वहीं, हिन्दू धर्म में पुनर्जन्म की मान्यता होती है। धार्मिक ग्रन्थों के अनुसार हर व्यक्ति किसी-न-किसी रूप में अगला जन्म लेता है। कई तो अपने पुराने घर व परिवार में नए रूप में जन्म लेते हैं। इससे किन्नरों को लगता है कि अगर हिन्दू रहेंगे तो उनका अगला जन्म भी इसी रूप में हो सकता है। इससे उन्हें दोबारा जन्म लेने पर भी लैंगिक रूप से दिव्यांगता का दंश झेलना पड़ेगा। इस मिथक व आशंका को जड़ से खत्म करने की मंशा से ज्यादातर हिन्दू किन्नर इस्लाम स्वीकार करके मुसलमान बन जाते हैं, क्योंकि इस्लाम धर्म में पुनर्जन्म का कोई चक्कर नहीं है। इससे किन्नरों को लगता है कि उन्हें दोबारा इस रूप में जन्म नहीं लेना पड़ेगा।

धनाढ्य होते हैं मुस्लिम किन्नर

किन्नरों के मुसलमान बनने के पीछे दूसरा प्रमुख कारण पेट की भूख मिटाना भी होता है। किन्नरों के आय का प्रमुख स्रोत टोली-बधाई है। यह पुरानी परम्परा है। इसके लिए हर किन्नर का क्षेत्र बँटा होता है। हर क्षेत्र में किन्नरों का एक समूह होता है। समूह के प्रमुख को नायक कहते हैं। एक नायक के साथ कई किन्नर काम करते हैं। वे अपने क्षेत्र में घूम-घूमकर लोगों से पैसा माँगते हैं। एक किन्नर को दूसरे के क्षेत्र में जाने की अनुमति नहीं होती। मुस्लिम शासनकाल में मुसलमान बननेवाले किन्नर सीधे सत्ता के करीब थे। वे शासक व उनकी रानियों के इर्द-गिर्द रहते हुए महत्त्वपूर्ण जिम्मेदारी निभाते थे। इससे वे आर्थिक रूप से काफी सम्पन्न हो गए थे। राज दरबार व रानियों के बीच काम करनेवाले किन्नरों के शिष्य भी आर्थिक रूप से सम्पन्न हुआ करते थे, क्योंकि वे अपने गुरु के माध्यम से सीधे राजशाही व्यवस्था से जुड़े रहते थे। मुसलमानों का राज खत्म होने के बावजूद इस्लाम स्वीकार करनेवाले किन्नरों व उनके शिष्यों की आर्थिक सम्पन्नता बनी रही। सामाजिक व्यवस्था का ताना-बाना मुस्लिम किन्नरों के अनुरूप बना था, जो आज भी कायम है। यही कारण है कि आज भी मुस्लिम किन्नरों के पास गद्दी व घूम-घूमकर पैसा माँगनेवाला इलाका हिन्दुओं की अपेक्षा अधिक है। इसका प्रमुख कारण मुस्लिम व अंग्रेजों के शासनकाल में हिन्दुओं का सत्ता से दूर रहना है। इसके चलते वह पूरी व्यवस्था से कट गए हैं। गद्दी व इलाका पाने के लिए किन्नरों को मुस्लिम बनना पड़ता है। मुस्लिम बनने के बाद उन्हें पैसा माँगने के लिए क्षेत्र आसानी से मिल जाता है। इससे उनका जीवनयापन आसानी से होता है। जबकि जो मुस्लिम नहीं बनते उनको तरह-तरह की चुनौतियों का सामना करना पड़ता है। इस व्यवस्था को बदलने के लिए हिन्दू किन्नर संघर्षरत हैं। इसका परिणाम भी धीरे-धीरे व्यवस्था परिवर्तन के रूप में सामने आ रहा है। लेकिन, लगता है कि अधिकार व सम्मान के लिए उन्हें अभी लम्बी लड़ाई लड़नी होगी।

अंग्रेजों द्वारा अस्तित्व मिटाने का प्रयास

मुगलों के बाद भारत की सत्ता पर ब्रिटिश हुकूमत यानी अंग्रेजों का आधिपत्य हो गया। मुगलों का अस्तित्व खत्म करके भारतीयों पर राज करने के लिए अंग्रेजों ने सदियों पुरानी व्यवस्था को बदलकर नए नियम व कानून बनाए। आम लोगों के रहने व सामाजिक परिवेश में काफी बन्दिशें लगा दी। ब्रिटिश हुकूमत की ओर से बननेवाले नियम का पालन करना सबके लिए अनिवार्य था। नियम का उल्लंघन करनेवाले को कड़ी सजा मिलती थी। सजा सार्वजनिक स्थल पर दी जाती थी। ऐसा करके दूसरे लोगों में भय पैदा करके उन्हें मानसिक रूप से गुलाम बनने पर मजबूर किया जाता था। अंग्रेजों ने भारत में जन्में हर स्त्री व पुरुष के रहन-सहन, बोल-चाल, व्यवहार में बन्दिशें लगाई थीं। उस बन्दिश की जद में किन्नर भी थे। अंग्रेजी हुकूमत किन्नरों को हीन भावना से देखती थी। एक समय तो किन्नरों का अस्तित्व मिटाने के लिए ब्रिटिश हुकूमत ने पूरा जोर लगा दिया था। किन्नरों की धार्मिक मान्यता को अंग्रेज महत्त्व नहीं देते थे। वे किन्नरों को दीन-हीन व शापित प्राणी के रूप में देखते थे। किन्नरों को सामाजिक रूप से उपेक्षित करने के लिए उनके खिलाफ कड़े नियम-कानून बनाए गए। देशभर में किन्नरों के नाच-गाकर माँगने पर पाबन्दी लग गई थी। अगर किसी किन्नर के साथ कोई बच्चा मिल जाता था, तो वह सजा का भागीदार होता था। ऐसी अनेकों बन्दिशों के जरिए किन्नरों का काफी उत्पीड़न किया गया। इससे देशभर के किन्नरों को खुद का अस्तित्व बचाने के लिए काफी संघर्ष करना पड़ा। जनसहयोग व संघर्ष के बल पर किन्नर अपना अस्तित्व बचाने में सफल रहे।

किन्नरों के खिलाफ अंग्रेजों को कार्रवाई करने का मौका अगस्त 1852 में उत्तर प्रदेश के मैनपुरी जिला में घटित एक घटना से मिला। मैनपुरी में भूरा नामक किन्नर अपने दो शिष्यों के साथ रहती थी। वह बच्चे के जन्म व शादी विवाह में नाचने-गाने का काम करके अपना गुजर बसर करती थी। भूरा के साथ उसका एक पुरुष प्रेमी भी रहता था। लेकिन, कुछ साल बाद उसने अपने पुरुष प्रेमी को छोड़ दिया। ऐसा करने के कुछ दिनों बाद भूरा की निर्ममता से हत्या कर दी गई। उस दौर में यह मामला काफी चर्चित हुआ। भूरा की हत्या की जानकारी होने पर

देशभर के किन्नरों ने कड़ा विरोध किया। आम लोगों ने भी घटना की निन्दा की। ब्रिटिश हुकूमत ने घटना को गम्भीरता से लेते हुए किन्नरों पर बन्दिश लगाने की योजना यहीं से बना ली थी। भूरा की हत्या का मामला कोर्ट पहुँचा। वहाँ सुनवाई के दौरान किन्नरों को समलैंगिक, भिखारी और अप्राकृतिक वेश्या कहा गया। सुनवाई के दौरान न्यायाधीश ने इसे ब्रिटिश सरकार के लिए निराशाजनक बताया। भूरा की हत्या से ब्रिटिश समाज में किन्नरों के प्रति व्याप्त नैतिक आतंक का पता चल गया।

भूरा के मामले में शोध करनेवालीं सिंगापुर के नायनयाँग टेक्नोलॉजिकल यूनिवर्सिटी में इतिहास विभाग की असिस्टेंट प्रोफेसर इतिहासकार डॉ. जेसिका हिंकी कहती हैं—'ब्रिटिश सरकार ने भूरा की हत्या को किन्नरों के अपराध और उनके समुदाय की अनैतिकता से जोड़कर देखा। ब्रिटिश अधिकारियों ने मानना शुरू कर दिया कि किन्नर शासन करने योग्य नहीं हैं। इसके बाद किन्नरों को मानसिक व शारीरिक रूप से गन्दा, बीमार, संक्रामक रोगी और दूषित समुदाय के तौर पर चित्रित किया गया। उन्हें पुरुषों के साथ सेक्स करने की लतवाले समुदाय की तरह पेश किया गया।' ब्रिटिश अधिकारियों ने कहा था कि यह समुदाय न केवल आम लोगों की नैतिकता के लिए खतरा है बल्कि राजनीतिक सत्ता के लिए भी खतरा है। डॉ. हिंकी ने औपनिवेशिक भारत के किन्नरों के पहले विस्तृत इतिहास के तौर पर 'गवर्निंग जेंडर एंड सेक्सुएलिटी इन कॉलोनियल इंडिया' की रचना की है।

भूरा उस दौर में उत्तर प्रदेश में अधिकृत लगभग तीन हजार चर्चित किन्नरों में एक थी। भूरा के बारे में दूसरे जिलों व प्रदेशों के किन्नर भी जानते थे। उनका एक-दूसरे से जुड़ाव भी था। लेकिन, भूरा की हत्या के बाद ब्रिटिश सरकार ने किन्नरों की संख्या कम करने के लिए प्रान्तीय स्तर पर अभियान चलाने का निर्णय ले लिया। इसके लिए किन्नरों के खिलाफ 1871 में 'क्रिमिनल ट्राइब्स ऐक्ट' जैसा विवादास्पद कड़ा कानून बनाया गया। इस कानून के तहत किन्नरों को आपराधिक समुदाय माना गया। कानून के अनुरूप देशभर में किन्नरों के खिलाफ अभियान चलाकर उन्हें प्रताड़ित किया गया। किन्नरों पर अत्याचार करते हुए उन्हें जेल में बन्द करने की देशव्यापी कार्रवाई की गई। अत्याचार बढ़ने पर किन्नरों के साथ आम भारतीयों ने उस कानून का विरोध करना शुरू कर दिया। लेकिन, अंग्रेजों की कार्रवाई रुकी नहीं। फिर 26 साल बाद 1897 में 'क्रिमिनल ट्राइब्स ऐक्ट' में एक संशोधन करके देश के हर क्षेत्र के अफसरों को किन्नरों के नाम और आवास सहित उनका पूरा ब्योरा एकत्र करने के लिए रजिस्टर तैयार करने का आदेश दिया गया। इसमें बच्चों का अपहरण करके किन्नर बनानेवालों को छह मास से सात साल तक

की कैद का प्रावधान था। इस कानून में कुछ जाति समुदाय के लोगों को परम्परागत तौर पर आपराधिक माना गया था। इसके बाद रजिस्टर में हर थाना क्षेत्र में रहनेवाले किन्नरों का ब्योरा एकत्र करने की कार्रवाई शुरू की गई। कानून के चलते पुलिस ने किन्नर समुदाय के लोगों पर अपनी निगरानी बढ़ा दी। पुलिस ने किन्नरों की निजी जानकारी को पंजीकृत करना शुरू कर दिया। दस्तावेजों में किन्नरों को अपराधी और सेक्सुअली विकृत व्यक्ति के तौर पर सम्बोधित किया गया। इसके जरिए सार्वजनिक तौर पर किन्नरों की उपस्थिति को समाप्त करके उनका सांस्कृतिक उन्मूलन किया जाने लगा। इस कार्रवाई के जरिए धीरे-धीरे किन्नरों का अस्तित्व मिटाना था, क्योंकि उच्च पदस्थ ब्रिटिश अधिकारियों का मानना था कि किन्नरों का छोटा-सा समूह उनकी सत्ता प्रतिष्ठानों को खतरे में डाल सकता है। इसके लिए ब्रिटिश अधिकारियों ने किन्नरों के ऊपर अपनी निगरानी बढ़ा दी। वह जिलास्तर पर किन्नरों के खिलाफ होनेवाली कार्रवाई पर स्वयं नजर रखते थे। अगर कहीं पुलिस की कार्रवाई में उन्हें कमी नजर आती तो दखल देकर उसमें कड़ाई करवाते थे।

महिलाओं के कपड़े पहनने पर लगी पाबन्दी

ब्रिटिश सरकार ने किन्नरों के खिलाफ कार्रवाई करते हुए उनके महिलाओं के कपड़े पहनने पर पाबन्दी लगा दी थी। किन्नर साड़ी, सलवार सूट आदि पहनकर कहीं आ-जा नहीं सकते थे। न ही वे सार्वजनिक तौर पर नाचने-गाने का काम कर सकते थे। इस पाबन्दी के जरिए किन्नरों से उनके जीवनयापन का यह अधिकार व पेशा छीन लिया गया। अगर कोई किन्नर साड़ी पहनकर श्रृंगार करके बाहर निकलता या सार्वजनिक स्थान पर नाचता-गाता था, तो पुलिस उन्हें गिरफ्तार कर लेती। सम्बन्धित किन्नर के ऊपर जुर्माना लगाकर उसे जेल भेजा जाता था। इसके अलावा अगर महिला के कपड़े और आभूषण पहनकर कोई किन्नर मिल जाता तो पुलिस उसके लम्बे बाल कटवा देती थी। कई बार तो थाना में किन्नरों के कपड़े उतरवाकर अपमानित किया गया। इसके जरिए किन्नरों में भय पैदा करके घर में रहने पर मजबूर किया गया। बन्दिश बढ़ने पर किन्नरों के सामने जीवनयापन का खतरा पैदा हो गया। खुद का पेट पालने के लिए किन्नरों ने कोर्ट जाने का निर्णय लिया। किन्नरों की ओर से विशेष मौकों पर लगनेवाले मेलों व सार्वजनिक तौर पर नाचने-गाने का अधिकार बहाल करने के लिए कोर्ट में याचिका दाखिल की गई। यह याचिका आर्थिक तंगी व बढ़ती बदहाली के कारण दाखिल की गई थी। इसमें आर्थिक तंगी के कारण गाजीपुर के किन्नरों ने भूख से मरने को प्रमुख आधार बनाया।

कब्जे में लिए गए किन्नरों के बच्चे

कोर्ट में याचिका दाखिल करने के बावजूद किन्नरों पर पाबन्दी खत्म नहीं हुई। बल्कि ब्रिटिश अधिकारियों ने किन्नरों के साथ रहनेवाले बच्चों को उनसे वापस लेने का निर्णय लिया। इसके बाद पुलिस ने किन्नरों के साथ रहनेवाले बच्चों को कब्जे में करना शुरू कर दिया। अगर किसी किन्नर को छोटे बच्चे या लड़के के साथ पकड़ा जाता था, तो उसके ऊपर जुर्माना लगाकर जेल भेजा जाता था। इस कार्रवाई के पीछे अधिकारियों का तर्क था कि वह किन्नरों से उनके साथ रहनेवाले बच्चों को वापस लेकर उनको बदनामी भरे जीवन से बचा रहे हैं। इससे बच्चों का जीवन सुधरेगा साथ ही कोई उन्हें बदनामी की नजर से नहीं देखेगा। जबकि सत्यता यह थी कि किन्नरों से बच्चे पकड़े जानेवाले बच्चे अधिकतर उनके शिष्य थे। वे किन्नरों के साथ रहकर गाने व बजाने का काम करके अपने परिवार को आर्थिक मदद देते थे। कुछ अनाथ बच्चे भी किन्नरों के साथ रहकर अपना पेट पालते थे। अनाथ बच्चों के सिर पर माता-पिता का साया न होने के बावजूद किन्नर उन्हें अपनी सन्तान की तरह पालते थे। लेकिन, ब्रिटिश अधिकारियों ने किन्नरों के साथ रहनेवाले बच्चों को संक्रामक बीमारी का एजेंट और नैतिकता के लिए खतरा माना और इसके चलते वे उसी के अनुरूप कार्रवाई करते थे। इसके कारण काफी बच्चों का जीवन खतरे में पड़ गया, क्योंकि किन्नरों के साथ रहकर गाने-बजाने से उन्हें कुछ पैसा व अनाज प्राप्त हो जाता था। इससे उनका जीवनयापन होता था। परन्तु, किन्नरों से अलग करने की कार्रवाई ने उनका आर्थिक श्रोत खत्म कर दिया। ब्रिटिश अधिकारी बच्चों को किन्नरों से अलग करके इधर-उधर भटकने के लिए छोड़ देते थे, क्योंकि उनके पास उनके भरण-पोषण की कोई योजना नहीं थी।

अस्तित्व बचाने में सफल

ब्रिटिश सरकार की ओर से किन्नरों के ऊपर किए जा रहे अत्याचारों को भारतीय उचित नहीं मानते थे। उन्हें किन्नरों के अन्दर का भाव हिन्दू-संस्कृति से मेल खाता दिखता था। इसके चलते वे किन्नरों की चोरी-छुपे मदद करने लगे। इस मदद से किन्नरों का हौसला बढ़ता गया। आम लोगों की शह पाकर किन्नर ब्रिटिश हुकूमत द्वारा बनाए गए कानून को तोड़ने और पुलिस को चकमा देकर घूमने में निपुण हो गए। इसके जरिए किन्नरों ने अपनी सार्वजनिक मौजूदगी को कायम रखा और खुद को बचाए रखने की रणनीति पर काम करते रहे। उन्होंने अपनी सांस्कृतिक गतिविधियों को अपने समुदाय और निजी स्थानों पर जीवित रखा। साथ ही अपनी सम्पत्ति छिपाने में भी दक्ष हो गए, ताकि पुलिस को उसका

पता न चल सके। जब किन्नर अपना अस्तित्व बचाने में कामयाब हो गए, तब ब्रिटिश अधिकारियों की ओर से उन्हें विकृत और अव्यवस्थित समुदाय के तौर पर पेश किया जाने लगा। इससे किन्नरों के साथ सामाजिक रूप से भेदभाव होने लगा। सामाजिक तौर पर उन्हें हाशिए पर रहना होता था। लेकिन, किन्नर उससे व्यथित, निराश व हताश नहीं हुए। वे अपने अस्तित्व की लड़ाई पूरी शालीनता, समर्पण से लड़ते रहे, जिसके कारण समाज में धीरे-धीरे उनके प्रति सोच बदलने लगी। कुछ साल बाद समाज के हर वर्ग के लोगों ने किन्नरों के प्रति अपनी उपेक्षा का भाव खत्म कर दिया।

नृत्य-गायन में पारंगत

पृथ्वी में कोई व्यक्ति सम्पूर्ण नहीं है, अर्थात हर व्यक्ति के अन्दर कोई-न-कोई खूबी विद्यमान है। लेकिन, सारी खूबियाँ एक व्यक्ति के अन्दर समाहित हों, ऐसा नहीं है। जिस व्यक्ति में शारीरिक रूप से कोई कमी होती है। ईश्वर उन्हें कोई-न-कोई हुनर जरूर देते हैं। वह उसी हुनर के जरिए खुद की अलग पहचान बनाकर जीवनयापन करते हैं। किन्नरों के साथ भी वैसा ही है। किन्नरों में शारीरिक रूप से कुछ कमियाँ हैं तो उनके साथ ईश्वरीय प्रदत्त खूबियाँ भी विद्यमान हैं। यही खूबियाँ उन्हें आम इनसान से अलग करती हैं। आम इनसान जो काम करने के लिए संघर्ष करता है, उसके लिए प्रशिक्षण लेने के साथ कड़ा अभ्यास करता है उसे किन्नर आसानी से कर लेते हैं। नृत्य व गायन ऐसे ही कार्य है, जिसका गुण किन्नर में जन्मजात समाहित हो जाता है। हर किन्नर नृत्य व गायन में प्रवीण होता है। इसके लिए उन्हें किसी विद्यालय में दाखिला नहीं लेना पड़ता। बल्कि यह गुण परम्परा के अनुसार उनमें यह कला मिल जाती है। प्राचीनकाल में गन्धर्वों की तरह किन्नर नृत्य व गायन में योग्य माने जाते थे। धीरे-धीरे यही खूबी उनकी पहचान बन गई। किन्नरों की शारीरिक लचकन व वाणी में होनेवाला बदलाव उन्हें नृत्य व गायन में महारत दिलाता है। आम लड़के व लड़कियाँ नृत्य व गायन की जो विधा सालों में सीखते हैं, किन्नर अपनी शारीरिक बनावट के चलते उसे चन्द दिनों में सीख जाते हैं। यही कारण है कि किन्नरों की पहचान सदियों से बेहतर नृत्य व गायन करनेवाले इनसान के रूप में होती रही है। किन्नरों की यही खूबी मौजूदा समय में उनके रोजगार का बड़ा माध्यम है। किन्नर नृत्य व गायन के जरिए अपना पेट पालते हैं, क्योंकि इसके अतिरिक्त उनके पास कोई दूसरा सहारा नहीं होता।

किन्नरों का जीवनयापन गाने-बजाने से चलता है। वह अनेक शुभ-मांगलिक अवसरों पर घर-घर जाकर नृत्य व गायन करके लोगों से पैसे व उपहार लेते हैं। उसी से उनका घर चलता है। यही कारण है कि जब कोई नया किन्नर किसी घराने से जुड़ता है तो उन्हें वहाँ के संस्कार के साथ नृत्य व गायन का प्रशिक्षण दिया जाता है। किन्नर का गुरु व उनके साथी ढोलक व मजीरा बजाना, ताल के

अनुरूप नृत्य करना व गायन की विधा सिखाते हैं। इसके जरिए किन्नरों को उनकी क्षेत्रीय संस्कृति से जोड़ा जाता है। किन्नर जिस जिले या क्षेत्र में रहते हैं उन्हें वहाँ की लोक कला व संस्कृति की जानकारी दी जाती है। गुरु व दूसरे साथी उन्हें उसी के अनुरूप नृत्य-गायन का प्रशिक्षण देते हैं, जिससे उसका प्रदर्शन करके स्थानीय लोगों को प्रभावित किया जा सके। आम लोगों को प्रभावित करने के लिए किन्नर को लय, ताल के साथ ताली बजाने का विशेष प्रशिक्षण दिया जाता है। किन्नरों की एक टोली में पाँच से दस सदस्य होते हैं। इसमें जिसकी जिस विधा में रुचि होती है उसे वही जिम्मेदारी सौंपी जाती है, जैसे किसी का गला अच्छा है और वह लय आसानी से पकड़ता है तो उसे गायन की जिम्मेदारी दी जाती है। ढोलक व मजीरा बजाने में जिसे रुचि होती है उसको वही जिम्मेदारी दी जाती है। जबकि ढोलक की थाप पर भावभंगिमा बदलनेवाले से नृत्य कराया जाता है।

11वीं से 18वीं शताब्दी तक किन्नरों के आम लोगों के बीच नृत्य, गायन व वादन पर पाबन्दी थी। उस दौर में भारत के अधिक क्षेत्रों में मुस्लिम शासकों का राज था। तब किन्नर सिर्फ राजाओं के दरबार व रानियों के महल में नृत्य, गायन व वादन किया करते थे। उन्हें राज दरबार का महत्त्वपूर्ण अंग माना जाता था। मुगलकाल में किन्नर रानियों के सेवक के साथ उनके मनोरंजन का प्रमुख माध्यम होते थे। वह रानियों की सुरक्षा व देख-रेख करने के साथ अपने नृत्य व गायन से उनका मनोरंजन किया करते थे। अपने इस हुनर का प्रदर्शन वह चाहकर भी किसी आम व्यक्ति के सामने नहीं कर सकते थे। अगर कोई ऐसा करते पाया जाता तो उसे सजा दी जाती थी। सजा से बचने के लिए किन्नर अपनी कला का प्रदर्शन बाहर नहीं करते थे। मुगलकाल के बाद ब्रिटिश अर्थात अंग्रेज शासनकाल में भी किन्नरों पर बन्दिश जारी रही। इससे किन्नरों को छिपकर अपनी कला का प्रदर्शन करना पड़ता था। जब भारत को ब्रिटिश हुकूमत की गुलामी से आजादी मिली तो किन्नर भी अपनी कला का प्रदर्शन करने के लिए स्वतन्त्र हो गए। किन्नरों के पास रोजगार का कोई दूसरा माध्यम नहीं था। इससे वह नृत्य व गायन के जरिए घर-घर जाकर पैसा, अन्न, कपड़ा व उपहार माँगते थे। वह परम्परा आज भी कायम है।

किन्नरों की उपेक्षा

प्राचीनकाल में हिमालय क्षेत्र में बसनेवाली एक मनुष्य जाति का नाम किन्नर है। आम जातियों की तरह हिमालय में बसनेवाली किन्नर जाति की अपनी मान्यता व परम्पराएँ थीं। वहाँ के लोग तन व मन से सुन्दर थे। वह छल-कपट से अनभिज्ञ थे। जप-तप में उनका पूरा समय व्यतीत होता था। एक किंवदन्ति यह भी है कि लैंगिक रूप से विकृत व्यक्ति हिमालय में जाकर बस जाते थे। आम दुनिया से दूर होकर सन्तों के सानिध्य में जप-तप में अपना जीवन व्यतीत करते थे। इससे हिमालय में किन्नरों की संख्या अधिक हो गई, जिससे उस क्षेत्र का नाम 'किन्नौर' पड़ गया। जैसा कि उनके नाम से किन्नर से स्पष्ट है कि उनकी योनि व आकृति मनुष्य से भिन्न थी। किन्नर हिमालय की चोटियों पर तपस्वी का जीवन व्यतीत करते थे। जप-तप के कारण उनका वैभव काफी बढ़ गया था। वह जिसे मन से आशीर्वाद दे देते वह जरूर फलित होता था। इससे आम लोगों में किन्नर का 'उपदेवताओं' के समान सम्मान था। अतीत में झाँकने पर पता चलता है कि किन्नरों की उपेक्षा का दौर भारत में विदेशी आक्रान्ताओं के आने के बाद शुरू हुआ। मोहम्मद गोरी ने 11वीं शताब्दी में उसकी शुरुआत की थी। गोरी ने हिन्दुओं पर अत्याचार करके उन्हें इस्लाम स्वीकार करने पर विवश किया था। गोरी के बाद हर आक्रान्ता ने इस्लाम का वैभव बढ़ाने के लिए हिन्दुओं पर अत्याचार किया था। हिन्दुओं की समस्त धार्मिक मान्यताओं व परिवेश को बलपूर्वक खत्म करने का प्रयास किया गया। सनातन धर्म के वैभव, स्वरूप व मान्यताओं पर प्रहार किया। हिन्दू धर्मावलम्बियों को मानसिक व शारीरिक रूप से गुलाम बनाया गया। इससे काफी सनातन धर्मावलम्बी टूट गए। लोगों के टूटने व अलग होने पर कई नए धर्म बन गए। यहीं से किन्नरों को हिन्दू धर्म में मिलनेवाली 'उपदेवता' की मान्यता को खत्म करके उन्हें समाज के निरीह प्राणी के रूप में रखा गया। किन्नरों को मठ-मन्दिरों व पर्वतों से निकालकर कैद कर लिया गया। जप-तप करने पर पाबन्दी लगा दी गई। वहीं, जो किन्नर नृत्य व गायन करके जीवनयापन करते थे, उस पर रोक लगा दिया गया। सार्वजनिक रूप से किन्नर नृत्य व गायन करनेवाले किन्नरों को दंडित किया जाता था। धर्मान्तरण के

लिए किन्नरों के ऊपर अत्याचार किए गए। जबकि धर्मान्तरण करने के बाद भी उन्हें अपेक्षा के अनुरूप आजादी नहीं मिलती थी। किन्नरों के ऊपर धर्मान्तरण करने के बाद भी तरह-तरह की बन्दिश लगाई जाती थी। जो किन्नर राज दरबार का हिस्सा होते थे, सिर्फ उन्हें ही सहूलियत मिलती थी।

मुस्लिम शासनकाल में जन्म लेनेवाले किन्नर सनातन परम्परा से दूर होते गए। उन्हें धार्मिक रूप से मिलनेवाला सम्मान खत्म कर दिया गया था। इससे उनकी दशा खराब होने लगी। आम लोगों की तरह किन्नरों के जीवन में तमाम पाबन्दियाँ लगा दी गई थी। इससे लैंगिक विकृति के रूप में जन्म लेनेवाले बच्चों के प्रति लोगों का भाव बदलने लगा। जो कभी 'उपदेवता' के रूप में सम्मान पाते थे। उन्हीं किन्नरों का जीवन शापित हो गया। या यूँ कहें कि अधिकतर स्त्री-पुरुष उन्हें इनसान के रूप में नहीं देखते-मानते थे। वे किन्नरों को अभिशाप के रूप में देखते थे। अपनों की उपेक्षा से आज़िज आकर घर से बाहर निकलनेवाले किन्नरों का जीवन और कठिन हो जाता था। किन्नर खुद का जीवन बचाने के लिए इस्लाम स्वीकार करके राज दरबार का हिस्सा बन जाते थे। जबकि कुछ आम लोगों की बस्तियों से दूर छिपकर रहा करते थे। लेकिन, उनके ऊपर भी इस्लाम स्वीकार करने का दबाव बनाया जाता था। मुसलमानों के बाद अंग्रेजों ने भारत की सत्ता को अपने हाथ में ले लिया। अंग्रेजों ने भी किन्नरों का धार्मिक, सामाजिक व आर्थिक अस्तित्व मिटाने का भरसक प्रयास किया। जो किन्नर सतयुग, त्रेतायुग व द्वापर युग में सम्मानीय थे, उन्हें समाजिक उपेक्षा का शिकार होना पड़ा। सम्मान की जगह उनके लिए अपशब्द का प्रयोग होने लगा। युग बदलता गया, समय का चक्र जैसे-जैसे आगे बढ़ा किन्नरों के प्रति उपेक्षा व अपमान का सिलसिला उसके अनुरूप बढ़ता गया।

1947 में अंग्रेजों से देश को आजादी मिलने के बाद लगा की राजशाही का खात्मा हो जाएगा। प्रजातन्त्र के लागू होने से सबको समान अधिकार व सम्मान प्राप्त होंगे। शासन में सबकी समान भागीदारी होगी। दुर्भाग्यवश वैसा अभी तक नहीं हो पाया है। कहने को कई वर्ग ऐसे हैं, जिनके लोगों को आजादी के बाद अधिकार व सम्मान मिल गया। परन्तु, सरकारी योजनाओं के चक्रव्यूह व कागजी ताने-बाने के इतर नजर घुमाने पर हर ओर निराशा व बेबसी नजर आती है। आदिवासी, वनवासी, अनुसूचित जाति सहित अनेक वर्ग ऐसे हैं जिन्हें अपेक्षा के अनुरूप अधिकार आज भी प्राप्त नहीं हुआ। ऐसे लोग सरकारी योजनाओं की सप्तरंगी दुनिया व चकाचौंध से अनभिज्ञ हैं। उन्हीं लोगों में किन्नर भी शामिल हैं। किन्नर समाज आज भी उपेक्षा का शिकार है। शिक्षा, चिकित्सा, शासन सहित हर क्षेत्र में किन्नर अधिकार व सम्मान पाने से वंचित हैं। अलग-अलग जाति, वर्ग के लोग

अपने अधिकार के लिए आवाज बुलन्द करके शासन पर दबाव बनाकर उसे प्राप्त कर लेते हैं। लेकिन, किन्नरों की ओर से एकजुटता से कभी कोई आवाज बुलन्द नहीं हुई। प्रकृति ने उन्हें शरीर से किन्नर बनाया था। लेकिन, सामाजिक उपेक्षा व प्रताड़ना ने इन्हें मन व बुद्धि से कुन्द कर दिया। इससे जीवन व्यतीत करने के लिए किन्नर भीख माँगने, स्वयं का शरीर बेंचने को विवश हैं। उन्हें अपने हक के लिए दर-दर की ठोकरें खानी पड़ती है, उसके बावजूद अपेक्षा के अनुरूप सम्मान व अधिकार नहीं मिलता।

नकारा लोगों में गिनती

अपनी प्रतिभा, संघर्ष व समर्पण के बल पर किन्नर आज अलग-अलग क्षेत्रों में महत्त्वपूर्ण भूमिका निभा रहे हैं। विपरीत परिस्थितियों का सामना करते हुए भी खुद की अहमियत साबित की है। इसके बावजूद समाज का बड़ा वर्ग अभी भी किन्नरों को निकम्मे यानी काम-काज से बचनेवालों की श्रेणी में रखता है। इनकी पहचान नाकारा लोगों में होती है। समाज के नाकारा लोगों को अपमानित करने के लिए किन्नर या हिजड़ा का सम्बोधन किया जाता है। जो अपनी जिम्मेदारी से भागते हैं या निक्कमें होते हैं, उनका उपहास किन्नर व हिजड़ा कहकर उड़ाया जाता है। इससे साबित होता है कि किन्नरों के प्रति समाज में किस प्रकार का उपेक्षा का भाव है। जबकि किन्नर वास्तव में कर्म व आत्मा दोनों से पवित्र होते हैं। वह किसी का बुरा नहीं चाहते, न ही बुरा करते हैं। वे बिना किसी लोभ व मोह के सबकी भलाई के लिए दुआ माँगते हैं, उसके लिए अपनी ओर से हरसम्भव प्रयास भी करते हैं। देखा जाए तो शारीरिक विकृतियों के कारण किन्नर होना कोई दोष नहीं है। यह तो परमात्मा का विधान है। अगर शारीरिक विकृतियों के कारण किन्नर होना अनुचित होता, तो धर्मग्रन्थों में उनकी महिमा का बखान न किया जाता। विश्व को कर्म की प्रधानता के आधार पर बाँटा गया है। व्यक्ति की महानता और कमियाँ उसके कर्म के आधार पर तय होती हैं। किन्नरों के साथ भी उनके कर्म को प्रधानता देने की जरूरत है। जन्म से किन्नर होना कोई अपराध नहीं है, क्योंकि यह विधि का विधान है, उस पर किसी का वश नहीं है। जैसे परमात्मा किसी को दिव्यांग बनाकर जन्म देते हैं, उसी प्रकार किन्नर भी होते हैं। ऐसी स्थिति में किन्नरों के प्रति गलत भाव रखना अनुचित है। समाज को किन्नरों के मर्म व दर्द को समझने की जरूरत है। हर किसी को सोचना चाहिए कि वह जिस किन्नर का उपहास उड़ा रहे हैं, उसका कोई घर तय नहीं है। वह किसी के घर में जन्म ले सकता है...।

किन्नरों के अलग-अलग वर्ग

हिजड़ा या किन्नर से अभिप्राय उन लोगों से हैं, जिनके जननांग पूरी तरह से विकसित न हो पाये हों। या जो पुरुष होकर भी स्त्री के हाव-भाव को अपनाते हैं। ऐसे लोग जिन्हें पुरुषों के बजाए स्त्रियों के बीच रहने में सहजता महसूस होती है। वही हिजड़ा या किन्नरों की श्रेणी में आते हैं। 'हिजड़ा' शब्द दक्षिण एशिया में प्रचलित है। वहाँ के लोग नपुंसकों को हिजड़ा कहकर सम्बोधित करते हैं। जबकि, 'किन्नर' शब्द का प्रयोग सनातन धर्म के धर्मशास्त्रों में अनेक बार आया है। शास्त्रों में किन्नरों को पवित्र आत्मा व पूज्यनीय बनाया गया है। यही कारण है कि अनेक शुभ अवसरों पर हिन्दू धर्मावलम्बी किन्नरों को दान देकर उनका आशीर्वाद प्राप्त करते हैं। यह परम्परा सदियों से चली आ रही है। स्त्री व पुरुष की भाँति किन्नर भी दो प्रकार के होते हैं। इसमें एक पुरुष व एक स्त्री किन्नर होते हैं। पुरुष किन्नर को किम्पुरुष कहा जाता है। जबकि स्त्री रूपी किन्नर को किन्नरी या किम्पुरुषी कहा जाता है। पुरुष किन्नरों को दाढ़ी, मूँछ आती है, उन्हें स्तन नहीं होता और उनके लिंग का स्वरूप पुरुषों की तरह होता है। लेकिन, उनका व्यवहार बोल-चाल स्त्रियों की तरह होता है। जबकि किन्नरी अर्थात् स्त्री किन्नर के गुण महिलाओं के समान होते हैं। उन्हें दाढ़ी-मूछ नहीं आती, जननांग स्त्रियों के समान होता है, लेकिन वह विकृत रहता है। उम्र बढ़ने पर उन्हें महिलाओं की तरह स्तन आता है। इनके अन्दर सारे गुण स्त्रियों के समान होते हैं। लेकिन, जननांग की विकृति के कारण उनमें प्रजनन की क्षमता नहीं होती।

किन्नर समुदाय को मुख्यत: पाँच वर्गों में बाँटा गया है। इन वर्गों में बुचरा, नीलिमा, मनसा, हंसा और छिबरा किन्नर होते हैं। हर वर्ग के किन्नर का अपना अलग-अलग महत्त्व है। लेकिन, समाज का बड़ा वर्ग उससे अनभिज्ञ है। वह किन्नरों के वृहद स्वरूप से परिचित नहीं हैं। न उन्हें जानने समझने का प्रयत्न करते हैं। साड़ी पहनकर शृंगार करके ताली पीटनेवाले हर व्यक्ति को लोग किन्नर के रूप में देखते हैं। अगर कोई गलत कार्य में पकड़ा जाता है, तब लोग पूरे किन्नर समाज के प्रति अपनी धारणा बदल देते हैं। उन्हें लगता है कि सारे किन्नर एक

जैसे होते हैं। जबकि सच्चाई यह है कि असली किन्नरों की संख्या बहुत कम है। जो असली किन्नर होते हैं वे किसी के साथ गलत व्यवहार नहीं करते, क्योंकि यह उनके स्वभाव में शामिल ही नहीं होता। वह जन्मजात विनम्र व परोपकारी स्वभाव के होते हैं। हर परिस्थिति में वे अपने स्वभाव के अनुकूल काम करते हैं। वहीं, जो लोग भय व लोभ के कारण किन्नर बनते हैं। वह चाहकर भी असली किन्नर का स्वभाव प्राप्त नहीं कर पाते। यही भिन्नता उनकी पहचान बताती है।

बुचरा वर्ग

जन्मजात लैंगिक विकृतिवाले को बुचरा किन्नर कहते हैं। वास्तविक किन्नर यही होते हैं। ये जन्मजात न पुरुष होते हैं न ही स्त्री। यही असली किन्नर हैं। लेकिन, ऐसे किन्नरों की संख्या बहुत कम है। यानी सौ में मात्र दो-तीन किन्नर ही जन्मजात होते हैं। इससे इनकी अलग से पहचान नहीं बन पाई है।

नीलिमा वर्ग

जो पुरुष किन्नर बनते हैं, वे नीलिमा वर्ग में आते हैं। इस वर्ग के किन्नर जन्मजात पुरुष होते हैं। लेकिन, किसी कारणवश या आर्थिक तंगी के कारण स्वयं को किन्नर बनने के लिए समर्पित कर देते हैं। वह लिंग कटवाकर किन्नरों की भाँति जीवन व्यतीत करने लगते हैं।

मनसा वर्ग

इस वर्ग में वे किन्नर आते हैं जो तन की जगह मानसिक तौर पर स्वयं को विपरीत लिंग का मानते हैं। ऐसे लोग अपने आपको महिलाओं के अधिक निकट महसूस करते हैं। लेकिन, वे शारीरिक रूप से पुरुष होते हैं। परन्तु उनका हाव-भाव, चाल-चलन स्त्रियों के समान होता है। इससे वे किन्नर बन जाते हैं। ऐसे लोगों को मनसा किन्नर कहा जाता है।

हंसा वर्ग

शारीरिक कमी या नपुंसकता के कारण किन्नर बननेवाले व्यक्ति को हंसा श्रेणी का किन्नर माना जाता है। वे जन्मजात पुरुष होते हैं। लेकिन, नपुंसक होने के कारण स्वयं को महिलाओं के अनुरूप ढालकर किन्नर बन जाते हैं।

छिबरा वर्ग

इस वर्ग के किन्नर सबसे भयावह स्थिति से गुजरते हैं। समाज के क्रूर व पैसे के लोभी लोग लड़के व लड़कियों को जबरन उठाकर अपने साथ ले जाते हैं।

फिर उनका लिंग जबरन परिवर्तित करा देते हैं। जिसका लिंग परिवर्तित होता है, वह सामान्य व्यक्ति की तरह जीवन व्यतीत नहीं कर पाता। वह किन्नर के समान व्यवहार करने लगता है। उन्हें छिबरा किन्नर कहा जाता है। ऐसे किन्नरों से पैसा मँगवाया जाता है। वे जो पैसा माँगकर लाते हैं, उसका कुछ हिस्सा ही उन्हें मिलता है, बाकी पैसा उन्हें संरक्षण देनेवाले ले लेते हैं।

यहाँ गौर करनेवाली बात यह है कि हर वर्ग के किन्नर को कोई-न-कोई परेशानी होती है, जिसके कारण वे घर छोड़कर अनजान लोगों को अपनाकर जीवन व्यतीत करने को विवश होते हैं। इससे उनका जीवन अभिशप्त हो जाता है। जीवनभर उन्हें दूसरे के इशारे पर चलने को मजबूर होना पड़ता है। अगर किसी के घर में बुचरा यानी जन्मजात किन्नर का जन्म होता है तो उसके परिवार के सदस्य उसका पालन-पोषण करने में रुचि नहीं लेते। वह उस बच्चे को खुद से दूर करने का प्रयास करते हैं। माता-पिता खुद को सामाजिक तानों से बचाने के लिए अपने बच्चे किन्नरों को सौंप देते हैं। जबकि कई लोग बिना किसी मोह-माया के बच्चे को घर से बाहर ठोकरें खाने के लिए निकाल देते हैं। वह बच्चा जिये अथवा जलालत भरी जिन्दगी में उसकी मौत हो जाए, उसकी चिन्ता उसके माँ-बाप कभी नहीं करते। घर से बाहर होते ही ऐसा करने से उस बच्चे का जीवन नर्क के समान हो जाता है। अपनों से दुत्कारे व त्यागे जाने के बाद सम्मान व प्रेम की आशा उसके लिए कल्पना मात्र रहती है। बिना कोई अपराध किए उसे वह सजा मिलती है, जिसकी कल्पना करके रूह काँप जाती है। घर से बाहर निकलने पर उसे दर-दर की ठोकरें खाने को मजबूर होना पड़ता है। ऐसे अभागे बच्चों को सहारा मिलता है उन्हीं के जैसे किन्नरों का। लैंगिक विकृतिवाले बच्चे को किन्नर खुशी-खुशी अपनाते हैं। किन्नरों को जिस दिन किन्नर रूपी बच्चा मिलता है तो वे खुशियाँ मनाते हैं। यह पल दोनों के जीवन में आशा, अपनत्व व उम्मीद लेकर आता है। इससे उपेक्षित, परिष्कृत बच्चे के जीवन को पहली बार कोई हृदय से अपनाकर ममता लुटाता है। उन्हें एहसास कराता है कि उनका जीवन अभिशप्त नहीं है, बल्कि आम बच्चों की तरह वह भी उनके जिगर के टुकड़े की तरह खास हैं। वहीं, दूसरी ओर बच्चे को जन्म देने में अक्षम किन्नरों को अपना परिवार बढ़ने की खुशी मिलती है। घर में नया सदस्य आने पर किन्नर घर को उत्सव की तरह सजाते हैं। आस-पास के किन्नरों को दावत देकर गाना-बजाना करते हैं। पकवान बनाकर नए सदस्य के आगमन की खुशी मनाकर उसका स्वागत किया जाता है। इसी दौरान उस बच्चे का नामकरण किया जाता है। फिर उसी नाम से समाज में उसकी पहचान होती है। नौ माह गर्भ में पालनेवाली माँ जिस बच्चे को खुद से अलग कर देती है। किन्नर

उसी के ऊपर ममता की बारिश करते हुए पूरे सम्मान से अपने कलेजे का टुकड़ा बनाकर रखते हैं। इसके जरिए वे उस माता-पिता को आईना भी दिखाते हैं, जो बच्चों पर ममता लुटाने की बात तो करते हैं, परन्तु वैसा होता नहीं है। बच्चे में थोड़ी सी कमी होने पर ममता का भाव खत्म हो जाता है। वह निर्दयी बनकर बच्चे को उस अपराध की सजा देते हैं, जो उसने किया ही नहीं। परन्तु उसे सोचने व समझने के लिए कोई तैयार नहीं होता। हर किसी को लगता है कि उनसे जो किया है वह सही है। जबकि सच्चाई कुछ और होती है।

इसी प्रकार देखा जाए तो मनसा वर्ग के किन्नर मानसिक तौर पर अविकसित होते हैं। वे मानसिक तौर पर स्वयं को किन्नर समझकर उन्हीं के अनुरूप हरकत करने लगते हैं। ऐसे लोगों को मनोवैज्ञानिक काउंसिलिंग की जरूरत होती है। काउंसिलिंग के जरिए उन्हें वास्तविक लिंग में भेजा जा सकता है। इससे वे स्वयं का जीवन पुरुष की भाँति व्यतीत करने में सक्षम हो सकते हैं। जबकि हंसा वर्ग के किन्नर यौन अक्षमता के कारण अपना जीवन बदल लेते हैं। वे किन्नर के जैसा व्यवहार करने लगते हैं। अगर उनका इलाज किया जाए तो वह सामान्य पुरुष या स्त्री के समान बन सकते हैं। ऐसा करने से उनका जीवन बेहतर किया जा सकता है। जबकि नीलिमा वर्ग के किन्नर धन के लोभी होते हैं। रोजगार के अभाव में आसानी से जीवनयापन करने के लिए वे किन्नर बन जाते हैं। फिर किन्नर के रूप में गाने-बजाने का काम करते हैं। इससे उन्हें लोगों से पैसा मिलता है, जबकि वे वास्तव में पुरुष होते हैं। ऐसे लोग साड़ी पहनकर किन्नर का स्वाँग रचकर वास्तव में किन्नरों के अधिकारों का हनन करते हैं। ऐसे लोगों पर रोक लगाने के लिए शासन-प्रशासन को उचित कदम उठाना चाहिए, जिससे समाज की यह विकृति रुक सके। अन्यथा आनेवाले दिनों में यह बड़ी समस्या बन सकती है।

पुरुषों की अपेक्षा ज्यादा जीवित रहते हैं किन्नर

किन्नरों के जीवन को लेकर अक्सर तरह-तरह की चर्चाएँ होती हैं। अधिकतर लोग उनके रहन-सहन के साथ उनकी लम्बी आयु को लेकर भी तरह-तरह के प्रश्न खड़े करते हैं। किन्नरों के पुरुष से अधिक जीवन को लेकर भी चर्चाएँ होती रही हैं। इसी चर्चा का अन्त करने के लिए कुछ साल पहले दक्षिण कोरिया में एक शोध किया गया। उस शोध में पता चला कि किन्नर सामान्य पुरुष की तुलना में अधिक जीवित रहते हैं। इसका प्रमुख कारण उनका वीर्य संरक्षित होना पाया गया। बधियाकरण के कारण किन्नर सामान्य पुरुषों की अपेक्षा 20 साल अधिक जीवित रहते हैं। शोध में पता चला कि पुरुषों का हार्मोन उनकी उम्र कम कर देता है।

शोधकर्त्ता के अनुसार अगर बचपन में बालकों का अंडकोष काट दिया जाए तो उससे उनका विकास बाधित हो जाता है। ऐसे बालक कभी पूरी तरह से पुरुष नहीं बन सकते। शोधकर्त्ताओं के अनुसार हार्मोन में पाये जानेवाले रसायन से प्रतिरक्षा तन्त्र और हृदय को नुकसान पहुँचता है। बधियाकरण से शरीर में हार्मोन पैदा नहीं होता। इससे न सिर्फ उनके शरीर में होनेवाला नुकसान कम हो जाता है बल्कि किन्नरों की आयु लम्बी हो जाती है।

किन्नरों के घराने

भारत की सामाजिक संरचना वृहद है। जो पौराणिक मान्यताओं, परम्पराओं व संस्कारों के अनुरूप संचालित होती है। देखा जाए तो 40-50 किलोमीटर की दूरी पर संस्कृति बदल जाती है। हर क्षेत्र की अपनी सांस्कृतिक पहचान व परम्परा है। लेकिन, उनके मूल में सनातन संस्कृति होती है। हर क्षेत्र के लोग अपनी परम्परा व संस्कृति को नृत्य-गायन के जरिए जीवन्त रखते हैं। इसके लिए मनुष्य को विभिन्न श्रेणियों में बाँटा गया है। हर जाति के लोग विभिन्न वर्ग, पन्थ व सम्प्रदायों में बँटे हैं। सभी अपनी-अपनी परम्परा का प्रतिनिधित्व करते हैं। वह अलग-अलग होने के बावजूद एक-दूसरे से गहराई से जुड़े हैं। जैसे एक वृक्ष में अनेक डालियाँ निकलती हैं। परन्तु उनका अस्तित्व जड़ व तने में समाहित होता है। ठीक उसी प्रकार विभिन्न जातियों व वर्ग में बँटने के बावजूद इनसान एकता के सूत्र में पिरोए गए हैं। सामाजिक व्यवस्था का ताना-बाना उसी के अनुरूप बनाया गया है। उसे देखने में काफी भिन्नताएँ नजर आती हैं, परन्तु वास्तव में हर जगह समानता का भाव होता है। किन्नरों की व्यवस्था भी उसी सामाजिक संरचना का हिस्सा हैं। किन्नरों ने अपने समाज को संगठित करने के लिए सदियों पहले कुछ व्यवस्थाएँ व परम्पराएँ बनाई थी। आज भी उसका पालन पूरी ईमानदारी से किया जाता है। इससे अलग-अलग नजर आनेवाले किन्नर एक-दूसरे से आत्मीयता से जुड़े हैं। घराने किन्नरों की उसी परम्परा का प्रमुख हिस्सा है। हर क्षेत्र में किन्नरों के अलग-अलग घराने बनाए गए हैं। घराने के जरिए किन्नरों की पहचान होती है। घराने किन्नरों की वृहद संख्या व उनके वैभव का एहसास कराते हैं। इसके जरिए किन्नर अपने पूर्वजों की प्राचीन परम्परा, संघर्ष व सफलताओं को संरक्षित किए हैं। किन्नरों को उनके घरानों पर गर्व की अनुभूति कराते हैं। खास बात यह है कि घराने अलग होने के बावजूद आत्मीय व सामाजिक रूप से सारे किन्नर एक हैं। वह एक-दूसरे के सुख-दुःख में पूरे सम्मान व समर्पण के साथ शामिल होते हैं। सभी खुद को एक परिवार का सदस्य मानते हैं। यही कारण है कि किन्नरों में आपसी विवाद की घटनाएँ बहुत

कम सामने आती हैं। इनके बीच पहले तो कोई विवाद होता नहीं है, अगर हुआ भी तो आपसी सामंजस्य से उसे खत्म कर देते हैं।

किन्नरों में घराने की पुरातन परम्परा है। भारत में कभी पूरी तरह से हिन्दू राजाओं का आधिपत्य था। लेकिन, विदेशी मुस्लिम आक्रान्ताओं ने आक्रमण करके भारत में अपना प्रभुत्व स्थापित करने के लिए धार्मिक-सांस्कृतिक चोट पहुँचाई थी। हिन्दू राजाओं से उनका सदियों तक युद्ध चलता रहा। मुस्लिम आक्रान्ताओं ने जीत हासिल करके भारत के अधिकतर क्षेत्रों में अपना कब्जा कर लिया था। लेकिन, काफी प्रयास करने के बावजूद वह पूरे भारत में कब्जा नहीं कर सके। हर दौर में किसी न किसी क्षेत्र में हिन्दू राजाओं का राज रहा है। हिन्दू राजा के राज्य में रहनेवाले लोग सनातन परम्परा का पालन करते थे। जबकि मुस्लिम शासक अपने राज्य के लोगों पर धर्मान्तरण करने का दबाव बनाते थे। इसके कारण किन्नरों का धर्म भी बदल गया। जो हिन्दू शासक के राज्य में थे वह मठ-मन्दिरों में भजन-पूजन, नृत्य व गायन करके जीवन व्यतीत करते थे। जबकि मुस्लिम शासक के राज्य में रहनेवाले किन्नर इस्लाम स्वीकार कर लेते थे। सदियों पहले किन्नर हिन्दू व मुस्लिम दोनों शासकों के दरबार में नृत्य-गायन करते थे। जबकि कुछ राज दरबार के संचालन का हिस्सा थे। मुस्लिम शासकों की रानियों के बीच रहकर उनकी देख-रेख करते थे। मुस्लिम शासकों की कई रानियाँ होती थीं। रानियों के पास आम मर्दों का जाना वर्जित था, उसे 'हरम' कहते हैं। हरम में किन्नर ही रानियों की देख-रेख करते थे। यह सिलसिला मुगलकाल में काफी बढ़ गया। मुगल शासकों की रानियों की देख-रेख में किन्नरों को लगाया जाता था। ऐसे किन्नरों को 'माई' अर्थात माँ का दर्जा दिया जाता था। किन्नर माँ की तरह रानी व उनके बच्चों का देख-रेख करते थे। जबकि कुछ किन्नर सेना व छावनियों में अपनी सेवा देते थे। कर्म के अनुसार किन्नरों के घरानों का नाम पड़ा है। इतिहासकार प्रो. योगेश्वर तिवारी बताते हैं कि 12-13वीं शताब्दी तक किन्नरों का कोई घराना नहीं होता था, क्योंकि तब उनकी संख्या बहुत कम थी। आठ से दस की संख्या में किन्नर देश के अलग-अलग भागों में बँटे थे। देश की आबादी भी उस दौर में आज की तुलना में काफी कम थी, उसके अनुपात में किन्नर भी कम थे। अलग-अलग प्रान्तों में किन्नरों के रहने का एक स्थान था। अगर किसी के घर किन्नर बच्चे का जन्म होता या बड़ा होने पर किसी को खुद के किन्नर होने का आभास होता था। तब उसे किन्नरों की टोली को सौंप दिया जाता था। टोली के माध्यम से कुछ किन्नर राज दरबार का हिस्सा बन जाते थे। जबकि कुछ किन्नर टोली में ही रहते थे। लेकिन, उनकी टोली समाज के सम्भ्रान्त लोगों के मुहल्लों से दूर बसती थी। गाँव, कस्बे या

शहर के उन क्षेत्रों में किन्नरों के घर होते थे, जहाँ आम लोगों का कम आना-जाना होता था। एक तरह से वहाँ किन्नरों की छोटी बस्तियाँ होती थीं, चार-पाँच घर बनाकर रहते थे। किन्नरों की बस्तियों में सुविधाओं का अभाव होता था। लेकिन, वे उसमें खुश रहते थे। दिन में गाने-बजाने व माँगने के लिए निकल जाते, शाम को पुनः उसी घर में आसरा लेते थे। परिवार का एक मुखिया हुआ करता था, जो सबको जोड़कर रखता था। सभी उसके आदेश व निर्देश के अधीन हुआ करते थे। परिवार के किन्नर उन्हें उम्र व जिम्मेदारी के अनुसार माई, गुरु, दादगुरु, परदाद गुरु आदि नामों से सम्बोधित करते थे।

गंगाराम दादा घराने की नायक मंजू बताती हैं कि, 'भारत में मुस्लिम शासकों का प्रभुत्व बढ़ने पर किन्नरों में घरानों की परम्परा शुरू हुई। इसकी शुरुआत 14वीं शताब्दी में मानी जाती है। इसके पीछे प्रमुख कारण उनका धर्मान्तरण होना है। पहले सारे किन्नर हिन्दू हुआ करते थे। लेकिन, मुस्लिम आक्रान्ताओं ने भय व लोभ दिखाकर आम लोगों की तरह किन्नरों का धर्मान्तरण कराया। इसके चलते 14वीं शताब्दी तक इस्लाम स्वीकार करनेवाले किन्नरों की संख्या काफी अधिक हो गई। मुगलकाल में इस्लाम स्वीकार करके मुस्लिम बननेवाले किन्नरों की संख्या में काफी इजाफा हुआ। मुसलमान बननेवाले किन्नरों के नाम व संस्कार अलग हो गए। इससे किन्नर हिन्दू व मुस्लिम के रूप में बँट गए। किन्नरों की टोलियाँ भी हिन्दू व मुसलमान के रूप में जानी जाती थीं। उस दौर में टोली का जो संचालक यानी मुखिया होता था, उसी के नाम से उसके टोली की पहचान होती थी। जो किन्नर जिस टोली से जुड़ता था उसकी पहचान उसके मुखिया के नाम से होती थी'। घराने बनने के बाद दिल्ली, आगरा, लखनऊ, कोलकाता, मुम्बई, हैदराबाद, तमिलनाडु का विल्लुपुरम जैसे शहर किन्नरों के केन्द्र बन गए। ये शहर शासन के केन्द्र थे, इसीलिए किन्नरों ने अपने घराने का केन्द्र अथवा मुख्यालय इन्हीं शहरों में बनाया था। घराने के मुखिया इन्हीं शहरों में रहते थे। यहाँ से अपनी गतिविधियाँ आस-पास के कई जिलों व प्रदेशों में संचालित करते थे। हर जिला व क्षेत्र में उनके घराने से जुड़े प्रतिनिधि हुआ करते थे। जबकि कस्बों व शहरों में 15-20 की संख्या में किन्नरों की टोली होती थी। खासबात यह है कि किन्नर जिस घराने से जुड़ते थे, उसी में पूरा जीवन व्यतीत करते थे। जैसे आम व्यक्ति अपना घर कभी नहीं छोड़ते। वैसे ही किन्नर कभी अपना घराना नहीं बदलते थे। लेकिन, घराना अलग होने से किसी में कोई वैमनस्यता भी नहीं थी। किन्नरों की एकता का अन्दाजा इसी से लगाया जा सकता है मुसलमानों या अंग्रेजों के शासनकाल में किसी के ऊपर कोई विपत्ति आती थी तब उसकी मदद के लिए सभी घराने एकजुट हो जाते थे। यह

नहीं देखा जाता था कि कौन किस घराने से जुड़ा है। यह परम्परा आज भी बनी है। जैसे एक परिवार के सदस्य अलग-अलग रहते हैं। लेकिन, सुख व दु:ख में सभी आपसी मनमुटाव भूलकर एकजुट हो जाते हैं। वैसे ही किन्नरों में है, घराने देखने में भले अलग-अलग हैं। लेकिन, सभी में एक परिवार की तरह आत्मीय जुड़ाव है। सारे किन्नरों की आत्मा एक है। अगर किसी को कोई कष्ट होता है तो उसका दर्द दूसरा स्वत: महसूस कर लेता है। फिर वह बिना किसी आमन्त्रण की प्रतीक्षा किए, मदद के लिए आगे आ जाता है। सदियों से यही जुड़ाव हमारी शक्ति है। यह शक्ति पहले भी थी, आज भी है, और आगे भी रहेगी...।'

ऐसे पड़ा घरानों का नाम

आबादी में विस्तार होने के साथ किन्नरों की संख्या में इजाफा होता गया। संख्या बढ़ने से किन्नरों की टोलियाँ भी बढ़ती गईं। धीरे-धीरे टोली का नाम बदलकर 'घराना' पड़ गया। जैसे आम लोग अपनी पहचान बताने के लिए पूर्वजों व परिवार के बड़े सदस्यों का नाम लेते हैं। वैसे ही किन्नर अपनी पहचान घराने से कराते थे। घराने के मुखिया को 'नायक' के रूप में सम्बोधित करके उन्हें सबसे श्रेष्ठ होने का सम्मान दिया जाता था। मुस्लिम शासनकाल में राजशाही, लश्कर, सेवक, धर्माधिराज, जननायक, पराक्रमी व बलशाली नाम से किन्नरों के चर्चित घराने थे। हर घराने के नीति-नियम बनाए गए थे। घराने के सदस्यों के लिए उसका पालन करना अनिवार्य था। वैसे सबका नियम लगभग एक समान ही हुआ करता था। सिर्फ हिन्दू व मुस्लिम घरानों के रहन-सहन में मामूली फर्क था।

राजशाही, लश्कर, पराक्रमी व बलशाली घरानों में मुस्लिम समुदाय के किन्नर रहते थे। जबकि धर्माधिराज, सेवक व जननायक जैसे घरानों में हिन्दू धर्म को माननेवाले किन्नर होते थे। हिन्दू घराने में सात्त्विक विचार को बढ़ावा दिया जाता था। मांस-मदिरा, धूम्रपान का सेवन पूरी तरह से प्रतिबन्धित था। सुबह स्नान करने के बाद पूजन करने की अनिवार्यता था। पूजन करने के बाद अन्न व जल ग्रहण करना होता था। शालीनता से बात करना, गुरु व बड़े-बुजुर्गों की सेवा करने का निर्देश होता था। जबकि मुस्लिम घरानों में पाँच वक्त की नमाज पढ़ना होता था। मांस का सेवन करने की छूट थी। जब नया किन्नर किसी घराने से जुड़ता था। तब उसको सम्बन्धित घराने की परम्परा व रीति-रिवाजों का पालन करना होता था। आज भी किन्नर जिस घराने से जुड़ते हैं, वे खुद को उस घराने के संस्थापक का वंशज मानते हैं। समय बीतने के साथ घरानों की संख्या में इजाफा होता गया। जिन किन्नरों के शिष्य अधिक होते थे वे इन घरानों से निकलकर अपना नया घराना

बनाने लगे। इससे हर जिला व क्षेत्र में नए-नए घराने बन गए। मौजूदा समय में किन्नरों के देशभर में सैकड़ों घराने हैं। हर प्रदेश व क्षेत्र में कोई-न-कोई घराना है। हर घराने के संस्थापक से उसके किन्नरों की पहचान होती है। वह उनके नीति-निर्देशों का पूरी ईमानदारी व समर्पण से पालन करते हैं। आबादी बढ़ने पर हर शहर व मुहल्लों का विस्तार होने लगा। इससे लोग किन्नरों के जिस क्षेत्र में कभी जाने से परहेज करते थे, उसी के आस-पास अपना घर बनाने लगे। किन्नरों के कुछ घराने आर्थिक रूप से काफी सम्पन्न हो गए, जिससे वह आम लोगों के बीच घर लेकर रहने लगे। इसी के कारण अब किन्नरों के घर आम लोगों के बीच देखने को मिलते हैं। किन्नर सबके बीच रहकर भी अपनी दुनिया में रमे रहते हैं। वे सारा काम अपने नियम-निर्देशों व परम्पराओं के अनुरूप ही करते हैं। किन्नर अपने व्यक्तिगत जीवन में किसी को ताँक-झाँक करने का मौका नहीं देते। न ही अपने जीवन की पाबन्दियों व परम्पराओं को किसी के समक्ष साझा करते हैं। इससे आम व्यक्ति करीब रहकर भी किन्नरों के जीवन से काफी दूर रहता है।

नायक का आदेश सर्वोपरि

किन्नरों के घरानों में नायक की परम्परा आज भी कायम है। यह व्यवस्था परिवार को एकजुट व अनुशासन बनाए रखने के लिए बनाई गई है। नायक एक तरह से अपने घराने का राजा या मुखिया होता है। नायक का आदेश व निर्देश सर्वोपरि होता है। घराने में रहनेवाले किन्नरों के लिए नायक का आदेश मानने की बन्दिश होती है। कोई चाहकर भी उनकी अनदेखी नहीं करता। अगर कोई नायक के आदेश की अनदेखी करता है तो उसे अनुशासनहीनता माना जाता है। ऐसे किन्नर को घराने से बाहर करने की कार्रवाई की जाती है। लेकिन, प्रायश्चित्त करने पर किन्नर को दोबारा गलती न करने की शर्त पर माफ कर दिया जाता है। नायक की नियुक्ति उत्तराधिकारी के रूप में की जाती है। नायक की नजर में उनका जो श्रेष्ठ शिष्य होता है, वह उसी को अपना उत्तराधिकारी बना देते हैं। उत्तराधिकारी बनाने के लिए उत्सव का आयोजन होता है। इसमें घराने के सारे किन्नर एकत्र होते हैं। अगर कोई दूसरे शहर में रह रहा है तो वह भी उसमें शामिल होता है। सबकी मौजूदगी में उत्तराधिकारी की घोषणा की जाती है, जिसके लिए घराने के सारे सदस्य अपनी सहमति देते हैं। नायक अपने उत्तराधिकारी को टीका करके घराने की प्रशासनिक व्यवस्था व सबको साथ लेकर चलने का गुर सिखाते हैं। इसके बाद उत्तराधिकारी उन्हीं के निर्देशन में अपना काम शुरू कर देते हैं। घराने के नायक की मृत्यु होने पर उत्तराधिकारी को नायक का विधिवत कार्यभार ग्रहण कराया जाता

है। इसमें दूसरे घराने के नायक व किन्नर शामिल होते हैं। सबकी मौजूदगी में नए नायक को पदभार ग्रहण कराया जाता है। समारोह में एक-दूसरे से परिचय होता है और सभी किन्नर समाज के लिए मिलकर काम करने का संकल्प लेते हैं। इसके जरिए किन्नरों की एकता बनाने का प्रयास किया जाता है।

'रीत' में मिलता है संस्कार

जब कोई किन्नर स्वयं का जीवन किसी घराने को समर्पित करता है और उसी में रहकर जीवन व्यतीत करने का संकल्प लेता है, तब उस किन्नर को पूरे संस्कार के साथ अपनाया जाता है। नए सदस्य के परिवार या घराने में शामिल होने की खुशी में दीक्षा समारोह का आयोजन किया जाता है। किन्नर दीक्षा के उस समारोह को 'रीत' कहते हैं। रीत में किन्नर अपने गुरु के साथ जाता है। घराने के नायक उसे दीक्षा देते हैं। नए सदस्य को टीका लगाकर चादर ओढ़ाया जाता है। घराने के सारे सदस्य उन्हें माला पहनाकर आशीर्वाद व उपहार देते हैं। जबकि नया सदस्य जीवनभर घराने में रहकर उसके नीति-नियम का पालन करने, नायक व गुरु की सेवा में स्वयं का जीवन समर्पित करने का संकल्प लेता है। सारी विधि पूरी होने के बाद वह किन्नर उसी घराने का सदस्य बन जाता है। इसके बाद गुरु उसे घराने का इतिहास बताते हैं। घराने के सारे नीति व नियम समझाए जाते हैं। इसमें उसे समाज का शिष्टाचार, व्यवहार, चाल-चलन, कोई मेहमान आए तो उन्हें कैसे गिलास पकड़कर पानी देना है, उसका अभिवादन कैसे करना है, कैसे बात करना चाहिए आदि की जानकारी दी जाती है, जिसका पालन करना अनिवार्य होता है। इसके अलावा साड़ी कैसे पहनना चाहिए, चलते समय साड़ी का आँचल किसी से न छू जाए, गुरु व नायक को कैसे सम्मान देना चाहिए आदि की विस्तार से जानकारी दी जाती है। नए सदस्य को बताया जाता है कि उन्हें अपने गुरु का विशेष सम्मान करना होगा, क्योंकि गुरु ही उनके माता-पिता व पहले भगवान हैं। वह गुरु के सिराहने में नहीं बैठ सकते, न ही गुरु के सामने कपड़े बदलने की अनुमति होती है। वह बिना किसी कारण के अपने गुरु का नाम भी नहीं ले सकते। इन नियमों को तोड़ने पर दंड का भागीदार बनना पड़ेगा।

धर्म के अनुसार करते हैं पूजा

किन्नर किसकी पूजा करते हैं? वह किस देवी-देवता को मानते हैं? इसको लेकर समाज में तरह-तरह की बातें प्रचलित हैं। लेकिन, सत्यता कम लोग ही जानते हैं। वास्तव में किन्नर जिस घराने से जुड़ते हैं, वह उसी के आराध्य को अपना लेते हैं। जैसे किन्नरों का घराना हिन्दू है तो वह माता बहुचारा, अर्द्धनारीश्वर

भगवान शिव, महाकाल व अरावन देव की आराधना करते हैं। कुछ हिन्दू किन्नर इनके अलावा अन्य देवी-देवताओं का भी पूजन करते हैं। वहीं, मुस्लिम घराने से जुड़नेवाले किन्नर अल्लाह को मानते हैं। जबकि इसाई किन्नर प्रभु यीशु की आराधना करते हैं। वह हर रविवार को चर्च जाकर प्रार्थना करते हैं। इसी प्रकार अन्य धर्म व पन्थ के किन्नर उन्हीं को मानते हैं, जिसे उनके लोग मानते हैं। लेकिन, सब गुरु के निर्देशानुसार होता है। गुरु जिसे मानते हैं उनके शिष्य भी उसी आराध्य को मानते हैं। शिष्य को अपने मन से कोई धर्म व पन्थ मानने की छूट नहीं होती। जैसे बच्चे वही धर्म मानते हैं जो उनके माता-पिता मानते हैं। उसी प्रकार गुरु के सान्निध्य में रहनेवाले किन्नर गुरु के धर्म, उनके द्वारा बनाए गए नियम व निर्देशों का ईमानदारी से पालन करते हैं।

ताली पीटकर दर्ज कराते हैं उपस्थिति

किन्नरों का ताली पीटना आम लोगों के लिए किसी कौतूहल से कम नहीं होता। किन्नर की ताली आम लोगों से काफी तेज होती है। ताली पीटकर 'हाय-हाय' का उद्घोष करनेवाले किन्नरों को अलग रूप में देखा जाता है। एक तरह से वे इसके जरिए अपनी उपस्थिति का एहसास कराते हैं। किन्नर जहाँ जाते हैं, वह ताली पीटकर 'हाय-हाय' बोलकर सैकड़ों लोगों के बीच अपनी उपस्थिति का एहसास कराते हैं। इसके जरिए किन्नर प्रदर्शित करते हैं कि वह आम लोगों से अलग हैं। उन्हें महिलाओं या पुरुषों के समान न समझा जाए। अगर उचित शब्द में कहें तो किन्नर के मुँह से निकलनेवाला शब्द व उसकी ताली में उनका मर्म छिपा होता है। जो उनकी पवित्रता को प्रदर्शित करते हैं। जरूरत होती है, उनके भाव को समझने की। परन्तु, अधिकतर लोग किन्नर की उस भावभंगिमा से अनभिज्ञ होते हैं।

'चटाई' का आदेश सर्वोपरि

देश के कई हिस्सों में अभी भी पंचायत के जरिए आपसी विवाद निस्तारित करने की परम्परा है। हरियाणा व पश्चिमी उत्तर प्रदेश की खाप पंचायतें काफी प्रसिद्ध हैं। पुलिस व कोर्ट जाने के बजाए लोग पंचायत में जाते हैं। पंचायत समाज की परम्परा के अनुरूप निर्णय देती है। पंचायत का निर्णय सर्वोपरि होता है। पक्ष व विपक्ष को उसे मानने की पाबन्दी होती है। पंचायतों के कुछ विवादित निर्णय कई बार देश-विदेश में सुर्खियाँ बने हैं। यही कारण है कि पंचायतों को लेकर अलग-अलग समय पर काफी विवाद भी हुआ है। शासन-प्रशासन ने कड़ाई करके कई क्षेत्रों की पंचायतों पर पाबन्दी भी लगा दी है। पंचायत के प्रति लोगों में अगाध श्रद्धा अभी भी है। इसी कारण प्रशासनिक पाबन्दी के बावजूद देश के कई ग्रामीण क्षेत्रों में

पंचायत की परम्परा पहले की तरह कायम है। पंचायत की ऐसी ही परम्परा किन्नरों में भी है। किन्नरों की पंचायत को 'चटाई' कहते हैं, उसका आदेश किन्नर समाज में सर्वोपरि होता है। किन्नर इसी के जरिए अपना हर विवाद आपसी सामंजस से निस्तारित कराते हैं। किन्नरों में आपसी विवाद का निस्तारण कराने के लिए थाना जाना पूरी तरह से वर्जित है। विवाद निस्तारित कराने के लिए थाना जानेवाले किन्नर अपने समाज की नजर में अपराधी बन जाते हैं। ऐसे किन्नरों को सजा भुगतनी पड़ती है। सजा देने के लिए किन्नरों की पंचायत बुलाई जाती है। पंचायत जमीन पर बैठकर होती है, इसी कारण उसे 'चटाई' कहते हैं। चटाई अर्थात पंचायत में अलग-अलग घराने के किन्नर शामिल होते हैं। आपसी विवाद मुस्लिम किन्नरों के बीच होता है तब सारे घराने मुसलमानों के होते हैं। जबकि हिन्दू से विवाद होने पर उनके घराने के नायक व प्रमुख किन्नर शामिल होंगे। अगर विवाद हिन्दू-मुस्लिम किन्नरों में है तब दोनों धर्म से जुड़े प्रमुख घराने के किन्नरों को चटाई में शामिल किया जाता है।

किन्नर अखाड़ा की महामंडलेश्वर कल्याणीनन्द गिरि 'छोटी गुरु' बताती हैं कि किन्नरों में आपसी विवाद बढ़ने पर चटाई का आयोजन होता है। इसके लिए देश के प्रमुख किन्नरों को निर्णायक के रूप में बुलाया जाता है, जो निष्पक्ष होते हैं। जहाँ बैठक होनी होती है उस कमरे में चटाई सात सुहागिनें बिछाती हैं। जिनके गुरु जिन्दा होते हैं उन किन्नरों को सुहागन माना जाता है। चटाई बिछाने का अधिकार सिर्फ सुहागन किन्नरों को होता है। फिर उसी चटाई में बैठकर विवाद पर चर्चा होती है। सभी अपना-अपना पक्ष रखते हैं। इसमें कोई झूठ नहीं बोलता है। बाहरी किन्नरों को पंच बनाया जाता है। वह जो निर्णय करते हैं उसे सबको मानना अनिवार्य होता है, चाहकर भी कोई उसे बदल नहीं सकता। गलती करनेवाले को सजा दी जाती है। सजा के रूप में सामूहिक माफी मँगवाने के साथ आर्थिक जुर्माना लगाया जाता है। वहीं, थाना पर विवाद ले जाने की सजा दोनों पक्ष को भुगतनी पड़ती है। दोनों पक्ष पर दंड के रूप में आर्थिक जुर्माना लगाया जाता है। जिसे तत्काल भरना पड़ता है। अगर कोई पक्ष चटाई में शामिल किन्नरों की बात नहीं मानता और जुर्माना भरने से मना करता है तो उसे पूरे किन्नर समाज से अलग कर दिया जाता है। इसकी सूचना देशभर के सारे घरानों को दी जाती है। इससे सम्बन्धित किन्नर किसी भी इलाके में घूमकर बधाई नहीं माँग सकते। न ही किन्नरों के किसी कार्यक्रम में शामिल होते है। हिन्दू व मुस्लिम के सारे किन्नर ऐसी पाबन्दी से बचने के लिए जुर्माना भर देते हैं। किन्नरों में चटाई की प्राचीन परम्परा है। इसके जरिए किन्नर आपसी एकता स्थापित करते हैं। साथ ही उनका मकसद होता है कि उनकी परम्परा की जानकारी

किसी को न होने पाये, न ही उसमें कोई दखल दे। किन्नरों को लगता है कि बाहरी लोगों का दखल होने से उनकी परम्परा व एकता खतरे में पड़ जाएगी।

शौकन का विशेष महत्त्व

किन्नर घरानों में शौकन का विशेष महत्त्व है। किन्नरों में शौकन नाई की तरह होती हैं। जो हर प्रमुख मौकों पर अलग-अलग घरों में आमन्त्रण देने जाती हैं। शौकन का अलग-अलग नामों से घराना होता है। जैसे आम लोगों में नाई कम होते हैं। उसी प्रकार किन्नरों में शौकन की संख्या बहुत कम है। अगर किसी घराने को चटाई अर्थात पंचायत बुलानी होती है तो शौकन के जरिए सबको बुलवाया जाता है। शौकन उसमें गवाह का काम भी करती है। दोनों पक्ष में जो जुर्माना लगाया जाता है उसे शौकन को दिया जाता है। चटाई में शामिल पंच शौकन को गवाह के रूप में भी रखते हैं। किन्नरों में कोई शुभ कार्य होता है तो उसमें भी शौकन के जरिए ही सारा प्रमुख कार्य करवाया जाता है। बिना शौकन के किया गया कोई भी काम किन्नर शुभ नहीं मानते हैं, न ही उसे समाज में मान्यता मिलती है। जबकि बिना शौकन के किए गए प्रमुख कार्यों को किन्नरों का समाज मान्यता नहीं देता है। यही कारण है कि हर घराने के लिए प्रमुख अवसर पर शौकन को सम्मान के साथ आमन्त्रित करते हैं। अगर किसी को कोई व्यवहार देना होता है तो उसे भी शौकन के जरिए दिया जाता है। इससे दोनों पक्ष सम्मान का भाव महसूस करते हैं साथ ही शौकन की अहमियत बनी रहती है।

किन्नर की भाषा

किन्नरों की कुछ विशेष भाषा होती है, वो उसी के अनुरूप आपस में बात करते हैं। जैसे—

-पुलिस को डिंगुर

-पत्रकार को लेखन्दास खरगंडा

-मोबाइल को कानमासी

-किन्नर की मृत्यु पर दिए जानेवाले भोज को रोटी कहते हैं। इसमें उत्तराधिकारी किन्नर की ताजपोशी की जाती है।

-दूसरे के इलाके में आकर माँगनेवाले किन्नर को खरगंडा बोलते हैं।

गुरु-शिष्य परम्परा की जीवन्तता

सन्त-महात्माओं में गुरु-शिष्य की प्राचीन परम्परा है। एक गुरु के सान्निध्य में सैकड़ों शिष्य होते हैं। वे गुरु के मार्गदर्शन में वेद, पुराण, उपनिषद् आदि का अध्ययन करके सनातन धर्म के प्रचार-प्रसार में स्वयं का जीवन समर्पित कर देते हैं। मठ-मन्दिरों की देख-रेख, प्रवचन, पूजा-पाठ जैसे धार्मिक कृत्यों के जरिए समाज को धर्म से जोड़ते हैं। शिष्य के लिए गुरु की सेवा व उनका आदेश सर्वोपरि होता है। वह उस आदेश का पालन करने के लिए किसी भी स्तर पर जा सकता है। गुरु की नजर में जो शिष्य योग्य व समर्पित होता है, वह उसे अपने उत्तराधिकारी जिम्मेदारी सौंपते हैं। गुरु की मृत्यु के बाद उनका उत्तराधिकारी गुरु गद्दी पर आसीन होकर उनकी परम्परा व मिशन को आगे बढ़ाता है। सन्तों में यह परम्परा अनादिकाल से चली आ रही है। गुरु-शिष्य की यह पवित्र परम्परा किन्नर समाज में भी अपनाई जाती है। किन्नरों के लिए उनके गुरु सर्वोपरि होते हैं। गुरु के लिए किन्नर सर्वस्व न्योछावर करने को हर समय तत्पर रहते हैं। गुरु के प्रति किन्नरों का समर्पण दिखावा नहीं, बल्कि पवित्रता से जुड़ा होता है। इसका प्रमुख कारण उन्हें गुरु से मिलनेवाली आत्मीयता, प्यार व सम्मान है। जब किन्नर होने पर दुनिया व समाज उनको धिक्कारता—उपहास करता है, स्वयं के माता-पिता, भाई-बहन अपमानित करके घर से बाहर निकाल देते हैं, तब गुरु से उन्हें सहारा मिलता है। गुरु स्वयं किन्नर होते हैं। वह सारी विपरीत परिस्थित पहले झेल चुके होते हैं, इसलिए उन्हें दुत्कारे हुए किन्नर का दर्द, भावनाएँ आसानी से महसूस होती है। वह दुत्कारे हुए किन्नर को अपने बच्चे की तरह पालते हैं। उन्हें सारी खुशियाँ देते हैं। इसी कारण किन्नर अपने गुरु को पृथ्वी पर सबसे अधिक सम्मान देते हैं।

गुरु का सान्निध्य मिलने पर किन्नर की दुनिया बदल जाती है। उन्हें नया नाम व नई पहचान प्राप्त होती है। गुरु पूरे रस्म-रिवाज व परम्परा से स्वयं के परिवार में आनेवाले किन्नर का नामकरण संस्कार कराते हैं। यह कार्य उत्सव की तरह आयोजित होता है। उत्सव में हर घराने के किन्नर शामिल होते हैं। सभी नए सदस्य

को बधाइयाँ देते हुए उसके कल्याण की कामना करते हैं। इधर, गुरु की छत्रच्छाया में रहनेवाले किन्नर को अपना पेट भरने की चिन्ता नहीं होती। न ही उसे अपमान के शब्द सुनने पड़ते हैं। गुरु उसे अपने बच्चे की तरह पालते हैं। खुद भूखा रहकर गुरु अपने शिष्य का पेट भरते हैं। उसे हर सुख-सुविधा देने का प्रयास करते हैं। सही मायने में गुरु के रूप में उपेक्षित किन्नर को पहली बार माता-पिता का स्नेह व अपनत्व प्राप्त होता है। जबकि गुरु के साथ पहले से रह रहे किन्नरों से नए सदस्य का बहन, मौसी, बुआ जैसे रिश्ते बन जाते हैं। रिश्तों की डोर में बँधने से उन्हें आत्मीयता, अपनत्व की अनुभूति होती है। साथ ही दूसरों से होनेवाला असुरक्षा का भाव भी खत्म हो जाता है। इसके जरिए एक उजड़ी व बिखरी जिन्दगी हमेशा के लिए सँवर जाती है। गुरु के सानिध्य में नए रिश्ते व नाते बनाकर किन्नर स्वयं का जीवन सम्मान पूर्वक व्यतीत करने लगते हैं।

गुरु ही सर्वोपरि

शास्त्रों में गुरु का महत्त्व भगवान से अधिक बताया गया है। कहा गया है कि अगर गुरु और भगवान एक साथ खड़े हैं तो पहले गुरु को प्रणाम करना चाहिए, क्योंकि वही इनसान को श्रेष्ठ बनने की राह दिखाते हैं। लेकिन, आज के स्वार्थपूर्ण दौर में यह बातें सिर्फ किताबों में पढ़ने व प्रवचन में सुनने तक सीमित है। आज न गुरु के ज्ञान में गहराई व शिष्य को श्रेष्ठ बनाने का समर्पण नजर आता है, न शिष्य गुरु को सम्मान देना जरूरी समझते हैं। सारा काम प्रोफेशनल तरीके से चल रहा है। कर्त्तव्य निभाने के बजाए सभी अपनी-अपनी जगह खानापूर्ति करते हैं। इसका समाज में विपरीत प्रभाव भी देखने को मिल रहा है। आज के बच्चों में संस्कार का बोध नहीं है। न उनके माता-पिता उन्हें संस्कारित करने को इच्छुक हैं। पाश्चात्य परम्परा अपनाकर सभी पैसा कमाने की मशीन बनने को आतुर हैं। यही भावना उनका जीवन अन्धकार की ओर ले जाती है। परन्तु किन्नरों में ऐसा नहीं है। खुद को सभ्य समाज का दम भरनेवाले लोग किन्नरों को भले उपेक्षा के भाव से देखते हों, परन्तु उन्हें उनसे बहुत कुछ सीखने को मिल सकता है। किन्नर आज भी अपने गुरु का लिहाज करते हुए वैसा ही सम्मान देते हैं जैसे प्राचीनकाल में ऋषि-मुनियों को मिलता था। किन्नर अपने गुरु का अपमान किसी भी सूरत में बर्दाश्त नहीं करते। शिष्य बिना कहे गुरु की हर इच्छा की अनुभूति कर लेते हैं, फिर उसे पूरा करने को हर समय तत्पर रहते हैं। गुरु की हर इच्छा को पूरे समर्पण भाव से पूरा करते हैं। वह खुद भूखे रह लेंगे लेकिन गुरु को भूखा नहीं रख सकते। यही कारण है कि कोई बुजुर्ग किन्नर कहीं भी भीख माँगते या असहाय अव्यस्था में इधर-उधर घूमता नहीं

दिखाई देता। गुरु की पसन्द के खाने, कपड़े का प्रबन्ध करने के लिए शिष्य कुछ भी कर सकता है। वह गुरु से कभी जुबान नहीं लड़ाते, न उनका अनादर करते हैं। अगर जाने-अनजाने में कोई शिष्य गुरु का अपमान या अनादर कर देता है, तो दूसरे शिष्य उसे सहन नहीं करते। वह मिलकर उस किन्नर को घराने से बाहर निकाल देते हैं। इसके जरिए घराने में अनुशासन कायम रखा जाता है। जब शिष्य को अपनी गलती का एहसास होता है और वह आकर सामूहिक रूप से माफी माँगता है, तो उसे वापस रख लिया जाता है। लेकिन, यह मौका जीवन में सिर्फ तीन बार दिया जाता है। चौथी बार गलती करने पर उसे घराने में कभी वापस नहीं लिया जाता।

कर लेते हैं धर्म परिवर्तन

किन्नर का जन्म जाति या धर्म देखकर नहीं होता। वह किसी भी धर्म को माननेवाले व्यक्ति के यहाँ जन्म ले लेते हैं, क्योंकि किसे कहाँ जन्म लेना है? उस पर किसी का वश नहीं है। यह प्रकृति की सामान्य प्रक्रिया है। हर घर में लड़का-लड़की के रूप में बच्चे जन्म लेते हैं, उन्हीं में कोई बच्चा सबसे भिन्न किन्नर के रूप में पैदा होता है। इसका पता शुरूआत में नहीं चलता, बच्चा या बच्ची जैसे-जैसे बड़ा होता है, वैसे-वैसे उसके हाव-भाव से पता चलने लगता है कि वह किन्नर है। धार्मिक रूप से देखा जाए तो भारत में सिर्फ हिन्दू व मुस्लिम धर्म को माननेवाले किन्नर अधिक हैं। जबकि विदेशों में इसाई, बौद्ध व मुस्लिम धर्म को माननेवाले किन्नर अधिक मिलते हैं। भारत में हिन्दू के अलावा मुस्लिम, बौद्ध, सिख, इसाई, जैन, पारसी सहित अनेक धर्म व पन्थ को माननेवाले लोग हैं। इनके यहाँ जो किन्नर रूपी बच्चा जन्म लेता है। जब वह किसी किन्नर को गुरु बनाकर उनसे जुड़ता है, तब उसी के अनुरूप उनके धर्म को भी अपना लेता है। यानी गुरु के सान्निध्य में उसका धर्म परिवर्तित हो जाता है। गुरु अगर हिन्दू धर्म मानते हैं तो वह किन्नर हिन्दू हो जाता है। जबकि गुरु के मुस्लिम होने पर वह मुसलमान बन जाता है। किन्नर सम्प्रदाय में संस्कारित होने के बाद इनका कोई व्यक्तिगत धर्म नहीं रह जाता। इनका धर्म गुरु के धर्म से जुड़ जाता है, उसी से उनकी पहचान होती है। अगर कोई गुरु के सान्निध्य में नहीं है और अकेले या अपने परिवार के साथ रहता है, तब उसे अपने माता-पिता के धर्म को मानने की आजादी होती है। ऐसे किन्नरों का धर्म नहीं बदला जाता। न ही उसके उपर धर्मान्तरण का कोई दबाव बनाया जाता है। गुरु के सान्निध्य में रहकर धर्मान्तरण करने के पीछे एकरूपता लाना भी होता है, जिससे सारे किन्नरों में एकता का भाव रहे, धर्म के नाम पर कोई किसी से भेदभाव न करे। अगर सबको अपना-अपना धर्म मानने की आजादी मिल जाएगी तो उससे आपसी

भेदभाव बढ़ेगा, साथ ही आए दिन विघटन की स्थिति पैदा होगी। इसे खत्म करने के लिए घराने के सारे सदस्य एक ही धर्म को मानते हैं।

योग्य शिष्य बनते हैं उत्तराधिकारी—

जिस प्रकार एक राजा के कई पुत्र होते हैं। लेकिन, जो पुत्र बड़ा अथवा योग्य होता है उसी को राजगद्दी मिलती है। सन्तों की परम्परा में योग्य शिष्य को गुरु का उत्तराधिकारी बनाया जाता है। ठीक यही नियम किन्नरों में भी अपनाया जाता है। वैसे तो एक घराने में कई किन्नर होते हैं। लेकिन, योग्य, प्रतिभाशाली व नेतृत्व क्षमतावाले किन्नर की परख करके गुरु उसे अपना उत्तराधिकारी बनाते हैं। उत्तराधिकारी बननेवाले को भविष्य में घराने के नेतृत्व की जिम्मेदारी निभानी होती है। उत्तराधिकारी बनाने के लिए भव्य समारोह का आयोजन होता है। उसमें दूसरे घराने के किन्नर भी आमन्त्रित किए जाते हैं। सबके सामने चादरपोशी करके उत्तराधिकारी बनाया जाता है। उत्तराधिकारी बननेवाला किन्नर गुरु की देख-रेख में सारे कार्य को समझता है। वह अपने क्षेत्र में टोली-बधाई लेने व अन्य धार्मिक कृत्य करता है। अगर कहीं कोई गलती होती है तो गुरु मार्ग-दर्शन करके उसे ठीक कराते हैं। फिर धीरे-धीरे गुरु सब-कुछ अपने उत्तराधिकारी को सौंपकर घर में बैठ जाते हैं। लेकिन, इसके बावजूद गुरु की हनक कम नहीं होती। हर तरह से सक्षम होने के बावजूद शिष्य अपना कोई काम बिना गुरु की अनुमति के नहीं करते।

किन्नरों के सिन्दूर का रहस्य

किन्नर अक्सर सुहागन जोड़े में नजर आते हैं। सुहागिन स्त्री की भाँति किन्नर सोलह श्रृंगार करके अपनी माँग में सिन्दूर भरकर बाहर निकलते हैं। श्रृंगार करने से किन्नरों का आकर्षण बढ़ जाता है। वह हर किसी का ध्यान आसानी से अपनी ओर आकर्षित कर लेते हैं। लेकिन, यहाँ गौर करनेवाली बात किन्नरों की माँग का सिन्दूर है, क्योंकि श्रृंगार तो बिना माँग भरे भी किया जा सकता है। माँग में सिन्दूर लगाकर श्रृंगार करने की कोई बाध्यता नहीं होती है। हिन्दू धर्म में विवाहित स्त्रियाँ पति की लम्बी आयु के लिए माँग में सिन्दूर भरती हैं। लेकिन, किन्नर सिन्दूर क्यों लगाते हैं, क्या उनके भी पति होते हैं? यह समाज के लिए आज भी अबूझ पहेली है। किन्नरों का खुद को सुहागिन दिखाना हर किसी के लिए कौतूहल से कम नहीं होता। अधिकतर लोगों को लगता है कि अपनी खूबसूरती बढ़ाने के लिए किन्नर माँग में सिन्दूर लगाती हैं। जबकि कुछ लोगों को लगता है कि यह उनकी परम्परा है। लेकिन, सच्चाई से अधिकतर लोग अनभिज्ञ हैं। किन्नर अखाड़ा की उत्तर प्रदेश प्रभारी महामंडलेश्वर कौशल्यानन्द गिरि उर्फ टीना माँ इस रहस्य का पटाक्षेप करते हुए बताती हैं कि, 'किन्नर के लिए उनके गुरु ही माता, पिता, पति व भगवान के समान होते हैं। जैसे सुहागिन महिलाएँ पति की लम्बी आयु के लिए माँग में सिन्दूर भरती हैं। वैसे ही किन्नर अपने गुरु की कुशलता व उनकी लम्बी आयु के लिए माँग में सिन्दूर भरकर उनके नाम का श्रृंगार करते हैं। वह गुरु के नाम पर सुहाग का प्रतीक माथे पर बिन्दी, नाक में नथ, पाँव में बिछिया, पायल और गले में मंगलसूत्र आदि पूरे भाव व श्रद्धा से धारण करते हैं।' श्रृंगार के जरिए किन्नर अपने गुरु के प्रति कृतज्ञता व समर्पण प्रदर्शित करते हैं। यह भाव बहुत कम लोगों में देखने को मिलता है।

कौशल्यानन्द गिरि बताती हैं कि, 'जिस तरह गोपियाँ भगवान श्रीकृष्ण को पति मानती थीं, श्रीकृष्ण के प्रति सर्वस्व न्योछावर करने को आतुर रहती थीं, ठीक उसी तरह किन्नर भी अपने गुरु को पति परमेश्वर का दर्जा देते हैं। गुरु के लिए किन्नर स्वयं को न्योछावर करने को सदैव तत्पर रहते हैं'। किन्नरों के अलावा सखी

सम्प्रदाय से जुड़े पुरुष भी इन्हीं की मान्यताओं से प्रभावित होकर स्त्रियों की तरह सुहागन के वेश में रहते हैं। इसके कारण उन्हें अपने परिवार का विरोध तक सहना पड़ता है। लेकिन, वास्तव में सखी सम्प्रदाय एक प्रकार से गोपियों की भाँति अपने को भगवान श्रीकृष्ण की पत्नी होने का सौभाग्य मानता है। वृन्दावन व मथुरा में इस सम्प्रदाय को माननेवाले ऐसे कई पुरुष आज भी सखियों की भाँति जीवनयापन कर रहे हैं। इसी प्रकार श्रीकृष्ण की तरह ही गुरु को पति मानने की मान्यता किन्नरों में सर्वमान्य है। उत्सव विशेष पर पति के रूप में गुरु की पूजा भी होती है। सुहागिन बने किन्नर नाच-गाकर उन्हें प्रसन्न करते हैं।

सिन्दूर भरने की यह है परम्परा— जब किसी का बच्चा किन्नर रूप में जन्म लेता है तो उसके परिवार के सदस्य उसका त्याग कर देते हैं। उम्र बढ़ने के साथ बच्चे की उपेक्षा बढ़ती जाती है। बच्चे के अपने माता-पिता, भाई, बहन व रिश्तेदार उसके साथ दुश्मनों जैसा व्यवहार करते हैं। किन्नर बच्चे को कमरे में बन्द कर दिया जाता है, उसके साथ मारपीट की जाती है। वह उपेक्षा का दंश झेलकर आज़िज आ जाते हैं, तो मजबूरी में घर छोड़कर किन्नरों के सान्निध्य में आ जाते हैं। जो उस अनाथ किन्नर को अपनाता है, वही उनका गुरु होता है। गुरु उन्हें अपने घर ले जाता है। नए किन्नर के आने पर उत्सव मनाया जाता है। दूसरे क्षेत्र व घराने के किन्नर भी उसमें शामिल होते हैं। नए किन्नर को स्नान कराकर पवित्र किया जाता है, फिर उसे चुनरी ओढ़ाकर सभी आशीर्वाद देते हैं। किन्नर अगर बच्चा होता है तो सबसे उसका परिचय कराकर घराने के नायक के माध्यम से नामकरण किया जाता है। अगर उसकी उम्र 15 साल से अधिक होती है तो उसकी माँग में गुरु की ओर से सिन्दूर लगाया जाता है। जबकि छोटी उम्र के किन्नर बड़े होने पर श्रृंगार करने के साथ गुरु के नाम का सिन्दूर भरने लगते हैं। वहीं, कुछ किन्नर बिना गुरु के हाथ से सिन्दूर लगाए, ही उनके नाम से सिन्दूर भरकर श्रृंगार करते हैं। माँग भरने की परम्परा सिर्फ हिन्दू धर्म के किन्नरों में है। मुस्लिम धर्म से जुड़े किन्नर सारा श्रृंगार करते हैं, लेकिन वह माँग में सिन्दूर नहीं भरते। लेकिन गुरु के प्रति उनकी भी श्रद्धा अटूट होती है। वह गुरु के लिए हर स्तर पर त्याग करने को तत्पर रहते हैं।

गुरु के निधन पर होते हैं विधवा— सुहागिन स्त्री पति की मृत्यु होने पर अपनी माँग का सिन्दूर मिटाकर श्रृंगार करना बन्द कर देती है। इसी प्रकार किन्नर जिस गुरु के नाम का माँग में सिन्दूर भरकर श्रृंगार करते हैं, उनके निधन पर उसे मिटा देते हैं। दूसरे घराने का किन्नर आकर मृतक किन्नर के शिष्य की माँग का सिन्दूर मिटाकर उसकी चूड़ी तोड़ता है। फिर विधवा पत्नी की भाँति किन्नर सुहाग मिटाकर कुछ दिनों तक सफेद साड़ी पहनकर शोकपूर्ण जीवनयापन करते हैं।

लेकिन, किन्नरों का यह शोक स्थाई नहीं होता। कुछ समय बाद वह नया गुरु बना लेते हैं। नया गुरु बनाकर वह उसे पति परमेश्वर का दर्जा देकर पुनः सुहाग धारण कर लेते हैं। जबकि कुछ किन्नर आम लोगों को अपनी ओर आकर्षित करने के लिए बिना गुरु बनाए ही श्रृंगार करने लगते हैं, क्योंकि उन्हें लगता है कि बिना खुद को आकर्षक दिखाए लोगों पर उनका प्रभाव कम पड़ेगा। इससे उन्हें मिलनेवाला पैसा व उपहार कम हो जाएगा, जिससे जीवनयापन करने में दिक्कत आएगी। वहीं, कुछ किन्नर एक बार सुहाग मिटाने पर उसे जीवन में दोबारा धारण नहीं करते।

कुछ किन्नर जीते-जी कर लेते हैं जीवनचारा—किन्नरों की मृत्यु होने पर उनके शिष्य अर्थात उत्तराधिकारी चेलों की ताजपोशी की जाती है। इसके लिए मृतक किन्नर का शिष्य 'रोटी' का आयोजन करता है। किन्नर अखाड़ा की महामंडलेश्वर कल्याणीनन्द गिरि 'छोटी गुरु' बताती हैं कि रोटी से पहले चावल रखा जाता है। चावल में प्रमुख घराने के बड़े-बड़े नायक शामिल होते हैं। सभी बैठकर थाल में केसरिया रंग से चावल को रंगते हैं। चावल रंगने के दौरान रोटी की तारीख तय की जाती है। फिर उसी तारीख का लेटर लिखकर देशभर के अलग-अलग घरानों के किन्नरों को आमन्त्रण भेजा जाता है। पहले शौकन के जरिए पत्र भेजा जाता था। लेकिन, अब अधिकतर किन्नर वाट्सएप पर वीडियो बनाकर डाल देते हैं। रोटी सात दिन तक चलती है। प्रतिदिन पंगत में विशेष खाने-पीने का प्रबन्ध रहता है। इसमें शिष्य अपने मृतक गुरु की पसन्द का पकवान भी बनवाते हैं। रोटी में शामिल होनेवाले नायकों को शिष्य गुरु के नाम पर उपहार देते हैं। फिर सभी मिलकर उनकी ताजपोशी करके नायक के रूप में मान्यता देते हैं। पंगत में गरीब व अमीर किन्नर एक साथ बैठकर खाते हैं और साथ उठते हैं। बीच में किसी के उठने अथवा किसी के शराब पीकर आने पर जुर्माना लगाया जाता है। कौशल्यानन्द बताती हैं कि कुछ नायक जीते जी 'जीवनचारा' कर लेते हैं। जीवनचारा में किन्नर अपने जीते जी रोटी की रश्म पूरी करता है। वो सबको बुलाकर खिलाकर अपने नाम का उपहार देते हैं।

किन्नरों का प्रेम व विवाह

हर इनसान की ख्वाहिश होती है कि उसका घर बस जाए। उम्र के एक पड़ाव के बाद उसका विवाह हो जाए, उसके भी बच्चे हों। वह अपने पति-पत्नी व बच्चों संग सम्मान से सुकून भरी जिन्दगी व्यतीत करे। स्त्री व पुरुष का मिलन कराने के लिए उनका विवाह कराने की परम्परा अनादिकाल से चली आ रही है। धार्मिक परम्परा के अनुरूप रश्म-रिवाज का पालन करते हुए दोनों का विवाह कराया जाता है। शास्त्रों में स्त्री-पुरुष के विवाह अथवा मिलन को सृष्टि विस्तार का माध्यम बताया गया है। इसी कारण विवाह को दो जिस्म के बीच अटूट व पवित्र बन्धन माना जाता है। लेकिन, विवाह के बन्धन में सिर्फ स्त्री व पुरुष ही नहीं बँधते। किन्नर भी अपना घर बसाते हैं। लेकिन, उनकी प्रक्रिया ज्यादा प्रचारित नहीं होती। अक्सर सुहागन के जोड़े में नजर आनेवाले किन्नर भी महात्त्वाकांक्षी होते हैं। आम स्त्री व पुरुष की भाँति वह स्वयं के जीवन को लेकर काफी संवेदनशील होते हैं। लोगों को लुभाने व खुद को आकर्षक दिखाने के लिए किन्नर खुद को सुहागन स्त्री की भाँति सजाकर बाहर निकलते हैं। श्रृंगार करते-करते उनके हृदय में खुद का घर बसाने की इच्छा प्रकट हो जाती है। बच्चे पैदा करने की क्षमता न होने के बावजूद किन्नर चाहते हैं कि उनका विवाह हो, पति के साथ वह अलग घर बसाएँ। कुछ किन्नर व्यक्तिगत जीवन में ऐसा करते भी हैं। सार्वजनिक जीवन में उनका जिस पुरुष से प्रेम होता है वह उससे विवाह करके अपना जीवनसाथी बना लेते हैं। यह प्रेम एकतरफा नहीं होता। पुरुष भी किन्नरों की सुन्दरता पर मोहित होकर उनसे प्रेम करते हैं। दोनों मिलकर आम स्त्री-पुरुष की भाँति जीवन व्यतीत करने का निर्णय लेते हैं। इसके बाद किन्नर का उस पुरुष से विवाह कराया जाता है।

किन्नरों के विवाह करने की परम्परा को 'गिरिया' कहा जाता है। विवाह करनेवाले किन्नरों की संख्या अपेक्षा से कम है। सौ में 10 से 15 किन्नर किसी न किसी पुरुष से विवाह करके अपना घर बसा लेते हैं। जबकि अविवाहित किन्नर अकेले रहते हैं, ऐसा नहीं है। अविवाहित किन्नर अपने पुरुष मित्रों के साथ खुलेआम रहते हैं। वह अपने रिश्ते को किसी से छिपाते नहीं हैं, उनके घराने के

लोग व गुरु उनके रिश्ते के बारे में जानते हैं। सौ में 70 से 80 किन्नर ऐसे होते हैं, जिनका किसी न किसी पुरुष से प्रेम-प्रसंग चलता है। परन्तु, सामाजिक व घरेलू मजबूरियों के कारण वह विवाह नहीं करते। लेकिन, विवाह न करने के बावजूद एक-दूसरे के प्रति समर्पित रहते हैं। हर जगह उनका साथ आना-जाना होता है। दोनों एक-दूसरे की देख-रेख करते हैं। इसके पीछे सच्चाई यह है कि अधिकतर पुरुषों का किन्नरों से लगाव उनके पैसों के कारण होता है। किन्नरों को पैसे का कभी अभाव नहीं होता। वह नाच-गाकर व बधाई देकर जो पैसा लाते हैं, उससे उनका जीवन आसानी से चलता है। जबकि आर्थिक रूप से कमजोर कुछ पुरुष किन्नरों से किसी न किसी रूप में जुड़ जाते हैं। वह उनके साथ रहकर उनका सामाजिक कार्य देखने लगते हैं। धीरे-धीरे उनमें प्रेम हो जाता है। दोनों को एक-दूसरे की जरूरत का एहसास होता है। यही उनके समर्पण का प्रमुख कारण है।

जबकि विवाह करनेवाले किन्नर पूरी परम्परा अपनाते हैं। वह चोरी-छिपे विवाह नहीं करते। बल्कि उस रिश्ते में सबकी सहमति होती है। जैसे आम घरों में माता-पिता व बड़े-बुजुर्ग सारी पड़ताल करने के बाद अपने बच्चों का रिश्ता किसी घर में तय करते हैं। उसी प्रकार किसी किन्नर के रिश्ते पर अन्तिम मुहर उनके घराने के नायक व किन्नर के गुरु लगाते हैं। किन्नर अपने रिश्ते के बारे में गुरु, नायक व घराने के दूसरे सदस्यों को बताती हैं। गुरु व नायक रिश्ता तय करने से पहले पुरुष के घर-परिवार की पड़ताल करते हैं। वह पुरुष के किन्नर से विवाह के पीछे का मकसद देखते हैं कि कोई क्यों ऐसा कदम उठा रहा है? उसके पीछे कोई लोभ है या वास्तव में वह किन्नर से प्रेम करता है? वह विवाह के बाद अपना रिश्ता ईमानदारी से निभाएगा या नहीं? पुरुष के चाल-चलन के बारे में भी पता किया जाता है। सारी प्रक्रिया से सन्तुष्ट होने के बाद अन्त में उस पुरुष को बुलाकर नायक व गुरु पूछताछ करते हैं। अगर उन्हें पुरुष के चरित्र में कोई खोट नजर आता है, तो विवाह की अनुमति नहीं देते। फिर किन्नर अपने बड़ों के आदेश का सम्मान करते हुए विवाह से इनकार कर देती है। अगर नायक व गुरु उस पुरुष से हर तरह से सन्तुष्ट होकर विवाह की अनुमति देते हैं तो इसके बाद पूरे रस्म-रिवाज से दोनों वैवाहिक बन्धन में बँधते हैं, धर्म के अनुसार यानी किन्नर एवं पुरुष जिस धर्म को मानते हैं उसके अनुरूप विवाह कराया जाता है। वैवाहिक समारोह में किन्नरों के अलग-अलग घरानों के साथ उनके करीबी यजमान भी आते हैं। विवाह के बाद किन्नर को गुरु से अलग अपने पति के साथ रहने की अनुमति मिल जाती है। जबकि कुछ किन्नर विवाह के बाद भी पति के साथ पुराने घर में रहती हैं। उनके साथ गुरु व दूसरे साथी भी रहते हैं। विवाह के बाद किन्नर सुहागन स्त्री

की भाँति जीवन व्यतीत करते हैं। वह पति के लिए समर्पित रहते हैं। पति के नाम पर करवाचौथ का व्रत भी रखते हैं। पति की खुशी के लिए वह हर त्याग करने को तैयार रहते हैं। इससे उनका जीवन बिना किसी विघ्न के सुखपूर्वक व्यतीत होता है।

गुरु के प्रति कम नहीं होता समर्पण—विवाह करने के बाद भी किन्नर का गुरु के प्रति लगाव व समर्पण कम नहीं होता। उनके रिश्ते की डोर पहले की तरह मजबूत रहती है। विवाहित किन्नर श्रृंगार करते समय माँग में दो बार सिन्दूर लगाती है। वह पहला सिन्दूर गुरु के नाम पर लगाती हैं, क्योंकि उनके जीवन में वही पहले आते हैं। इसके बाद पति के नाम पर सिन्दूर लगाती हैं। इसके जरिए वह गुरु व पति लोगों की कुशलता व लम्बी आयु की कामना करती हैं। अगर किन्नर अपने पति के साथ दूसरे घर या किसी अन्य शहर में रहती है। तब भी किन्नर बेटी की तरह गुरु का कुशलक्षेम निरन्तर लेती रहती है। अगर दोनों में किसी को कोई दिक्कत होती है, तो वह एक-दूसरे की मदद के लिए खड़े हो जाते हैं। अगर विवाहित किन्नर को कोई दिक्कत होती है, तो उनके गुरु हरस्तर पर मदद करते हैं। वहीं, गुरु को कोई समस्या आती है, तब विवाहित किन्नर सहायता के लिए हर स्तर पर प्रयास करती है। इससे दोनों का एक-दूसरे के प्रति आत्मीय रिश्ता कायम रहता है।

किन्नरों का अन्तिम संस्कार

समाज का अहम हिस्सा होते हुए भी किन्नरों का जीवन अधिकतर लोगों के लिए रहस्य है। वह सबके बीच रहते हुए भी किन्नर उनसे काफी अलग होते हैं। उन्हें दुनियादारी से कोई वास्ता नहीं होता। हर किन्नर सिर्फ अपनी दुनिया में मस्त व व्यस्त रहता है। समाज से उनका जुड़ाव सिर्फ बधाई लेने तक सीमित है। किन्नर खास मौकों पर लोगों के घर जाकर नृत्य-गायन करके पैसा, अनाज व उपहार लेते हैं। कुछ घरों व दुकानों में उनका नियमित आना-जाना होता है। निरन्तर आने-जाने से कइयों से किन्नरों का मेल-मिलाप भी आत्मीयतावाला होता है। परन्तु वह खुद की चुनौती व परम्पराओं का रहस्य किसी से साझा नहीं करते। यही कारण है कि मन-मस्तिष्क में किन्नरों की छवि आकार लेते ही उनकी परम्पराओं को जानने की जिज्ञासा बढ़ जाती है। जिज्ञासु लोग किन्नरों के रहन-सहन, उनकी परम्पराओं को जानने व समझने का प्रयास करते हैं। लेकिन, सत्यता से उनका सामना नहीं हो पाता। वह चाहकर भी किन्नर की परम्पराओं से वाकिफ नहीं हो पाते। किन्नर अपनी परम्परा व जीवनचर्या को किसी गैर व्यक्ति से साझा करना उचित नहीं मानते। उन्हें लगता है कि सच्चाई जानने पर समाज के लोग उसे खंडित करने का प्रयास करेंगे। उधर, कुछ जिज्ञासु लोग सच्चाई से दूर होते हुए भी खुद की अहमियत का एहसास कराने के लिए नई-नई बातें गढ़ लेते हैं। अपनी बात साबित करने के लिए उसका प्रचार-प्रसार करते हैं। धीरे-धीरे समाज का बड़ा वर्ग उस पर विश्वास करने लगता है। लेकिन, विश्वास की वह डोर स्थाई नहीं होती, क्योंकि लोग खुद सबकुछ करीब से देखना व समझना चाहते हैं। लेकिन, सामाजिक व भावनात्मक दूरी के कारण वह अपनी मंशा में सफल नहीं हो पाते। यही, दूरी किन्नरों को लेकर समाज में किंवदन्तियाँ व भ्रान्तियाँ पैदा करती हैं। सबसे बड़ी भ्रान्ति किन्नरों की मृत्यु और उनके अन्तिम संस्कार को लेकर है। आज तक किसी व्यक्ति ने किन्नरों की शवयात्रा निकलते व अन्तिम संस्कार होते हुए नहीं देखा। किन्नर अमरत्व लेकर तो दुनिया में आते नहीं हैं, कि उनकी कभी मृत्यु ही नहीं होगी। आम व्यक्ति की तरह किन्नरों की भी मृत्यु होती है। फिर उनका अन्तिम संस्कार किसी ने क्यों

नहीं देखा? किन्नरों का अन्तिम संस्कार कैसे होता है? उसकी क्या परम्पराएँ हैं? इसको लेकर तरह-तरह की बातें फैली हैं।

समाज में सबसे बड़ी भ्रान्ति है कि किन्नर की शवयात्रा कोई देख न पाएँ, इसलिए उसे आधी रात के बाद निकाला जाता है। आधी रात के बाद सभी अपने घरों में सो रहे होते हैं। इससे उनकी शवयात्रा कोई नहीं देख पाता। जबकि दूसरी भ्रान्ति है कि किन्नर शवयात्रा निकालते ही नहीं हैं। बल्कि रात के अँधेरे में पार्थिव शरीर को किसी बोरी में भरकर एकान्त स्थान पर दफनाने या नदी में प्रवाहित करने के लिए ले जाते हैं। पार्थिव शरीर किन्नर का है उस पर किसी को शक न हो, उसके लिए अन्तिम यात्रा में शामिल व्यक्ति हँसते व बात करते हुए गन्तव्य तक जाते हैं। तीसरी भ्रान्ति है कि अगर कोई आम इनसान मृतक किन्नर का चेहरा या उसकी शवयात्रा देख लेता है तो उसे दोबारा किन्नर के रूप में जन्म लेना पड़ता है। किन्नर के रूप में दोबारा कोई जन्म नहीं लेना चाहता। इसके लिए मृतक का अन्तिम संस्कार रात के अँधेरे में गुप्त रूप से किया जाता है, इसीलिए आज तक किन्नर की अन्तिम यात्रा कोई नहीं देख पाया। लेकिन, यहाँ प्रश्न यह उठता है कि सारी स्थितियों में कोई किन्नरों की शवयात्रा या अन्तिम संस्कार न देख पाये, वह कैसे सम्भव है? किन्नरों का घर आम इनसानों के बीच रहता है। हर किसी की नजर उनके ऊपर रहती है। शहरों में 24 घंटे सड़कों पर आवागमन होता है। अगर किन्नर की मृत्यु होती है और रात में उनकी शवयात्रा निकलती तो उसमें कम-से-कम आठ-दस लोग तो शामिल होंगे ही। इतने लोग कपड़े में लपेटकर कन्धे रखकर किसी को लेकर कहीं जाएंगे तो किसी न किसी की नजर उनके ऊपर पड़ ही जाएगी। अगर पार्थिव शरीर किसी वाहन में रखकर ले जाएंगे तभी भी उसे रखते व उतारते समय लोग देख ही लेंगे। दिमाग में शवयात्रा को लेकर यह विचार कौंधते ही रहस्य और गहरा जाता है। मन में तरह-तरह के विचार आने लगते हैं कि फिर किन्नरों की शवयात्रा निकलती कैसे है? शवयात्रा निकलती है भी या नहीं? क्या किन्नर किसी की मृत्यु होने पर उसे अपने घर के आस-पास ही कहीं दफनाते या जला देते हैं? ऐसे अनेकों यक्ष प्रश्नों व रहस्यों से पर्दा किन्नर अखाड़ा की वित्तमन्त्री महन्त कामिनी उठाती हैं। वह सारी बातों को सिरे से नकारते हुए उसे मिथ्या करार देती हैं।

महन्त कामिनी बताती हैं, 'किन्नरों के प्रति समाज के लोगों की कुंठित मानसिकता उन्हें सच्चाई से दूर रखती है। हर किसी की आँखों पर किन्नरों के प्रति दुराभाव का पर्दा पड़ा है। इससे उन्हें लगता है कि किन्नर आम स्त्री व पुरुष से भिन्न कोई अजूबा हैं। वह किसी दूसरे दूसरे लोक से पृथ्वी पर आए हैं। जबकि

सच्चाई यह नहीं है। आम स्त्री व पुरुष की भाँति किन्नर भी किसी माँ के गर्भ से जन्म लेते हैं। किन्नर के जन्म, मृत्यु व अन्तिम संस्कार की प्रक्रिया आम इनसानों की तरह ही है। किन्नरों की शवयात्रा निकालने व उनका अन्तिम संस्कार करने की प्रक्रिया कोई अजूबा नहीं है। न उसकी कोई विशेष परम्परा है। आम इनसानों की तरह किन्नरों की शवयात्रा दिन में निकलती है। मृतक किन्नर का अन्तिम संस्कार उसकी धार्मिक परम्पराओं के अनुसार किया जाता है। लेकिन, सारी प्रक्रिया में कोई किन्नर शामिल नहीं होता। किन्नर न शवयात्रा में शामिल होते हैं, न ही अन्तिम संस्कार के क्रियाकर्म में उपस्थित होते हैं। इससे लोगों को पता नहीं चलता कि मृतक किन्नर है।'

किन्नरों के शवयात्रा में शामिल न होने का प्रमुख कारण सामाजिक उत्पीड़न बताया जाता है। किन्नरों के प्रति यह उत्पीड़न सदियों से चला आ रहा है। भारत मुगलों व अंग्रेजों की सैकड़ों साल की गुलामी की जंजीर से मुक्त होकर आजाद हो गया। राजशाही व तानाशाही परम्परा का खात्मा करके लोकतन्त्र की स्थापना हो गई। हर व्यक्ति को उसका अधिकार व सम्मान दिलाने के लिए संविधान बना। लेकिन, किन्नरों की दशा में अपेक्षा के अनुरूप सुधार नहीं हुआ। वह लोकलाज व उत्पीड़न के भय से आज भी सदियों पुरानी परम्परा का पालन करने को मजबूर हैं। किन्नरों की व्यथा व आत्मग्लानि की अनुभूति कराते हुए महन्त कामिनी कहती हैं कि, 'सात-आठ शताब्दी पहले समाज के लोग किन्नरों को अभिशाप के रूप में देखते थे। वह उनसे खुद को दूर रखते थे। श्मशान घाटों व कब्रिस्तानों में किन्नरों के अन्तिम संस्कार करने तथा दफनाने में पाबन्दी थी। जब किन्नर अपने परिवार के सदस्य की मृत्यु होने पर उसका अन्तिम संस्कार कराने जाते थे तो उन्हें अपशब्द कहकर श्मशान घाट व कब्रिस्तान से भगा दिया जाता था। अगर किन्नर अन्तिम संस्कार कराने की मिन्नत करते तो उन्हें मारा-पीटा जाता था। इसके चलते किसी सुदूर स्थान को चुनकर वहाँ गड्ढा खोदकर मृतक किन्नर का पार्थिव शरीर दफनाया जाता था। जबकि जिन शहरों व गाँव में नदी होती थी उसमें पार्थिव शरीर को गुपचुप तरीके से प्रवाहित किया जाता था। इस क्रिया-कर्म में चन्द किन्नर ही शामिल होते थे। फिर उत्पीड़न के भय से किन्नरों ने अन्तिम संस्कार में शामिल होना छोड़ दिया। किन्नर अपने सामाजिक जीवन में समाज के कुछ लोगों से आत्मीय रिश्ते बनाकर चलते हैं। किन्नरों की टोली में गाने-बजानेवाले पुरुषों से उनके परिवार का अभिन्न अंग बन जाते हैं। इनके अलावा मेल-मिलाप बढ़ने पर समाज में कुछ लोगों से किन्नरों के आत्मीय सम्बन्ध बन जाते हैं। कोई उनका भाई बनता है और कोई बेटा। किन्नरों का उनका जुड़ाव दिखावा नहीं, बल्कि आत्मीय

होता है। यही लोग किन्नरों के हर सुख व दुःख में पूरे समर्पण से शामिल होते हैं। जब किसी किन्नर की मृत्यु होती है तब यही लोग उनकी शवयात्रा निकालते हैं। शवयात्रा दिन में पूरी परम्परा के अनुसार निकाली जाती है। शव यात्रा में किन्नरों की जगह आम लोग शामिल होते हैं। यही लोग पूरे रस्म-रिवाज से मृतक किन्नर का अन्तिम संस्कार करते हैं। हिन्दू किन्नर होता है, तो श्मशान घाट पर उन्हें जलाया जाता है या समाधि दी जाती है। जबकि मुस्लिम किन्नरों को कब्रिस्तान में दफनाया जाता है। वहाँ किन्नरों की मौजूदगी न होने के कारण कोई यह नहीं जान पाता कि मृतक किन्नर है। किन्नर भी अपने साथी या गुरु की मृत्यु के बारे में किसी बाहरी व्यक्ति से चर्चा नहीं करते। न ही सार्वजनिक रूप से अपना दुःख प्रकट करते हैं। इससे किन्नर की मृत्यु के बारे में आम लोगों को जानकारी नहीं मिल पाती।'

शव को जूतों से नहीं पीटते— समाज में भ्रान्ति है कि किसी किन्नर की मृत्यु होने पर उसके शव को जूते-चप्पलों से पीटा जाता है। मृतक किन्नर के गुरु, शिष्य व साथी बारी-बारी से पार्थिव शरीर पर जूते-चप्पल मारते हैं। सभी शोक के बजाए खुशी मनाते हैं। इसके जरिए किन्नर दर्शाते हैं कि मरनेवाले को नर्क पूर्ण जीवन से मुक्ति मिल गई। वह दोबारा किन्नर के रूप में जन्म न ले, उसके लिए शव को जूते-चप्पलों से पीटा जाता है। यह भ्रान्ति समाज में सदियों से कायम है। जबकि सच्चाई से इसका कोई लेना-देना नहीं है। यह बात पूरी तरह से असत्य है। मृत्यु के बाद किसी किन्नर के शव को कोई जूते, चप्पलों से नहीं पीटता। न ही किन्नर की मृत्यु पर उनके साथी, गुरु अथवा शिष्य खुशी मनाते हैं। जैसे आम इनसान के घर किसी की मृत्यु होने पर विलाप करके शोक मनाया जाता है। वैसे ही किन्नर की मृत्यु होने पर उसके घराने के समस्त सदस्य शोक में डूब जाते हैं। मृतक किन्नर के गुरु, शिष्य व साथी विलाप करके दुःख प्रकट करते हैं। पार्थिव शरीर को सफेद चद्दर से ढककर उसके पास अगरबत्ती जलाई जाती है। किन्नर की मृत्यु पर दुःख प्रकट करने के लिए दूसरे घराने के उसके साथी एकत्र होते हैं। सभी विलाप करके दुःख प्रकट करते हैं। साथ ही सम्मान के साथ अन्तिम संस्कार की प्रक्रिया निभाई जाती है। मृतक किन्नर हिन्दू होता है तो 13 दिन में उसकी तेरहवीं की जाती है, जिसमें किन्नरों को बुलाकर भोज दिया जाता है। इसी प्रकार मुस्लिम किन्नर की मृत्यु पर 40वाँ मनाया जाता है। सारी परम्पराएँ दोनों धर्म के अनुरूप वैसे ही निभाई जाती है जैसे आम इनसान निभाता है। आम इनसान की मृत्यु पर दाग देने व सफेद कपड़ा धारण करके एक स्थान पर बैठने की जो परम्परा उनके पिता, भाई, पुत्र, पौत्र निभाते हैं, वही समस्त परम्परा मृतक किन्नर का शिष्य निभाता है। वह खुद को एक कमरे में बन्द कर लेता है। सफेद वस्त्र धारण करके गुरु के नाम

पर धार्मिक परम्परा के अनुसार 13 दिन तक दीपक जलाता है। जमीन पर लेटना, एक समय फलाहार करना व गुरु के नाम पर जप करना उसकी दिनचर्या होती है। फिर सारी परम्परा विधि-विधान से पूर्ण होने के बाद शिष्य कमरे से बाहर निकलता है। इसके बाद विधि-विधान से तेरहवीं की जाती है, उसमें अन्य घराने के किन्नर भी शामिल होते हैं। हिन्दू किन्नर की मृत्यु के सालभर पूरा होने पर बरखी की जाती है, उसे 'रोटी' कहते हैं। इसके साथ मृतक के नाम पर उनका शिष्य अथवा घराने का सदस्य किसी मन्दिर में घंटा व पूजन की सामग्री दान करके गरीबों को भोजन करवाते हैं। इसी प्रकार मुस्लिम किन्नर का शिष्य 40 दिन तक कुरान का पाठ व फातिहा करवाकर गुरु की आत्मा की शान्ति के लिए प्रार्थना करवाता है। साथ ही मस्जिद में दान करते हैं। अगर किसी किन्नर का शिष्य नहीं होता और उसकी मृत्यु हो जाती है। तब सारा क्रिया-कर्म पूरी परम्परा से उनके गुरु या साथी करते हैं। परन्तु, किसी किन्नर की मृत्यु पर कोई खुशी नहीं मनाता, ना ही उसकी सम्पत्ति पाने के लिए आपस में लड़ते हैं। किन्नरों का गम उनकी हृदय की गहराई में समाहित होता है, जिसे वह खुलकर व्यक्त नहीं करते। इसी कारण आम लोगों ने किन्नरों के गम को भी उनकी खुशी से जोड़ दिया। किन्नरों का दर्द महसूस करके वास्तविकता जानने के बजाए तरह-तरह की कहानियाँ गढ़ लीं। यही कहानियाँ सदियों से समाज में भ्रान्ति फैला रही हैं। लेकिन, किन्नरों ने भी उस पर आपत्ति दर्ज कराना मुनासिब नहीं समझा। उन्होंने समाज को उसी के बुने ताना-बाना में उलझाए रखना उचित समझा।

पोसा देकर मनाते हैं शोक—किन्नर अखाड़ा की महामंडलेश्वर कल्याणीनन्द गिरि 'छोटी गुरु' बताती हैं कि किन्नर समाज में गम भी आत्मीयता से मनाते हैं। गम में किसी प्रकार का दिखावा नहीं होता। गुरु अथवा किसी साथी किन्नर की मृत्यु होने पर किन्नर छाती पीटकर रोते हैं। प्राचीन परम्परा है कि जब किसी किन्नर की मृत्यु होती है तो अलग-अलग घराने के किन्नर पोसा देने जाते हैं। इसमें गुजरात के काला और पंजाब के किन्नर सफेद कपड़ा पहनकर गम मनाते हैं। जबकि अन्य राज्य के किन्नर अपने क्षेत्रीय पहनावे के अनुरूप कपड़ा पहनकर पोसा में शामिल होते हैं। किन्नरों में आपस में रिश्तेदारी होती है। अगर किसी किन्नर का रिश्तेदार दूसरे प्रदेश में रहता है तो पोसा में वो भी शामिल होता है। पोसा किन्नर की मृत्यु के सवा महीने के अन्दर किया जाता है। इसमें सभी किन्नर सिर ढककर छाती पीटकर रोते हैं। कोई अपना चेहरा नहीं दिखाता। रोते समय मृतक किन्नर के अलावा उसके गुरु, दादागुरु, परदादा गुरु सहित कई पीढ़ियों का नाम लेकर रोते हैं।

बुध ग्रह से जुड़ी मान्यताएँ

लैंगिक विकृति किन्नर को आम स्त्री व पुरुष से भिन्न करती है। यही विकृति उनकी पवित्रता का प्रतीक है। इसी कारण किन्नर जन्मजात श्रेष्ठ माने गए हैं। अगर सुबह किसी किन्नर का दर्शन हो जाए तो उस दिन सम्बन्धित व्यक्ति को कोई-न-कोई उपलब्धि जरूर मिलती है। किन्नर का किसी के घर में आगमन अत्यन्त कल्याणकारी होता है। इसी कारण किन्नरों का एक नाम मंगलामुखी यानी सबका मंगल या शुभ करनेवाला भी है। जबकि हिजड़ा का शाब्दिक अर्थ जिसका हृदय हीरे से जड़ा हो। ऐसा व्यक्ति किसी का अहित करना तो दूर गलत भाव भी मन में नहीं रखता। किन्नर हर व्यक्ति के कल्याण की कामना करते हैं। अगर किसी के विवाह या कोई अन्य शुभ अवसर में किन्नर अपना आशीर्वाद देने के लिए आएं तो समझिए उनका जीवन सफल हो गया। किन्नर के आशीर्वाद को साक्षात देवता के आशीर्वाद के रूप में माना जाता है। अक्सर देखा जाता है कि शुभ अवसर पर किन्नरों की टोली लोगों के घरों में आकर गाना-बजाना करके पैसा माँगती है। बच्चे के जन्म लेने पर, विवाह समारोह, दुल्हन के घर में आने पर किन्नर बधाई देने जाते हैं। अपनी क्षमता के अनुसार हर कोई किन्नरों को पैसा व उपहार देकर प्रसन्न करने का प्रयास करते हैं। कोई नहीं चाहता कि किन्नर उनके घर से नाराज या निराश होकर लौटें, क्योंकि किन्नर का अपमान करना अशुभ होता है। जबकि जिसके घर से किन्नर खुश होकर निकलते हैं उसे किसी न किसी रूप में शुभ फल प्राप्त होता है। किन्नरों के प्रति यह मान्यता सदियों से चली आ रही है, जिसमें काफी हद तक सच्चाई है। इसका प्रभाव हम अपने आस-पास आसानी से देख सकते हैं। धार्मिक व ज्योतिषीय रूप से देखा जाए तो किन्नर बुध-ग्रह के प्रतीक माने जाते हैं।

पराशर ज्योतिष संस्थान प्रयागराज के निदेशक आचार्य विद्याकान्त पांडेय बताते हैं कि नवग्रहों में बुध एक ऐसा ग्रह है जिसे प्राण वायु और प्रकृति की संज्ञा प्राप्त है। बुध ही जीवन और लिंग भेद में अन्तर का कारक ग्रह है। बुध ग्रह नपुंसक माना जाता है। किन्नर भी नपुंसक होते हैं। यही कारण है कि किन्नर को बुध ग्रह के प्रतीक का माना जाता हैं। इसी कारण किन्नरों को बुधवार के दिन दान देने की

परम्परा है। इससे बुध ग्रह का नकारात्मक प्रभाव खत्म हो जाता है। जो व्यक्ति सच्चे भाव से बुधवार के दिन किन्नर को दान देता है और किन्नर उसे मन से स्वीकार कर लेते हैं तो उसके सारे कष्ट जल्द दूर हो जाते हैं।

किन्नरों में नकारात्मक ऊर्जा को निष्क्रिय करने की शक्ति ईश्वर ने प्रदान की हुई है। गरुड़ पुराण के अनुसार किन्नर को सूतक नहीं लगता, क्योंकि वे उपदेवता की श्रेणी में आते हैं। किन्नर किसी को सच्चे मन से आशीर्वाद देते हैं तो वह कभी व्यर्थ नहीं जाता। माना जाता है कि अगर किसी व्यक्ति का बुध ग्रह खराब है, उसे आर्थिक, मानसिक व शारीरिक कष्टों का सामना करना पड़ रहा है, तो ऐसे लोगों को किन्नरों की पूजा करके उन्हें दान देना चाहिए। किन्नर को दान करने से व्यक्ति के बुध ग्रह से जुड़े सारे कष्ट दूर हो जाते हैं।

प्रभु श्रीराम से मिला था आशीर्वाद

त्रेतायुग में भगवान श्रीराम अयोध्या छोड़कर जब 14 वर्ष का वनवास काटने के लिए राजमहल से निकले, तब उनके पीछे-पीछे राज्य की प्रजा व किन्नर समुदाय के लोग भी चलने लगे। तमसा नदी के तट पर पहुँचने पर श्रीराम ने सारे नर-नारियों से अयोध्या वापस लौटने का आग्रह किया। श्रीराम के आग्रह पर सभी नर-नारी वापस लौट गए, लेकिन किन्नर तमसा नदी के तट पर 14 वर्ष तक रुके रहे। लंका पर विजय प्राप्त करके माता सीता को लेकर जब श्रीराम वापस अयोध्या लौट रहे थे तब उन्होंने किन्नरों को उसी स्थान पर देखा। किन्नरों को देखकर श्रीराम को आश्चर्य हुआ। वह किन्नरों के पास आए और पूछा, आप लोग यहाँ से वापस क्यों नहीं गए? तब किन्नरों ने श्रीराम को प्रणाम करके कहा कि आपने नर व नारियों को वापस जाने के लिए बोला था। हम न नर हैं, न ही नारी। हम तो किन्नर हैं, ऐसे में बिना आपकी आज्ञा के कैसे लौटते? किन्नरों के इस भक्तिभाव से प्रभु श्रीराम काफी प्रसन्न हुए। उन्होंने किन्नरों को वरदान दिया कि उनका आशीर्वाद सदैव फलित होगा। किन्नर हमेशा स्त्री व पुरुष से श्रेष्ठ होंगे। वह मन से जिसे आशीर्वाद देंगे उसके कार्य जरूरत फलित होंगे। अपनी इस खूबी के कारण किन्नर सबके लिए पूज्यनीय व सम्माननीय रहेंगे। तब से किन्नर बच्चे के जन्म, विवाह सहित अन्य शुभ अवसरों पर आम लोगों का कष्ट दूर करने के लिए अपना आशीर्वाद प्रदान करते हैं। यही कारण है कि किन्नरों की दुआ अकाट्य मानी जाती है। यदि किन्नर किसी के ऊपर अपनी दुआ की बरसात कर दें, तो वह व्यक्ति सफलता की डगर सहज ही प्राप्त कर लेता है। अगर किसी को सन्तान नहीं है और किन्नर मन से उसके लिए दुआ कर दें तो उसे सन्तान की प्राप्ति हो जाती है। किसी

की नौकरी या व्यावसाय में समस्या है उसके लिए किन्नर दिल से मन्नत कर दें, तो हर दिक्कत का त्वरित निस्तारण हो जाता है। साथ ही व्यक्ति सफलता के पथ पर तेजी से आगे बढ़ता है।

किन्नर को दान करने से होनेवाले लाभ

-यदि खूब मेहनत करने के बाद भी धन की उचित प्राप्ति नहीं हो रही है, तब बुधवार को किन्नर के हाथ में सुपाड़ी के ऊपर सिक्का रखकर दान करना चाहिए। इससे धन के आगमन में आ रही बाधा दूर हो जाती है। घर में सुख-समृद्धि की प्राप्ति होती है।

-अगर किसी लड़का या लड़की का विवाह नहीं हो रहा है तो उन्हें भी किन्नर का आशीर्वाद फलदाई हो सकता है। मान्यता है कि, किन्नर को विवाह में प्रयोग होनेवाली सामग्री देने से सम्बन्धित लड़का या लड़की की शादी जल्दी हो जाती है। ऐसे लोगों का वैवाहिक जीवन सुखपूर्वक व्यतीत होता है।

-माना जाता है कि अगर शादी के बाद किसी के जीवन में दिक्कत आ रही है, तब उसमें भी किन्नर की दुआ काम आती है। ऐसे में किन्नर को सुहाग की सामग्री दान करना चाहिए, क्योंकि किन्नर को श्रृंगार का बहुत शौक होता है वह उसे पाकर प्रसन्न हो जाते हैं। साथ ही बुधवार को हरे कपड़े में मेंहदी का दान करना कल्याणकारी माना गया है।

-यदि किसी महिला को विवाह के बाद बच्चा नहीं हो रहा है, तो उसे किन्नर का आशीर्वाद लेना चाहिए। मान्यता है कि अगर बुधवार को किन्नर ऐसी महिला की गोदभराई कर दें, तो उसे बच्चे की प्राप्ति हो जाती है।

-पढ़ाई करने के बाद अगर किसी को नौकरी नहीं मिल रही है और वह आर्थिक संकट से जूझ रहा हो, तो ऐसे लोगों को किन्नर की शरण लेनी चाहिए। किन्नर उनके लिए पूजा-दुआ करके उनकी समस्या का निस्तारण कर सकते हैं।

नहीं लेना चाहिए शाप

किन्नर को क्रोध दिलाकर उनका शाप नहीं लेना चाहिए। अगर किन्नर दिल से किसी को शाप देते हैं, तो उस व्यक्ति का अहित हो सकता है। उसे दैहिक-दैविक व भौतिक कष्टों का सामना करना पड़ता है। आचार्य विद्याकान्त पांडेय के अनुसार धार्मिक मान्यता है कि किन्नर का अपमान करने व मजाक उड़ानेवाले को अगले जन्म में किन्नर बनना पड़ता है। यही कारण है कि बड़े-बुजुर्ग कहते हैं कि किन्नर को खुश ना कर सकें, तो उनका अपमान भी नहीं करना चाहिए। वैसे किन्नर बिना किसी कारण के किसी को शाप नहीं देते हैं। वह हर किसी पर अपनी दुआ व

आशीर्वाद ही बरसाते हैं। जब कोई बहुत कष्ट देता है, तभी वह उसके लिए गलत भाव व विचार मन में लाते हैं, अन्यथा सबका हित ही सोचते हैं।

प्राचीन है जोगता परम्परा

किन्नर समाज में जोगता परम्परा काफी प्रचलित है। महाराष्ट्र व दक्षिण भारत के बहुत से किन्नर जोगता परम्परा से जुड़े हैं। इस परम्परा से सिर्फ हिन्दू किन्नर ही जुड़ते हैं। जो किन्नर हिन्दू के घर जन्म लेता है उसे जोगता परम्परा में शामिल किया जाता है। इस परम्परा के किन्नर भगवान परशुराम की माँ रेणुका की आराधना करते हैं और भजन-पूजन एवं साधना में अपना समय व्यतीत करते हैं। माथे पर टीका लगाने के साथ गले में पाँच मोतियों की माला धारण करना इनकी पहचान होती है। जोगता-परम्परा से जुड़ने से पहले किन्नर का विधिवत शुद्धिकरण किया जाता है। जब कोई किन्नर खुद को जोगता परम्परा में शामिल करने की इच्छा व्यक्त करता है, तब उसे एक दिन व्रत रखवाया जाता है। अगर उम्र कम है तो व्रत नहीं रखवाते। लेकिन, दिन में एक बार सात्त्विक भोजन अथवा फल खाने के लिए देते हैं। सम्बन्धित किन्नर के शरीर से वस्त्र उतारकर उसे नीम की पत्तियाँ पहनाई जाती है। एक दिन बाद पत्ती हटाकर उसके शरीर में हल्दी व चन्दन का लेप लगाया जाता है। फिर स्नान कराने के बाद नए वस्त्र धारण कराए जाते हैं। जैसे महिलाओं की गोदभराई होती है, ठीक उसी तरह जोगता परम्परा में किन्नरों को दीक्षा देने से पहले उनका 'ओटी भरन' करते हैं। इसमें एक टोकरी में मीठी रोटी व पाँच प्रकार की सब्जियाँ बनाकर किन्नर को देकर आरती उतारी जाती है। इस अवसर पर समाज के सारे किन्नर मौजूद रहते हैं। फिर किन्नर को पाँच मोतियों की माला पहनाकर शाल या चद्दर ओढ़ाते हैं। किन्नर का गुरु चद्दर के अन्दर जाकर दूध पिलाते हैं। दूध पिलाने के बाद गुरु कान में मन्त्र देते हैं, जिसे गुरु-मन्त्र कहा जाता है। उस गुरु-मन्त्र का किन्नर जीवनभर पालन करता है। इसके बाद वह विधिवत जोगता परम्परा में शामिल हो जाता है। जोगता परम्परा के किन्नर मांस-मदिरा का सेवन नहीं करते। अगर किसी के घर मृत्यु हो जाती है या बच्चे का जन्म होता है तो किन्नर उसे सूदक मानते हैं। ऐसे घर में वह शुद्धि होने तक कुछ नहीं खाते-पीते न उनके हाथ से कोई दान लेते हैं।

जोगता परम्परा का उत्थान करने व पहचान दिलाने में किन्नर अखाड़ा की महाराष्ट्र की महामंडलेश्वर पायलनन्द गिरि का अहम योगदान है। पायलनन्द गिरि ने 10 वर्ष की आयु में जोगता परम्परा को ग्रहण करने के बाद अपने जीवन को उसके प्रचार-प्रसार में समर्पित कर दिया। इनके प्रयास से हिन्दू किन्नर मुस्लिम

घराने में जाने के बजाए अपनी परम्परा से जुड़ रहे हैं। इससे जोगता परम्परा का परिवार निरन्तर बढ़ता गया। पायलनन्द गिरि के प्रयास से महाराष्ट्र, दक्षिण व उत्तर भारत के अनेक जिलों में रेणुका माता के मन्दिर बनाए गए हैं। वहाँ रहकर किन्नर भजन-पूजन में लीन रहते हैं। वह कहती हैं कि, 'जन्म के बाद से किन्नरों को उपेक्षा का दंश झेलना पड़ता है। उपेक्षा की शुरुआत उनके घर से होती है। घर से बाहर निकलने पर किन्नरों का जीवन नर्क के समान हो जाता है। कुछ किन्नर राह भटककर गलत रास्ते पर चलने लगते हैं। हम ऐसे किन्नरों का सहारा बनने का प्रयास कर रहे हैं। गलत मार्ग अपनाने के बजाए सभी अपने हिन्दू धर्म व संस्कृति से जुड़कर जीवनयापन करें उसके लिए किन्नर अखाड़ा पूरे समर्पण से काम कर रहा है। हमारे प्रयास से स्थिति लगातार बदल रही है। भविष्य में राह और सुगम होगी। ऐसा हमें विश्वास है, रही बात जोगता परम्परा की तो यह एक सात्त्विक जीवनशैली है। जो हमें अपने संस्कृति व धर्म से जोड़ती है। इस परम्परा से जुड़नेवाले व्यक्ति का जीवन सार्थक हो जाता है। लेकिन, समाज के अधिकतर लोग अभी उसका मर्म नहीं जानते। हम लोगों को उसी मर्म की सार्थकता की अनुभूति कराने का प्रयास कर रहे हैं।'

जनकल्याण के लिए प्रयागराज में संगम तट पर शिष्यों के साथ तान्त्रिक अनुष्ठान करतीं किन्नर अखाड़ा की महामंडलेश्वर भवानी माँ

किन्नर संन्यासियों को जूना अखाड़ा से सम्बद्ध करने के बाद मौजगिरि यमुना घाट प्रयागराज में पूजन कराते महन्त हरिगिरि, जगद्गुरु पंचानन गिरि

जूना अखाड़ा के आचार्य महामंडलेश्वर अवधेशानन्द गिरि का
आशीर्वाद लेते किन्नर संन्यासी

कुम्भ मेला 2019 में शाही स्नान करते किन्नर संन्यासियों को
कैमरे में कैद करते मीडियाकर्मी

प्रख्यात कथावाचक मोरारी बापू का आशीर्वाद लेती भवानी माँ

पहली किन्नर कथावाचक महामंडलेश्वर हिमांगी सखी

सार्वजनिक कार्यक्रम में शिरकत करतीं किन्नर आखाड़ा की आचार्य महामंडलेश्वर लक्ष्मीनारायण त्रिपाठी, महामंडलेश्वर कौशल्यानन्द गिरि

धूम आरती करतीं महामंडलेश्वर कौशल्यानन्द गिरि

शिक्षाविद अमिता मिश्रा व राजीव मिश्र को स्नेह करतीं लक्ष्मीनारायण त्रिपाठी

किन्नर संन्यासियों को मान्यता देनेवाले मंडल बजरंग मुनि का अभिनन्दन करते सन्त

शिष्यों के साथ किन्नर अखाड़ा की महामंडलेश्वर कल्याणीनन्द गिरि 'छोटी गुरु'

शाही स्नान के लिए जाते किन्नर संन्यासियों का आशीर्वाद लेती महिला श्रद्धालू

शिक्षाधिकारी ज्योति शुक्ला (दायें) के साथ धार्मिक चर्चा करतीं लक्ष्मीनारायण त्रिपाठी

वैवाहिक समारोह में वधू अंजना को आशीर्वाद देतीं लक्ष्मीनारायण त्रिपाठी

किन्नर अखाड़ा की आचार्य महामंडलेश्वर लक्ष्मीनारायण त्रिपाठी के साथ
इस किताब के लेखक शरद द्विवेदी व अन्य लोग

महामंडालेश्वर कल्याणी नन्द गिरि के साथ विमला देवी, धीरज, सात्विक, पार्थ व अन्य

जूना अखाड़ा के राम जानकी मंदिर में कीर्तन करते किन्नर संन्यासी, महंत हरि गिरि, सिद्धनाथ द्विवेदी व अन्य

किन्नर बनाने का अपराधिक कृत्य

सदियों से किन्नर समाज अपनी जीवन-लीला चलाने के लिए विभिन्न माँगलिक अवसरों पर नाच-गाकर, लटके-झटके दिखाकर पैसा व अनाज माँगता आ रहा है। किन्नर इसी से अपने साजो-समान, रहने के लिए स्थान से लेकर भोजन तक का इन्तजाम करते हैं। किन्नरों का यह दैनिक कृत्य है, जो उनके जीवन का अहम हिस्सा है। समाज के लोग भी किन्नरों के नृत्य व गायनवाले कृत्य से भली-भाँति परिचित है। सरल शब्दों में कहा जाए तो किन्नरों की स्वीकार्यता उनके नृत्य व गायन के कारण बनी है। समाज का कोई वर्ग इसे गल्त नहीं मानता। बल्कि किन्नरों के नृत्य व गायन को नेक कार्य मानते हुए सभी यथासम्भव मदद भी देते हैं। सबको पता है कि किन्नरों के पास रोजगार का कोई दूसरा माध्यम नहीं है। वह इन्हीं कृत्यों के जरिए स्वयं का जीवनयापन करते हैं, लोगों को दिक्कत सिर्फ किन्नरों की बढ़ती संख्या से है। इधर, समाज में कुछ तत्व किन्नरों की तरह बनकर सड़कों के किनारे, बस अड्डे, रेलवे स्टेशनों सहित अनेक क्षेत्रों में घूमते नजर आते हैं। पुरुष होते हुए भी वे किन्नरों का वेश धारण करके लोगों को धोखा दे रहे हैं। पुरुष होते हुए जो किन्नर बनता है उसे 'अबुआ' कहा जाता है। पुरुष होने के बावजूद धन के लोभ में वह किन्नर होने का स्वाँग रचते हैं। इसमें नीलिमा, मनसा, हंसा और छिबरा वर्ग के किन्नर आते हैं।

भारत में लगभग 15 लाख किन्नर हैं। इसमें आधे से अधिक यानी 9-10 लाख के लगभग नकली अर्थात अबुआ किन्नर हैं। ऐसे लोगों पर रोक लगाने के लिए शासन-प्रशासन की ओर से कोई कारगर कदम नहीं उठाया जाता, जिसके कारण नकली किन्नरों की संख्या निरन्तर बढ़ रही है। नकली किन्नरों की संख्या बढ़ने से असली किन्नरों को आर्थिक व सामाजिक दिक्कतों का सामना करना पड़ रहा है। वहीं, अबुआ किन्नर धन के लोभ में इतने अन्धे हो गए हैं कि लोगों को डरा-धमकाकर उनकी जेब से पैसा निकाल लेते हैं। पैसा न मिलने पर अभद्रता करते हैं। इस कृत्य से किन्नरों के प्रति आम लोगों की धारणा बदल रही है। किन्नरों को लेकर हर किसी के मन में सम्मान व संवेदना का भाव कम हो रहा है।

आज पुरुष रूपी किन्नरों की संख्या समाज में बढ़ रही है। ऐसे लोग ऑपरेशन करवाकर अपना लिंग कटवाकर, नकली स्तन लगाकर खुद को किन्नर बना लेते हैं। इसके बाद वे किसी न किसी ग्रुप में शामिल होकर माँगने का काम करने लगते हैं। दिल्ली से सटे गाजियाबाद, नोएडा, गुरुग्राम, मुम्बई, कोलकाता इत्यादि शहरों में जबरदस्ती किन्नर बनाने के आपराधिक मामले अक्सर सामने आते हैं। कुछ लोग स्वेच्छा से अपनी बेरोजगारी खत्म करने के लिए लिंग कटवाकर किन्नर बनते हैं, जबकि आपराधिक किस्म के लोग गरीब, असहाय लड़कों का जबरन लिंग कटवाकर उन्हें किन्नर बनाकर पैसा माँगने पर विवश करते हैं। इससे नकली किन्नरों का बड़ा आपराधिक गिरोह समाज में सक्रिय हो रहा है। बचपन में बच्चों का अपहरण करके उन्हें नशे व बेहोशी का इंजेक्शन देकर उनके जनन अंगों को मिटाने की प्रक्रिया शुरू कर दी जाती है। बड़ा होने पर उनसे किन्नर के रूप में पैसा मँगवाया जाता है। धन कमाने की प्रतिस्पर्धा से असली किन्नरों की हत्या करने, नशीली दवाइयों की बिक्री, बच्चों का अपहरण जैसे जघन्य अपराधों को बढ़ावा मिल रहा है। यह समाज के लिए बड़ी समस्या है। लेकिन, इसे रोकने के लिए प्रशासन के पास कोई रोडमैप नहीं है। न ही वह कोई उचित कदम उठा रहा है। इस आपराधिक कृत्य का असली किन्नरों ने कई बार विरोध का स्वर मुखर किया। लेकिन, उसका कोई परिणाम नहीं निकला। कुछ लोगों का मानना है कि असली-नकली किन्नरों की पहचान करने के लिए परिचय-पत्र जारी होना चाहिए। परिचय पत्र बनवाने के लिए किन्नरों को चिकित्सा टेस्ट से होकर गुजरना पड़ेगा। चिकित्सकीय जाँच से पता चलेगा कि असली और नकली किन्नर कौन है? इसके लिए उसके जननांगों की जाँच की जाएगी। उसी से पता चलेगा कि जन्मजात किन्नर कौन है? और बाद में कौन बना है? इससे आसानी से असली व नकली किन्नर का पता चल जाएगा। अगर ऐसा न किया गया, तो आगे चलकर असली किन्नरों का गुजर-बसर मुश्किल हो जाएगा। साथ ही समाज में अराजकता बढ़ती जाएगी, जिस पर शासन को ध्यान देने की जरूरत है।

कोर्ट ने स्वीकारा तृतीय लिंग का अस्तित्व

इनसानियत की रक्षा, आपसी प्रेम व भाईचारा की रक्षा की आवाज हर कोने से उठती है। ऐसी आवाज आज से नहीं, बल्कि सदियों से उठ रही है। लेकिन, सारी बातें विशेष मंच की शोभा बनकर खत्म हो जाती है। अधिकतर व्यक्ति संवेदनाओं के शब्दों को स्वयं के जीवन में आत्मसात नहीं करते। वह इनसानियत की रक्षा की बात करते हैं। लेकिन, भूल जाते हैं कि किन्नर भी इनसान हैं। यही फर्क सदियों से किन्नरों को उपेक्षा, अनादर, अत्याचार झेलने को मजबूर कर रहा है। जिन किन्नरों को कभी 'उपदेवताओं' का सम्मान प्राप्त था। इनसान उन्हें साधारण मनुष्य मानने को तैयार नहीं है। समाज के किसी क्षेत्र में किन्नरों को न रोजगार का अवसर दिया जाता है, न उचित सम्मान। किन्नरों की इस दर्द व व्यथा को भारत की सुप्रीम कोर्ट ने महसूस किया। किन्नरों की दशा सुधारने के लिए सुप्रीम कोर्ट ने उनका अलग अस्तित्व स्वीकारा। सुप्रीम कोर्ट ने 2014 में नालसा जजमेंट के अन्तर्गत किन्नरों को पुरुष और महिला के बाद 'थर्ड जेंडर' के रूप में मान्यता दी। कोर्ट ने किन्नरों के साथ होनेवाले शिक्षा, चिकित्सा, रोजगार व सामाजिक क्षेत्र में भेदभाव खत्म करते हुए उन्हें सामाजिक सम्मान देने का आदेश दिया। सुप्रीम कोर्ट के निर्णय के बाद किन्नरों के अन्धकार भरे जीवन में आशा की लौ जल गई। इससे उनका भविष्य उज्ज्वल होने की उम्मीद प्रबल है। इसके पीछे सामाजिक कार्यकर्त्ता व मौजूदा समय किन्नर अखाड़ा की आचार्य महामंडलेश्वर लक्ष्मीनारायण त्रिपाठी का कड़ा संघर्ष व अपने समाज के प्रति कुछ कर गुजरने का जज्बा प्रमुख आधार है। सुप्रीम कोर्ट में लक्ष्मीनारायण इंटरविनर बनीं। वरिष्ठ अधिवक्ता गौरव सावन्त ने उनकी बातों को मजबूती से कोर्ट के समक्ष रखा। जबकि प्रेटिशनर जैनब व गौरी सावन्त ने किन्नरों की व्यथा को कोर्ट के समक्ष प्रस्तुत करने में अहम भूमिका निभाई थी। सारे तथ्यों पर विचार करते हुए कोर्ट ने किन्नरों को समस्त अधिकार देने का आदेश दिया। किन्नरों को सरकारी व गैर सरकारी शैक्षणिक संस्थाओं में बिना भेदभाव के पढ़ाई करने, सरकारी व प्राइवेट संस्थानों में नौकरी व पदोन्नति देने का निर्देश दिया गया। किन्नरों को सरकारी अस्पतालों में विशेष चिकित्सकीय सुविधा

देने की बात भी कही गई। इसके लिए सरकारी अस्पतालों में एचआइवी टेस्ट सेंटर खोलने, सेक्स रिअसाइनमेंट सर्जरी की सुविधा देने व मेडिकल इंश्योरेंस का प्रावधान किया गया। किन्नरों को परिवार के साथ अपने घर में रहने का अधिकार मिला। वे खुद अपने नाम से सम्पत्ति खरीद सकते हैं। इसके अलावा उन्हें पब्लिक व प्राइवेट आफिस खोलने, आन्दोलन करने का अधिकार भी दिया गया।

इलाहाबाद हाईकोर्ट की वरिष्ठ अधिवक्ता व आदर्श अधिवक्ता संघ की वरिष्ठ उपाध्यक्ष पूजा मिश्रा कहती हैं कि, 'सुप्रीम कोर्ट ने अपने फैसले में कहा है कि ट्रांसजेंडर समुदाय के अधिकारों के लिए सरकार कानून बनाकर उसे जमीनी स्तर पर लागू करे, जिससे किन्नरों के जीवन स्तर में सुधार आ सके। इसके बाद केन्द्र सरकार ने ट्रांसजेंडर व्यक्ति अधिकार संरक्षण बिल का पहला ड्राफ्ट वर्ष 2014 में तैयार करवाया। लेकिन, उस ड्राफ्ट से किन्नर समुदाय सन्तुष्ट नहीं हुआ। ड्राफ्ट में किन्नरों की ओर से कई कमियों की ओर ध्यान आकर्षित कराया गया। कमियाँ दूर करने के लिए किन्नर समाज के लोगों ने सरकार से कई चरणों में वार्ता किया। इसके बाद 27 संशोधनों के बाद ट्रांसजेंडर अधिकार संरक्षण विधेयक 2018 संसद में पेश किया गया। अधिवक्ता पूजा आगे कहती हैं कि सुप्रीम कोर्ट का निर्णय आने के बाद किन्नरों के प्रति लोगों में संवेदनाएँ बढ़ गईं। किन्नरों की व्यथा को सत्ता में बैठे लोग महसूस करने लगे हैं। वहाँ किन्नरों की तरफ से उठनेवाली हर आवाज गम्भीरता से सुनी जाती है। राज्य स्तर पर किन्नर वेलफेयर बोर्ड का गठन करके किन्नरों को पैतृक सम्पत्तियों में अधिकार दिया जा रहा है। यह किन्नरों के लिए किसी चमत्कार से कम नहीं है। इससे किन्नरों की धार्मिक, सामाजिक, आर्थिक दशा में सुधार दिखने लगा है।' वैसे जमीनी स्तर पर देखा जाए तो सरकार के काम में अभी अपेक्षा के अनुरूप तेजी नहीं है। हर काम धीरे-धीरे चल रहा है। लेकिन, उस सुस्ती के बीच कुछ काम निस्तारित भी हो रहे हैं। सरकारी संस्थाओं में किन्नरों के लिए अलग से कॉलम तय हो गए। सरकारी कॉलेजों में प्रवेश व नौकरी के लिए होनेवाले आवेदनों में किन्नरों के लिए थर्ड जेंडर का अलग से कॉलम बनाया गया। इसके अलावा उन्हें अलग-अलग रूप में हर क्षेत्र में सहूलियत दी जाने लगी। इससे किन्नरों के सदियों पुराने जख्म में थोड़ा मलहम लगा है। लेकिन, सन्तुष्टि का भाव पूरी तरह से लाने के लिए अभी बहुत कुछ करना बाकी है।

किन्नरों को कुछ सरकारी प्रक्रिया रास नहीं आ रही है। वो उसमें बदलाव की बात भी करते हैं। जैसे नकली किन्नरों की पहचान करके असली को सम्मान देने के लिए सरकार ने अपने विधेयक में विशेष प्रावधान किया है। विधेयक के अनुसार ट्रांसजेंडर व्यक्ति यानी किन्नर को सरकारी रूप से अपना अधिकार प्राप्त करने

के लिए मेडिकल सर्टिफिकेट की जरूरत पड़ेगी। इससे असली व नकली किन्नर का पता चलेगा। यह सर्टिफिकेट जिलाधिकारी के माध्यम से जारी किया जाएगा। सर्टिफिकेट बनाने से पहले स्क्रीनिंग कमेटी किन्नर की जाँच करेगी। कमेटी में सरकारी अफसर व एक ट्रांसजेंडर को शामिल करने का प्रावधान है। जाँच की प्रक्रिया पूरी होने पर जिलाधिकारी की ओर से सर्टिफिकेट जारी किया जाएगा। कुछ किन्नर इस प्रक्रिया उचित नहीं मानते। वह कहते हैं कि अपनी शारीरिक लैंगिक पहचान के लिए किसी तरह का सर्टिफिकेट लेना व्यक्ति के लिए अपमानजनक स्थिति होती है। इसको ध्यान में रखकर ही सुप्रीम कोर्ट ने अपने फैसले में कहा है कि जेंडर से जुड़ी पहचान किसी व्यक्ति के अन्दर से आ सकती है। लक्ष्मीनारायण त्रिपाठी का कहना है कि, 'मेडिकल जाँच व सर्टिफिकेट की बात भयावह है। इससे किन्नर समाज के लोगों को मानसिक शोषण होगा। विधेयक में किन्नरों से पैसा मँगवाना, आम जगहों पर आने-जाने से रोकने को अपराध माना गया है। इसके अलावा किन्नरों के साथ यौन-शोषण, दुष्कर्म या किसी तरह की हिंसा करने पर दो साल की सजा का प्रावधान है। जबकि किसी आम व्यक्ति के साथ यौन-शोषण होने पर सात साल की सजा का प्रावधान है। ऐसी स्थिति में किन्नरों के साथ होनेवाले अपराध में पाँच साल कम सजा देने को भी किन्नर समाज में अनुचित माना जा रहा है। देश में एक संविधान होने के बावजूद एक ही अपराध के लिए लिंग के आधार पर भेदभाव कैसे किया जा सकता है? यह किन्नरों के प्रति समाज व सरकार की उपेक्षापूर्ण नीति को साफ दर्शाता है। इससे साफ नजर आ रहा है कि सरकार किन्नरों को महिला व पुरुष से कमतर आँकती है, जो अनुचित है। किन्नर के अन्दर भी मान व सम्मान का बोध है, वह कोई मनमाना निर्णय स्वीकार नहीं कर सकते।'

मानवाधिकार आयोग ने कुछ साल पहले भारत में किन्नर समुदाय के लिए एक सर्वेक्षण किया था। सर्वेक्षण में बताया गया है कि किन्नर समुदाय के 92 प्रतिशत लोगों का सामाजिक रूप से बहिष्कार किया जाता है। उन्हें आजीविका और जीवनयापन के मौलिक अधिकारों से वंचित रखा जाता है। उन्हें कोई नौकरी नहीं देता। नौकरी न मिलने पर जीवनयापन करने के लिए किन्नरों को मजबूरन भीख माँगने व वेश्या-वृत्ति जैसे काम करने पड़ते हैं। लेकिन, विधेयक में पैसे माँगने को अपराध घोषित करके दस साल तक की सजा का प्रावधान है। लक्ष्मीनारायण कहती हैं कि, 'इससे आर्थिक और सामाजिक बहिष्कार झेल रहे किन्नरों की मुश्किलें बढ़ जाएंगी। बिल में किन्नर समाज के लिए कहीं रोजगार देने का प्रावधान, उनके लिए आरक्षण की बात नहीं कही गई, बल्कि उनके अधिकारों का हनन किया गया है। इससे साफ जाहिर होता है कि सरकार को किन्नर समाज की

चिन्ता नहीं है। वह उन्हें अधिकार देने के बजाए उनके सम्मान का हनन करना चाहती है।' किन्नरों की इस आपत्तियों पर सरकार क्या निर्णय लेगी उस पर हर किसी की नजर है। लेकिन, इतना तय है कि विलम्ब से भले, लेकिन किन्नरों को उनका अधिकार व सम्मान जरूरत प्राप्त होगा। सम्मान, स्वाभिमान व शिखर प्राप्त करने की उनकी इच्छा साकार स्वरूप लेती प्रतीत हो रही है।

नेपाल ने सबसे पहले दिया अधिकार

किन्नरों को अधिकार व सम्मान देनेवाला नेपाल विश्व का पहला देश है। नेपाल ने थर्ड जेंडर यानी तीसरे लिंग को मान्यता देने का कदम 2007 में उठा लिया था। जबकि 2011 में उसे पूरी तरह से लागू कर दिया। इतना ही नहीं नेपाल सरकार ने इसे पासपोर्ट सिस्टम में भी लागू किया है। नेपाल में किन्नरों को शिक्षा, सरकारी व गैर सरकारी संस्थानों में नौकरी, चिकित्सकीय सुविधा, सम्पत्ति खरीदने का अधिकार प्राप्त है। इससे नेपाल में रहनेवाले किन्नरों का जीवन स्तर काफी बेहतर है। नेपाल के अलावा जर्मनी, न्यूजीलैंड, आस्ट्रेलिया आदि देश भी थर्ड जेंडर को स्वीकार कर चुके हैं। जर्मनी ने बच्चे में पुरुष और महिला दोनों का गुण होने पर अभिभावक को 'एक्स' जेंडर चुनने का विकल्प दिया है। जबकि आस्ट्रेलिया ने तीसरे लिंग का विकल्प 2011 में ही दिया था। आस्ट्रेलिया ने ट्रांसजेंडर के लिए 'इनडिटरमिनेट' यानी अनिश्चित टर्म का लाभ दिया है। इसके बाद न्यूजीलैंड ने 2012 में पासपोर्ट में तीसरे लिंग का विकल्प मुहैया कराया है। इससे उन देशों में रहनेवाले किन्नरों का जीवनस्तर काफी बदला है। समाज में उनकी स्वीकार्यता व सम्मान में इजाफा हुआ है। इसके बाद कोई-न-कोई देश किन्नरों के हित में निर्णय ले रहे हैं।

मुस्लिम देशों ने दिया अधिकार

पाकिस्तान व बाँग्लादेश जैसे मुस्लिम देशों ने भी किन्नरों को अलग से मान्यता देते हुए उन्हें विशेष अधिकार दिए हैं। पाकिस्तान की सुप्रीम कोर्ट ने किन्नरों की सहूलियत के लिए मुफ्त शिक्षा और चिकित्सा की सुविधाएँ प्रदान करने का आदेश दिया है। एडवोकेट मुहम्मद असलम खाँ की याचिका पर पाकिस्तान की सुप्रीम कोर्ट ने अगस्त, 2009 में किन्नरों को थर्ड जेंडर का अधिकार दिया। तत्कालीन मुख्य न्यायाधीश ने अपने आदेश में कहा कि किन्नरों का किसी भी रूप में शोषण न किया जाए। उनके खिलाफ कोई मुकदमें दर्ज न करें। पुलिस को यह आदेश भी दिया कि यदि किन्नरों के खिलाफ कोई मुकदमा दर्ज किया जाता है तो उसकी सूचना सुप्रीम कोर्ट को जरूर दी जाए। मुख्य न्यायाधीश ने यह भी कहा कि किन्नरों

की समस्या का निस्तारण करने के लिए उनसे सम्पर्क रखा जाए। किन्नरों को शिक्षा के अवसर प्रदान किए जाएं, जिससे वे समाज में अपने लिए एक बेहतर स्थान प्राप्त कर सकें। किन्नरों को चिकित्सा की सुविधाएँ प्रदान की जाए और उनके मेडिकल टेस्ट भी किए जाएं। किन्नरों के पंजीकरण की प्रक्रिया पूरी करने का आदेश भी दिया। वहीं, बांग्लादेश में किन्नरों को 2009 में वोट डालने का अधिकार दिया गया। इसके कुछ साल बाद बाँग्लादेश के किन्नरों को थर्ड जेंडर का अधिकार मिला। इससे वहाँ के किन्नरों के जीवन स्तर में सुधार आ रहा है। इससे स्वाभाविक रूप से समाज में उनकी उपेक्षा कम हुई है।

आरक्षण के सहारे की जरूरत

पुरानी कहावत है कि आवश्यकता ही आविष्कार की जननी है। इसके साथ ही आवश्यकता ही समस्या की जननी भी है। अगर किसी वस्तु की आवश्यकता है और वह संसार में निर्मित नहीं हुई है, तब उसका आविष्कार किया जाता है। लेकिन, वस्तु पहले से मौजूद है, इसके बावजूद वह जरूरतमन्द को न मिले तब वही समस्या का कारण बन जाती है। ऐसे आज विश्व में बेरोजगारी रूपी समस्या लगातार उभर रही है। बढ़ती जनसंख्या में हर व्यक्ति शिक्षित हो रहा है। इसके बावजूद उसे रोजगार ढूँढना पड़ता है। रोजगार पाने के लिए लोग शासन-प्रशासन पर अपने बहुमत का दबाव बनाने लगे हैं। प्रतिस्पर्द्धा के इस युग में चाहे जैसे भी हो कामयाबी जरूरी हो गई है। इस इरादे से अनेक जातिवादी संगठन खड़े हो गए हैं। रोजगार पाने की होड़ में जातिवादी, धर्मवादी युद्ध जैसा माहौल बना दिया गया है और उसे आरक्षण का नाम दे दिया गया है। भारत में आरक्षण प्राप्त करने के लिए आए दिन आन्दोलन-हड़ताल किए जाते हैं। इसकी शुरुआत देश को आजादी मिलने के साथ हो गई थी। संविधान-निर्माता डॉ. भीमराव अम्बेडकर ने संविधान में आरक्षण-विधेयक का समावेश यह कहकर किया था कि इससे पिछड़ी जाति, जनजाति, शूद्र, हरिजन आदि जातियों को सामान्य वर्ग के बराबरी में लाया जा सकेगा और इसके जरिए विभिन्न जातियों के बीच की आर्थिक असन्तुलन की खाई को पाटा जा सकेगा। डॉ. अम्बेडकर ने कुछ वर्षों बाद आरक्षण की व्यवस्था खत्म करने की बात भी कही थी। लेकिन, आरक्षण की परम्परा अभी तक कायम है। प्रत्येक क्षेत्र में आरक्षण का प्रभाव है। शिक्षा, चिकित्सा, पुलिस-प्रशासन, राजनीति, कला, खेल हर जगह जातिवादी समीकरण के आधार पर ही बँटवारा होता है। राजनीति में प्रधान, पार्षद, महापौर, जिला पंचायत अध्यक्ष, विधायक, सांसद सभी के चुनाव चयन में आरक्षण की महत्त्वपूर्ण भूमिका देखने को मिल रही है। समाज

के उपेक्षित, गरीब, पीड़ित वर्ग को आरक्षण देकर आगे बढ़ाना उचित है। इससे समाज की आर्थिक विसंगति दूर करने में सहायता मिलेगी। लेकिन, चिन्ताजनक यह है कि आरक्षण का लाभ उन्हीं को मिला, जो सम्पन्न हैं। आरक्षण का लाभ पाकर जो व्यक्ति आर्थिक, सामाजिक रूप से सम्पन्न हो गया है, वही उसका लाभ बार-बार लेता है। जरूरतमन्द लोग आज भी आरक्षण का उचित लाभ पाने से वंचित हैं। अशिक्षित, गरीब व पिछड़े लोगों में जागरूकता का अभाव है, जिससे वह आरक्षण का लाभ चाहकर भी नहीं ले पाते। वहीं, आरक्षण का लाभ लेकर बढ़नेवाले लोग भी नहीं चाहते कि उनकी जाति अथवा वर्ग का कोई गरीब व्यक्ति आगे बढ़े। वह स्वयं चाहते हैं कि आरक्षण का लाभ पीढ़ी-दर-पीढ़ी चुनिन्दा लोगों को मिलता रहे। इससे सम्पन्न लोगों की सम्पन्नता बढ़ रही है और उसी जाति व वर्ग में गरीबों की दशा में कोई सुधार नहीं हो रहा है।

जबकि संविधान रचयिताओं की मंशा थी कि सिर्फ पिछड़ी जाति, जनजाति का जीवनस्तर सुधारने के बाद आरक्षण की प्रक्रिया समाप्त कर दी जाएगी। लेकिन, परमार्थ की इस सोच ने स्वार्थ रूपी दानव का रूप ले लिया है। दुर्भाग्य की बात यह है कि आरक्षण की अन्धी दौड़ में किन्नरों को काफी पीछे छोड़ दिया गया है। जबकि उन्हें सबसे अधिक आरक्षण की जरूरत है। किन्नर आम लोगों से न बुरे हैं न ही अयोग्य हैं। लेकिन, उन्हें आगे बढ़ने का मौका नहीं दिया जाता। किन्नरों को आत्म-निर्भर बनाने के लिए उन्हें रोजगार की सुविधा देने की जरूरत है। ऐसा करने से किन्नरों के प्रति समाज में व्याप्त वैमनस्यता का भाव खत्म किया जा सकेगा। परन्तु, सत्ता पर आसीन नेताओं का ध्यान अभी किन्नरों की ओर नहीं गया। इसका प्रमुख कारण किन्नरों का वोटबैंक कम होना है। राजनीतिक दल आरक्षण का लाभ उसी वर्ग को देती है, जिनका वोट बैंक अधिक है। जनसंख्या के आधार पर नियम बनाए जाते हैं। किन्नरों की संख्या तो अपेक्षा से काफी कम है। नेताओं को लगता है कि किन्नर समाज को आरक्षण का लाभ देने के बावजूद उन्हें कोई फायदा नहीं होगा। इसी कारण आरक्षण के लाभ से किन्नर समाज उपेक्षित है। वैसे सुप्रीम कोर्ट का फैसला आने के बाद किन्नरों में अपने अधिकार व सम्मान के प्रति सजगता बढ़ी है। वह हक के लिए लगातार आवाज बुलन्द कर रहे हैं। उम्मीद है कि उसका सार्थक परिणाम भी भविष्य में नजर आएगा।

मानवाधिकार की दरकार

20वीं शताब्दी मानवीय अधिकारों के लिए स्वर्णिम युग के समान मानी जाती है। उन सौ वर्षों में मनुष्य की दूरियाँ कम हो गईं। आपसी वैमनस्यता का भाव पहले की अपेक्षा काफी कम हुआ है। इसको देखते हुए लगता है कि 21वीं सदी मानवीय अधिकारों के लिए शायद डायमंड युग कहलाएगी। लेकिन, इस उपलब्धि के बीच कुछ चुनौतियाँ भी लगातार बढ़ती जा रही हैं, जिसके दुष्प्रभाव से समाज को दो-चार होना पड़ रहा है। विज्ञान के इस युग ने बेशक भौगोलिक दुरियों को नजदीकियों में बदल दिया है। लेकिन, जितना भौतिक रूप से नजदीकी बढ़ रही है उतनी ही इनसान के सामाजिक रिश्ते दूर होते जा रहे हैं। आज समाज में रिश्तों की कोई परवाह नहीं रह गई है। रिश्ते आपस में रबड़ की भाँति जुड़े नजर आते हैं। लेकिन इस रिश्तों की रबड़ इतनी खिंच चुकी है कि वह ज्यादा देर टिकती नजर नहीं आ रही है। यही बिखराव सामाजिक ताना-बाना को बिगाड़ रहा है। हर जाति व वर्ग के लोग टुकड़ों में बँट गए हैं। जो संख्याबल में ज्यादा होते हैं उन्हीं की ओर सबका झुकाव रहता है। राजनीतिक पार्टियाँ वोट के अनुरूप हर वर्ग के लोगों को उनका अधिकार दिलाने की बात करती हैं। इसके साथ ही देश में संस्थाओं की बहार आ गई है। हर गली-मोहल्लों में संस्थाओं की ओर से जन-सेवा का कार्यालय खोला गया है। जबकि कुछ संस्थाएँ नदी, पेड़, पशु व पक्षियों को बचाने का काम कर रही हैं। यह सब सिर्फ मानवाधिकार के लिए किया जा रहा है।

विश्व में मानव के अधिकार पर कोई आँच न आए, उसके लिए मानवाधिकार की रक्षा के लिए संयुक्त राष्ट्र समिति बनाई गई है। कहीं किसी का अपमान किया जाता है या उसके साथ भेदभाव होता है तो समिति उस देश को फटकार लगा सकती है। इसके बाद भी स्थिति नहीं सुधरती तो उक्त देश को विश्वस्तर पर मिलनेवाली आर्थिक मदद पर रोक लगाने की कार्रवाई होने लगती है। वैसे प्रत्येक देश के कानून में एक मानवाधिकार आयोग भी बनाया गया है। जो सिर्फ मानव के अधिकारों की रक्षा व उनके साथ होनेवाले भेदभाव, अपमान, दुर्व्यवहार इत्यादि को नियन्त्रित करता है। ऐसे कई आयोग भारत में भी बने हैं। इनमें महिला आयोग, जो सिर्फ महिलाओं की समस्याओं का निस्तारण करके उनके हक व

सम्मान की लड़ाई लड़ता है। अल्पसंख्यक आयोग, देश में रह रहे कम संख्यावाले धर्म के लोगों के हक की रक्षा के लिए काम करता है। अनुसूचित जाति-अनुसूचित जनजाति आयोग का काम पिछड़ी व नीचली जाति के लोगों के उत्थान के लिए काम करना है। अगर देखा जाए तो समाज के प्रत्येक वर्ग की मानहानि, समस्या, उसके साथ हो रहे भेदभाव व उसके हक के हनन से मुक्ति दिलाने के लिए मानवाधिकार सम्बन्धी आयोग बनाए गये हैं। लेकिन, किन्नरों के लिए देश अथवा प्रदेश स्तर पर ऐसी कोई सुविधा नहीं मिली है। सुप्रीम कोर्ट ने 2014 में किन्नरों को अधिकार व सम्मान देने के लिए 'थर्ड जेंडर' को मान्यता का ऐतिहासिक निर्णय दिया। केन्द्र व राज्य सरकारों ने किन्नरों के हित में कुछ निर्णय भी लिए हैं। लेकिन, किन्नरों का जीवन स्तर सुधारने के लिए अभी लम्बा सफर तय करना है। किन्नरों को लेकर अधिकतर योजनाएँ व निर्देश सिर्फ फाइलों तक सीमित हैं। फाइल में नियम बनाकर उसे धूल फंकाने के लिए छोड़ दिया गया है। सारे नियम व कानून को जमीनी स्तर पर लागू करने की जहमत कोई नहीं कर रहा है। यही कारण है कि सरकार बीच-बीच में कोई घोषणा कर देती है, जिसे सुनकर उपेक्षा के शिकार किन्नरों को आशा की किरण नजर आती है। वे सुनहरे भविष्य का ताना-बाना बुनने लगते हैं। फिर कुछ समय बाद पुन: अपनी उसी अँधेरी दुनिया में खो जाते हैं।

यहाँ सोचनेवाली बात यह है कि क्या किन्नर मनुष्य नहीं हैं? यह मानव जाति के लिए सबसे बड़ा प्रश्न है कि आज इनसान के साथ पशु-पक्षियों, पेड़-पौधों, पत्थर रूपी प्राकृतिक वस्तुओं की रक्षा के लिए कोई-न-कोई कानून बना है, लेकिन किन्नरों के सम्मान व अधिकार की रक्षा के लिए अभी तक वैसा कुछ नहीं किया गया। किन्नरों के मानव अधिकारों की चिन्ता किसी को नहीं है। इससे ऐसा प्रतीत होता है कि जैसे वे इस धरती के वासी ही नहीं हैं। ऐसा लगता है जैसे किन्नर किसी दूसरे लोक से आए हैं, जिससे उनके साथ दूसरे ग्रहों के एलियंस की कल्पानाओं के समान अकल्पनीय व्यवहार किया जा रहा है।

चिन्ता की बात यह है कि किन्नरों को समाज की मुख्यधारा में लाने के लिए उचित कदम उठाने में विलम्ब क्यों किया जा रहा है? इनके साथ समाज का भेदभाव इतना भयानक है कि सार्वजनिक टॉयलेट में जाने पर आदमी झाँककर देखना चाहते हैं। जबकि महिलाओं के टॉयलेट में जाने पर वह झगड़ा करतीं हैं। सच्चाई यह है कि किन्नरों की टॉयलेट में भी उपस्थिति कोई बर्दाश्त नहीं कर पाता। शासन के काम करने का स्तर यह है कि वह अभी तक कहीं भी किन्नरों के लिए अलग टॉयलेट का प्रबन्ध नहीं करा पाया। जबकि सुप्रीम कोर्ट ने सरकार

को उसका प्रबन्ध करने के लिए आदेश दिया है। इसके बावजूद उस दिशा में अभी तक सार्थक कदम नहीं उठाया गया है। सरकार कुष्ठ रोगियों व एड्स के मरीजों को सामाजिक धारा में बनाए रखने के लिए प्रतिवर्ष खरबों रुपए खर्च करके प्रचार करती है। लेकिन, किन्नरों के प्रति अपनत्व लाने के लिए ऐसा प्रचार नहीं किया जाता। क्या यह भेदभाव, रंग-भेद नीति से भी भयावह नहीं है? इस पर सबको सोचने की जरूरत है।

किन्नरों के प्रति समाज में जन-चेतना की आवश्यकता किसी को महसूस नहीं हो रही है। जबकि विश्व के करोड़ों मनुष्य सिर्फ एक अंग विकृत होने के कारण छुआछूत व उपेक्षा का शिकार हैं। अनुसूचित जाति के लोगों को जाति-सूचक शब्द कहने पर सजा का प्रावधान है। लेकिन, किन्नर को हिजड़ा, छक्का, मामू कहकर सरेआम सड़कों पर प्रताड़ित करनेवालों के खिलाफ कुछ नहीं होता। यहाँ किन्नरों के साथ होनेवाले मानसिक हनन व प्रताड़ना को कोई नहीं देखता। क्या यह समाज का किन्नरों के प्रति भेदभाव का नजरिया नहीं है? सवाल यह उठता है कि किन्नरों को समाज से अलग करके क्यों देखा जाता है? क्या उन लोगों को सजा नहीं देना चाहिए जो किन्नर को प्रताड़ित करते हैं? जो माता-पिता ऐसी सन्तानों को पैदा करके सरेआम सड़कों पर अपमान और तिरस्कार से भरी जिन्दगी जीने के लिए छोड़ देते हैं क्या उन्हें सजा नहीं मिलनी चाहिए? सदियों से यह प्रश्न चिन्तनीय रहे हैं और आगे भी इस पर विचार होता रहेगा। ये यक्ष प्रश्न तभी खत्म होंगे, जब उसको लेकर सरकार उचित कदम उठाएगी।

मानव अधिकारों को लेकर संयुक्त राष्ट्र संघ ने प्रत्येक व्यक्ति को समान रूप से प्राप्त अधिकारों को स्पष्ट व सरल शब्दों में घोषित किया है। लेकिन, समाज के अधिकाँश लोग उनके बारे में जानते ही नहीं हैं। मानवाधिकारों के 30 अनुच्छेद हैं। यहाँ सारे अनुच्छेद की चर्चा करना सम्भव नहीं है। परन्तु, कुछ का जिक्र करना जरूरी है। ऐसा करने से किन्नरों के अधिकारों को कानूनी परिप्रेक्ष्य में जानने का मौका मिलेगा। मानवाधिकारों के प्रति उपेक्षा और घृणा के फलस्वरूप ऐसे बर्बर कार्य हुए जिनसे मनुष्य की आत्मा पर अत्याचार किया गया। इसको देखते हुए सर्वसाधारण के लिए सर्वोच्च आकाँक्षा घोषित किया गया है। मानवाधिकारों की सार्वभौमिक घोषणा में मानव-परिवारों के सभी सदस्यों को अधिकार की स्वीकृति ही विश्व शान्ति, न्याय, त्याग और स्वतन्त्रता की बुनियाद का आधार बताई गई है। मानवाधिकारों को लेकर सामान्य सभा ने जो प्रमुख अनुच्छेदों की घोषणा की है, वे इस प्रकार हैं—

अनुच्छेद 1

सभी मनुष्यों को गौरव और अधिकारों के मामले में जन्मजात स्वतन्त्रता और समानता प्राप्त है। उन्हें बुद्धि और अन्तर आत्मा की देन प्राप्त है और परस्पर उन्हें भाईचारे के भाव से बर्ताव करना चाहिये। लेकिन, इस अनुच्छेद में कही गई बातें किन्नर समाज के लिए खरी नहीं उतरती। किन्नरों को अन्य मनुष्यों की भाँति गौरव और अधिकार प्राप्त न होना उसका प्रमाण है। इस अनुच्छेद के अनुसार देखा जाए तो किन्नरों को जन्मजात स्वतन्त्रता और समानता मिलनी चाहिए, फिर क्यों इनके साथ परस्पर भाईचारा के भाव से बर्ताव नहीं किया जाता है? दिक्कत की बात यह है कि किन्नरों को उनका यह अधिकार दिलाने के लिए कोई प्रयास भी नहीं किया जाता। मानवाधिकार के अधिकतर कार्यकर्त्ता किन्नरों के हित में काम करने को सक्रिय नहीं हैं। इसके कारण किन्नरों के जीवन के स्तर में कोई सुधार नहीं हो रहा है।

अनुच्छेद 2

हर मनुष्य को सभी अधिकार और आजादी प्राप्त करने का हक है। जाति, वर्ण, लिंग, भाषा, धर्म, राजनीति या अन्य विचार प्रणाली किसी देश या समाज विशेष में जन्म, सम्पत्ति व किसी प्रकार की अन्य मर्यादा आदि के कारण भेदभाव का विचार नहीं किया जाएगा। चाहे कोई देश या प्रदेश स्वतन्त्र हो, संरक्षित हो, स्वशासन रहित हो उससे कोई फर्क नहीं पड़ेगा। उस देश अथवा प्रदेश की राजनीतिक, क्षेत्रीय स्थिति के आधार पर वहाँ के निवासियों के प्रति अन्तर नहीं रखा जाएगा। इस अनुच्छेद में स्पष्ट घोषित किया गया है कि सभी मनुष्यों को अपने अधिकारों का हक प्राप्त है। जाति, वर्ण, लिंग, भाषा, धर्म, राजनीतिक स्तर पर किसी से कोई भेदभाव नहीं किया जाएगा। इसके बावजूद किन्नरों के साथ उपेक्षापूर्ण रवैया अपना कर समाज में इन घोषणाओं की खुलेआम धज्जियाँ उड़ाई जा रही है। यही नहीं हर देश व प्रदेष के निवासियों के प्रति किसी प्रकार का अन्तर नहीं रखा जाएगा कहकर भी किन्नरों के प्रति व्यापक अन्तर रखा जा रहा है। परन्तु उस अन्तर को खत्म करने के लिए कोई सार्थक प्रयास करने की पहल शुरू नहीं हुई।

अनुच्छेद 5

समाज के किसी भी व्यक्ति को कोई शारीरिक यातना नहीं दी जाएगी। न ही किसी के प्रति निर्दयतापूर्ण व अपमानजनक व्यवहार किया जाएगा। किन्नरों के साथ इस अनुच्छेद में कही गई बातों के ठीक विपरीत व्यवहार किया जाता है।

किन्नर के रूप में जन्म लेने पर परिवार से एक बच्चे को अमानवीय तरीके से बेघर कर दिया जाता है। इससे उसे दर-दर भड़कने पर मजबूर होना पड़ता है। क्या यह शारीरिक यातना और निर्दयता नहीं है? उस परिवार के लोगों की क्या जिम्मेदारी नहीं बनती, जिसके घर में वह किन्नर जन्मा है? क्या उस किन्नर के साथ ताउम्र समाज अपमानजनक व्यवहार नहीं करता? ये ऐसे यक्ष प्रश्न हैं, जिन पर सबको चिन्तन करके उचित कदम उठाने की जरूरत है।

अनुच्छेद 25

प्रत्येक व्यक्ति को ऐसा जीवन स्तर प्राप्त करने का अधिकार है, जो उसे और उसके परिवार के स्वास्थ्य तथा कल्याण के लिए पर्याप्त हो। इसके अन्तर्गत खाना, कपड़ा, मकान, चिकित्सा-सम्बन्धी सुविधाएँ और आवश्यक सामाजिक सेवाएँ सम्मिलित हैं। लेकिन, किन्नरों के जीवन का स्तर कैसा है, यह सभी जानते है। पैतृक सम्पत्ति में भारतीय संविधान के अनुसार बेटे-बेटी दोनों का समान अधिकार होता है। लेकिन, किन्नर के रूप में जन्मी सन्तान को पैतृक सम्पत्ति देने के मामले कभी प्रकाश में नहीं आते। घर से बेघर होते ही उसके पास आजीविका का साधन नहीं होता। बेघर होने पर उसे सुरक्षा का वह अधिकार भी प्राप्त नहीं होता, जो अन्य निराश्रितों को शासन देता है। वह तो भला हो उन गुरुरूपी किन्नरों का, जो उस उपेक्षित बच्चे को अपने साथ सम्मान पूर्वक रखकर अपमान सहना सिखाते हैं। फिर उन्हें भिक्षा माँगने का गुण सिखाकर जीवनयापन करने के लिए प्रेरित करते हैं। गुरु का सहारा मिलने के बाद किन्नरों का जीवन उचित दिशा में आगे बढ़ने लगता है। अपने जैसे कई किन्नरों को एक साथ पाकर वह विपरीत परिस्थिति से लड़ना सीख जाते हैं।

देह व्यापार को होते हैं मजबूर

घर से बाहर निकलनेवाले किन्नर का शुरुआती जीवन कैसे होता है? यह सोचने व समझने की जरूरत है। इसके लिए खुद को उस स्थिति में रखकर देखना होगा। जब बिना किसी सहारा के दुत्कारते व अपमानित करते हुए किसी को घर से बाहर किया जाता है तो वैसी स्थिति में कोई क्या कर सकता है? इस दर्द को वही महसूस कर सकता है, जो उसे झेल चुका होता है, अथवा मानवीय संवेदनाएँ व संस्कार जिस व्यक्ति के अन्दर होते हैं, वह उपेक्षा के दंश को आसानी से महसूस कर लेगा। किन्नर का जीवन तो आम लड़का व लड़की से कई गुना ज्यादा कठिन होता है। किन्नर को कोई अपने घर में नौकर के रूप में रखने को भी तैयार नहीं होता। इससे घर के बाहर निकलने पर किन्नर का जीवन नर्क के समान हो जाता

है। पेट पालने के लिए उसे दर-दर की ठोकरें खानी पड़ती हैं। घर छोड़ने के कई दिनों तक सड़क के किनारे जीवन व्यतीत करना पड़ता है। दुश्वारियाँ झेलते-झेलते कुछ किन्नर देह व्यापार के दलदल में फंस जाते हैं। अपना पेट पालने के लिए वह अपना शरीर बेचने लगते हैं। दिल्ली, मुम्बई, कोलकाता, पुणे, गोवा जैसे शहरों में किन्नरों के देह व्यापार के समाचार सुनने को मिलते हैं। कभी देह व्यापार करनेवाले एक किन्नर बताती हैं 'जन्म लेते ही उनकी गिनती धरती के सबसे शापित व्यक्तियों में की जाती है। उन्हें उस जुल्म की सजा दी जाती है, जो अपराध उन्होंने किया ही नहीं है। नौ मास हमें अपने गर्भ में पालनेवाली माँ को जब पता चलता है कि उसका बच्चा किन्नर है तो वह त्याग देती है, पिता मारते-पीटते हैं। सगे भाई-बहन व रिश्तेदार उपेक्षा की नजर से देखते हैं। वह हमें हिजड़ा, नामर्द व मामू कहकर अपमानित करते हैं। जो घर हर व्यक्ति के लिए आश्रय स्थल होता है किन्नर के लिए वही नर्क बन जाता है। किन्नर उस नर्क से बाहर निकलता है तब उसके सामने चुनौतियों का पहाड़ खड़ा होता है, क्योंकि जब अपने ही दुश्मनों की तरह व्यवहार करते हैं तो परायों से अपनत्व की अपेक्षा कैसे की जा सकती है? घर छोड़ने के बाद हमारे सामने पहली चिन्ता खुद का पेट पालने की होती है। पेट पालने के सिर्फ दो रास्ते होते हैं-एक माँगना और दूसरा खुद का शरीर बेचना। किन्नरों को न सरकारी नौकरी मिलती है, न कोई प्राइवेट नौकरी देता है। कोई अपने दुकान में भी हमें काम नहीं देता, क्योंकि इसे लोग अपनी तौहीन समझते हैं। इसके कारण किन्नर घर-घर, बाजारों में दुकान-दुकान घूमकर नाच-गाकर पैसे माँगकर अपना जीवनयापन करते हैं। लेकिन, माँगने से उनता पैसा नहीं मिलता, जिससे रहने के लिए घर, भोजन व कपड़े का प्रबन्ध हो सके। इसके कारण किन्नर देह व्यापार करने लगते हैं। देह व्यापार करने से किन्नर को अपेक्षा के अनुरूप पैसा मिल जाता है। इससे वह जीवन बेहतर तरीके से व्यतीत कर सकते हैं। वह बताती हैं कि मैं हरियाणा के गुरुग्राम की रहनेवाली हूँ। जब मुझे घर से निकाला गया उस समय मेरी उम्र 14 साल थी। मैं किसी तरह दिल्ली आ गई। दिल्ली के रेलवे स्टेशन व बस अड्डों पर रात व्यतीत करती। पेट भरने के लिए माँगना शुरू किया तो गालियों व दुत्कार के साथ बमुश्किल 100-150 रुपए मिलते थे। इतने पैसे सिर्फ खाने में खत्म हो जाते थे। रहने का कोई प्रबन्ध नहीं हो पाता था। इससे करीब छह माह तक मैं इधर-उधर भटकती रही। सड़क पर जीवन व्यतीत करने के दौरान मैं देह व्यापार के धन्धा करने लगी। इससे मेरी आमदनी बढ़ गई। मुझे 24 घंटे में दो से चार हजार रुपए की कमाई होने लगी। खाने-पीने की दिक्कत भी नहीं होती थी। ग्राहक ही खाने का प्रबन्ध करते थे। मुझे

सिर्फ अच्छे कपड़े व मेकअप का प्रबन्ध करना होता था। इसके लिए पैसे पर्याप्त थे। फिर यही काम मेरे जीवन का हिस्सा बन गया। करीब पाँच-छह साल देह व्यापार का धन्धा करने के बाद मुझे एक किन्नर गुरु मिल गईं। उनकी प्रेरणा से मैंने देह व्यापार का धन्धा छोड़ दिया'। लेकिन, हजारों किन्नर आज भी देह व्यापार के धन्धे में लिप्त हैं। कुछ मजबूरी में ऐसा करते हैं, जबकि कुछ की परिस्थिति उन्हें मजबूर करती है।

एशिया ट्रांसजेंडर नेटवर्क की को-चेयरमैन अमृता सोनी का जीवन भी कुछ ऐसी ही उपेक्षा व अपमान से भरा है। अमृता सोनी नाम उन्हें अपने किन्नर गुरु से मिला था। जनवरी 2018 में आरसीआइटी जयपुर में हुए एक लेक्चर में अमृता ने अपने संघर्षपूर्ण जीवन की कहानी खुलकर बयाँ की। महाराष्ट्र के शोलापुर जिला के निवासी एक कैथोलिक परिवार में उनका जन्म हुआ। जन्म होने पर घर के सदस्यों ने उन्हें बेटा मानकर खूब खुशियाँ मनाई। पटाखे फोड़कर मिठाइयाँ बाँटी गई। बड़ा होने पर उन्हें लड़कों के स्कूल में पढ़ने के लिए भेजा गया। लेकिन, उम्र बढ़ने के साथ उनके अन्दर महिलाओं का गुण विकसित होने लगा। हाव-भाव, चाल-चलन सब लड़कियों के समान थे। इसके बावजूद घरवाले उसके बदलते स्वभाव से अनभिज्ञ थे, वह उनके स्वभाव को बदलने का प्रयास करते थे।

अमृता बतातीं हैं कि घरवालों को जब पता चला कि वह लड़का नहीं, किन्नर हैं-तब उनके परिवार में विघटन शुरू हो गया। माँ-बाप आपस में लड़ने लगे। मेरे चलते दोनों एक-दूसरे को कोसते थे। इसके बीच उनकी पढ़ाई जारी रही। कांवेंट स्कूल से 10वीं तक की पढ़ाई पूरी कर ली। खुद को आत्मनिर्भर बनाने के लिए नौकरी ढूंढना शुरू कर दिया। पढ़ाई के साथ नौकरी के लिए आवेदन करती थीं। इस दौरान उनका सेलेक्शन नेवी में हो गया। लेकिन, फिजिकल टेस्ट में हल्का से हिलने पर उन्हें बाहर कर दिया गया। माँ को यह पता चला तब उन्हें काफी कष्ट हुआ। शारीरिक रूप से मजबूत करने के लिए माँ ने उन्हें जिम करने के लिए चाचा के पास भेज दिया। वह चाचा के घर में रहने लगीं। लेकिन, चाचा की नजर उनके ऊपर अच्छी नहीं थी। मौका पाकर एक दिन चाचा ने शराब पिलाकर उनके साथ दुष्कर्म किया। इस घटना ने उन्हें अन्दर से झकझोर दिया। उन्होंने चाचा का घर छोड़ने का निश्चय कर लिया, सत्यता बताने के लिए घर में माँ के पास गईं। लेकिन, उनके पहुँचने से पहले चाचा उन्हें गलत साबित करने के लिए माँ को कोई नई कहानी बता चुके थे। इससे घर पहुँचने पर माँ ने उनकी बात सुनने के बजाए सौ रुपए देकर बाहर चले जाने को कह दिया। माँ बोलीं, अब वह उसे ज्यादा नहीं झेल सकती। माँ ने जब उन्हें बाहर निकलने के लिए बोला

था तब वह मात्र 16 साल की थी। घर से बाहर निकलने पर इधर-उधर भटकती रहीं। इस दौरान उनके साथ दुष्कर्म भी हुआ। फिर एक किन्नर गुरु मिली जिसने 'अमृता सोनी' नाम दिया। गुरु का सहारा मिलने पर उनके जीवन में थोड़ा-सा सुधार हुआ। लेकिन चुनौतियाँ जारी रही। वह अपनी पढ़ाई जारी रखना चाहती थीं, लेकिन कहीं प्रवेश नहीं मिलता था। फिर मुम्बई का एक कॉलेज उन्हें 'गे' के रूप में प्रवेश देने पर राजी हो गया। वहाँ एमबीए तक की पढ़ाई किया। पढ़ाई के दौरान पैसे के लिए रात में बार डांसर के रूप में काम करती थीं। जहाँ वह डांस करती थीं, उसी बार में एक दिन उनकी कॉलेज का एक सीनियर छात्र आ गया। अगले दिन कॉलेज प्रशासन से उसने बताया कि अमृता बार डांसर है। हम उसके साथ नहीं पढ़ेंगे, इसके बाद उनका जीवन और कठिन हो गया। छात्र के साथ शिक्षक भी उनको गलत नजर से देखने लगे। क्लास खत्म होने पर कॉलेज के शिक्षक उनके उपर डांस करने का दबाव बनाते थे। यह सब झेलते हुए उन्होंने अपनी पढ़ाई पूरी की। पढ़ाई पूरी करने के बाद वह सेक्स वर्करों को कंडोम सप्लाई का काम करने लगीं। साथ ही खुद भी सेक्स वर्कर के रूप में काम करती थीं। इसी बीच उनकी मुलाकात कुछ एचआइवी पॉजिटिव बच्चों से हुई, तो उनका जीवन बचाने के लिए काम करने लगीं। वह एचआइवी पॉजिटिव को दवा दिलाने के लिए संघर्ष करती थीं। अमृता कहती हैं कि उन्हें किन्नर होने पर गर्व है। उनके जीवन में अनेक चुनौतियाँ आयीं, लेकिन वह घबराए बिना उसका सामना करती रहीं। इससे विपरीत परिस्थितियों में भी उनके लिए सफलता के मार्ग खुलते गए। लेकिन, यह काम काफी कठिन था, हर किन्नर ऐसा नहीं कर सकता। इसके लिए सरकार को गम्भीरता से सोचना चाहिए।

बदलवा लेते हैं लिंग

जीवनयापन के लिए काफी किन्नर देह व्यापार का धन्धा करने लगते हैं। इसके लिए वे अपना लिंग बदलवा लेते हैं। खुद को महिलाओं की तरह दिखाने के लिए अपना लिंग बदलवा देते हैं। ऐसा करके वह सांकेतात्मक रूप से महिलाओं की तरह बन जाते हैं। किन्नर महिलाओं की तरह वस्त्र धारण करते हैं। वह महिलाओं का नाम भी रखते हैं। इनके नाम भी समाज में सामान्य स्त्री-पुरुष के नामों से भिन्न होते हैं। पहले किन्नरों के शबनम, कम्मो, सुरैया जैसे नाम रखे जाते थे। पहले इनके नाम से पता चल जाता था कि वे किन्नर हैं। लेकिन, अब किन्नरों का दामिनी, श्रीदेवी, माधुरी, ममता जैसा नाम रखा जाता है। इससे उनके किन्नर के बजाए लड़की होने का एहसास होता है।

किन्नरों के लिए बने अलग आयोग

किन्नरों का सामाजिक परिवेश सुधारने, उनका जीवनयापन बेहतर बनाने के लिए महन्त कमल अलग से आयोग बनाने की माँग करती हैं। वह कहती हैं कि समाज में किन्नरों को सम्मान दिलाने के लिए सरकार को उनके लिए अलग से सोचना और करना चाहिए। इसके लिए अलग से 'किन्नर संरक्षण आयोग' बनाने की जरूरत है। ऐसा करने से किन्नरों की सामाजिक अहमियत बढ़ेगी, साथ ही उनके अधिकारों की रक्षा हो सकेगी। किन्नर के अधिकारों का हनन व उन्हें अपमानित करनेवालों को कठोर सजा का प्रावधान होना चाहिए। बिना ऐसा किए कोई भी मानवाधिकार पूर्ण नहीं होगा। सबकी रक्षा व सुरक्षा के लिए भले ही कितने कानून बन जाएं, लेकिन किन्नरों की अनदेखी करने पर वह सफल नहीं होंगे। किन्नर समाज का अहम हिस्सा हैं, उन्हें जो सजा या उपेक्षा मिल रही है। वह उसके लिए जिम्मेदार नहीं हैं, इसलिए उनसे आत्मीयता दर्शाने की जरूरत है। ऐसा करने पर ही देश प्रगति के पथ पर आगे बढ़ पायेगा।

किन्नर लोकतन्त्र में दत्तकपुत्र

मनुष्य का शरीर पंच तत्व यानी पाँच तत्वों से मिलकर बना है। ये तत्व हैं पृथ्वी, अग्नि, जल, वायु और आकाश। जीवन-लीला समाप्त होने पर मनुष्य जब मृत्यु की प्राप्ति करता है तब पुनः उन्हें पंच तत्व में विलीन हो जाता है। हर तत्व की विशेष खासियत और स्वभाव है। हर तत्व मनुष्य को उसके जीवन में अपनी अहमियत का एहसास कराते हैं। पंच तत्व में समाहित पाँच स्वभाव का प्राकट्य मनुष्य की पाँच इन्द्रियों आँख, कान, नाक, जीभ और जननांग के जरिए होता है। मनुष्य के शरीर में विद्यमान बुद्धि, मन और अहंकार इन्हीं इन्द्रियों को माध्यम बनाकर अपना प्रभुत्व प्रकट करते हैं। आँख इन्द्री मन को विभिन्न प्रकार के चित्रों की रंगीनता का आभास कराती है। जबकि कान संगीत व ध्वनि की अनुभूति कराता है। नाक से अनेक प्रकार की सुगन्धों की अनुभूति होती है। जबकि जीभ के जरिए मुख को नाना प्रकार के स्वादों का आलौकिक आनन्द प्राप्त होता है। पाँचवी इन्द्री जननांग का उपयोग लिंग और योनि के माध्यम से होता है। जबकि मन इन पाँच मार्गों से आनन्द की अनुभूति करते हुए सुख भोगता है। पाँचों तत्वों में यदि किसी एक की कमी शरीर में रह जाती है, तब उस इन्द्री से सम्बंधित आनन्द से व्यक्ति वंचित रहता है। यदि किसी व्यक्ति की आँखें न हो तो वह अन्धा कहलाता है। कान से सुनने में अयोग्य है, तो वह बहरा कहलाता है। मुख में जीभ न हो तो अवगुण होता है। इससे खाने-पीने का स्वाद नहीं मिलता। नाक न होने के कारण मनुष्य में गन्ध जानने की क्षमता समाप्त हो जाती है। यही नहीं, यदि किसी व्यक्ति के शरीर का कोई भी हिस्सा क्षतिग्रस्त या विकृत होता है, तो वह दिव्यांग कहलाता है। लेकिन, जनन-अंग अर्थात् लिंग के विकृत होने पर वह व्यवस्था लागू नहीं की गई। ऐसा होने से किन्नर सबसे ज्यादा प्रभावित व उपेक्षित हैं।

शिक्षिका व समाजसेवी वर्णिका शुक्ला सामाजिक व्यवस्था को आड़े हाथ लेते हुए कहती हैं कि, '21वीं सदी में किन्नरों की उपेक्षा होना चिन्ताजनक है। कहने को किन्नरों के उत्थान, सम्मान और स्वाभिमान की रक्षा के लिए सुप्रीम कोर्ट ने कदम उठाने का आदेश दे दिया। कोर्ट के आदेश पर सरकार ने कानून भी बना

दिया। लेकिन, उसे जमीनी स्तर पर लागू करने की चिन्ता कहीं नजर नहीं आती। इससे किन्नरों का उत्थान सिर्फ कागजी कोरम तक सीमित है। वह सदियों पहले जैसा जीवन व्यतीत कर रहे थे, आज भी उसी दशा में समय काट रहे हैं। बदलाव की बयार बही तो है, लेकिन उसकी रफ्तार बहुत धीमी है। इससे किसी के जीवन में व्यापक बदलाव नहीं आया है। उपेक्षा का सिलसिला जारी है। कष्टकारी यह है कि किन्नरों की उपेक्षा का सिलसिला घर से ही शुरू होता है। माँ-बाप, भाई, बहन व रिश्तेदार उन्हें खुद से अलग मानकर अपमानित व उपेक्षित करते हैं। किन्नर घर से बाहर निकलते हैं तब उपेक्षा का दंश और बढ़ जाता है। कोई वेदना को दूर करने के लिए संवेदना के चन्द शब्द कोई बोलने को तैयार नहीं होता'।

वर्णिका की बातों में काफी हद तक सत्यता भी नजर आती है। किन्नरों को उपेक्षा के दंश से मुक्ति दिलाने, उनकी वेदना को समझने के लिए कागजी कानून के बजाए सामाजिक सोच में बदलाव लाने की जरूरत है। यहाँ सोचने व समझनेवाली बात यह है कि जब किसी व्यक्ति के शारीरिक अंगों में कमी होती है तब वह समाज में दया, प्रेम का भागी हो जाता है। एक प्रकार से समाज व सरकार दोनों उनके प्रति सहानुभूति रखते हैं। इससे वह लोकतन्त्र के दत्तक पुत्र की तरह हो जाते हैं। यहाँ तक की अन्धे को अन्धा, बहरे को बहरा, गूंगे को गूंगा नहीं कहा जा सकता। उन्हें सम्मान सूचक शब्दों से पुकारना होता है, जिससे उनके दिल को चोट न लगे। दिव्यांग श्रेणी में होने के नाते ऐसे लोगों को शिक्षा, स्वास्थ्य, रोजगार की विशेष सुविधा शासन की ओर से मुहैया कराई जाती है। अगर शारीरिक रूप से अक्षम या अपंग व्यक्ति को कोई अपमानित करता है तब कानून में उसे दंड देने का प्रावधान है, लेकिन किन्नर समुदाय को उस श्रेणी में नहीं रखा गया है। यह किन्नरों के लिए अत्यन्त चिन्ताजनक व कष्टकारी है। किन्नर का जनन अंग विकृत होता है। इससे उन्हें शारीरिक विकृतियों का सामना करना पड़ता है, लेकिन किन्नर को दिव्यांगता की श्रेणी में नहीं रखा गया। न ही उन्हें अपमानित करनेवालों को कोई सजा का प्राविधान किया गया है, जबकि देखा जाए तो किन्नरों को सुविधा व सुरक्षा की सबसे ज्यादा जरूरत है। उन्हें दिव्यांगता की श्रेणी में रखकर सारी सुविधाएँ मुहैया कराने की जरूरत है। हर दिव्यांग की तरह किन्नर भी लोकतन्त्र के दत्तकपुत्र हैं, जिसे समझने की जरूरत है।

यहाँ समझनेवाली बात यह है कि मनुष्य के लिए 'काम' (सेक्स) मन की तृप्ति है। वह मन-मस्तिष्क के जरिए शरीर में प्रकट होता है। फिर कुछ क्षण के लिए वह उसी के वश में हो जाता है। इस तृप्ति से किन्नर अछूते नहीं है। जैसे शरीर में कोई अंग हो या न हो, तब भी उसकी लालसा बनी रहती है। इसी प्रकार क्रोध,

मोह, अहंकार मन की विकृतियाँ हैं। इनसे सम्बन्धित अंग उन्हें पोषित करते हैं। आँखे संसार की सतरंगी दुनिया को दिखाती हैं। कान सुरीली मनमोहक आवाज को सुनाकर मन की वृत्तियों को जगा देते हैं। मन उसके प्रभाव क्षेत्र को पढ़कर उत्तेजित करता है। मन की वृत्तियों में काम (सेक्स) का पूर्ण आभास होता है। किन्नरों के भले ही जनन-अंग विकृत होते हैं। लेकिन, काम की वृत्ति उनमें भी होती है। विचार करें कि काम की वृत्ति होते हुए भी वह शरीर से उसका उपभोग नहीं कर पाते। ऐसी स्थिति में उनके मन पर क्या गुजरती होगी? वहीं, सामाजिक ताने व उपेक्षा का दंश जो झेलना पड़ता है सो अलग। इसके बावजूद किन्नर जी रहे हैं। लेकिन, उनकी व्यथा समझने को कोई तैयार नहीं है।

किन्नरों का सामाजिक स्तर सुधारने के लिए प्रयत्नशील वरिष्ठ पत्रकार पवन द्विवेदी कहते हैं कि किन्नरों के प्रति सरकार, समाज व आम नागरिकों को दिव्यांगों की भाँति सहानुभूति रखनी चाहिए। यह काम भाषणों, कागजी कोरम तक सीमित न रहे, बल्कि जमीनी स्तर पर किया जाए उसकी चिन्ता करने की जरूरत है। किन्नरों के लिए ऐसा वातावरण बनाने की जरूरत है, जिसमें उन्हें समानता का अधिकार प्राप्त हो। किन्नरों को एहसास कराने की जरूरत है कि जैसे हर स्त्री-पुरुष एक-दूसरे से आत्मीय जुड़ाव रखते हैं, उसी प्रकार किन्नर भी उनके समाज व जीवन का अहम हिस्सा हैं। जैसे समाज में किसी व्यक्ति की मृत्यु होने पर उसके परिवार के सदस्यों के प्रति सहानुभूति प्रकट करने के लिए लोग सान्त्वना देने उसके घर जाते हैं। वही सहानुभूति व अपनत्व किन्नरों के प्रति जाग्रत करने की जरूरत है। पवन द्विवेदी सुझाव देते हुए कहते हैं कि किन्नरों की दशा सुधारने के लिए केन्द्र व हर राज्य की सरकार को बातों, वादों के बजाए प्रभावी कदम उठाना चाहिए। सरकार को किन्नर मुक्ति केन्द्र, किन्नर सुधार गृह की स्थापना करके किन्नर चेतना अभियान जैसी पहल करनी चाहिए। इसके जरिए उचित सुविधाएँ व प्रशिक्षण देकर किन्नरों का जीवन सामान्य व्यक्ति की भाँति बनाया जा सकता है। ऐसा कदम उठाने से किन्नर आत्मनिर्भर बनेंगे। आत्मनिर्भर बनने पर स्वाभिमान व सम्मान का बोध उनके अन्दर स्वतः आने लगेगा। वह कानून की समझ रखने के साथ उसका उचित उपयोग भी करने लगेंगे। लेकिन, यह कार्य अत्यन्त कठिन है। अगर देखा जाए तो किन्नर पूरी व्यवस्था से लुप्त हो चुके हैं। कहीं भी उनका जिक्र नहीं आता। न ही केन्द्र व राज्य की सरकारों की ओर से किन्नरों को दृष्टिगत रखकर कोई योजना व व्यवस्था बनाई जाती है। ऐसी स्थिति में शासन-प्रशासन की व्यवस्था में किन्नरों की उपस्थिति कराना आसान नहीं है। लेकिन, यह कार्य असम्भव भी नहीं है। सुप्रीम कोर्ट से किन्नरों के पक्ष में फैसला आने के बाद देश के कुछ राज्यों

में विभिन्न विभागों में निकलनेवाले फार्मों में स्त्री व पुरुष के बाद थर्ड जेंडर का कॉलम अलग से बनने लगा है। किन्नरों को शिक्षित करने की पहल भी शुरू हो गई है। अब जरूरत है, इसी व्यवस्था को वृहद स्वरूप देने की। इसके जरिए सदियों से चली आ रही किन्नरों की उपेक्षा खत्म की जा सकती है। यह कार्य करने के लिए नेक दिल, पवित्र प्रयास करने के साथ समर्पित भाव जाग्रत करने की जरूरत है।

किन्नरों का राजनीतिक हस्तक्षेप

सदियों से उपेक्षा का दंश झेल रहे किन्नरों की वेदना महसूस करनेवाला भले कोई नहीं है। संवेदना के शब्द सुनने व उसकी अनुभूति के लिए जिनके कान तरस रहे हैं। उन्हीं किन्नरों ने अपनी जुझारू प्रवृत्ति के जरिए समाज में अलग उपस्थिति दर्ज कराने का प्रयास किया है। दुत्कार व उपेक्षा से आजीज आ चुके किन्नरों में अपने अधिकार व सम्मान के प्रति जागरूकता बढ़ रही है। वह किसी से याचना करने के बजाए खुद को योग्य बनाने को प्रयत्नशील हैं। महिला व पुरुष की भाँति किन्नर अपने अस्तित्व को अलग सम्मान व पहचान दिलाने की दिशा में पग बढ़ा रहे हैं। सुप्रीम कोर्ट से स्वीकार्यता मिलने के बाद किन्नर रोजगार की पाने को प्रयासरत हैं। समाज से कदमताल करने के लिए वह पुलिस-प्रशासन, शिक्षा, चिकित्सा, राजनीति, न्याय आदि क्षेत्रों में प्रतिनिधित्व करने को आतुर हैं। इसके जरिए अपनी सदियों से चली आ रही नाचने-गाने की परम्परा से मुक्ति पाने का प्रयास कर रहे हैं। कई किन्नरों को उनके मन्तव्य के अनुरूप सफलता भी मिली है। पुलिस, प्रशासन व सामाजिक क्षेत्र में महत्त्वपूर्ण ओहदा प्राप्त करके किन्नरों ने सबका ध्यान अपनी ओर खींचा है। जबकि कई किन्नरों ने राजनीति व धर्म के क्षेत्र में सफलता का झंडा गाड़कर सुर्खियाँ बटोरी हैं। इन दोनों क्षेत्रों में किन्नरों को सही मायने में जन-स्वीकार्यता मिली है। वोट डालने का अधिकार मिलने के बाद राजनीति के क्षेत्र में अनेक किन्नरों ने भाग्य आजमाया। देश के अलग-अलग क्षेत्रों की जनता ने उन्हें वोट देकर आत्मीयता से स्वीकार किया। किन्नरों को यह स्वीकार्यता उनके संघर्ष और समाज के प्रति अपनत्व व समर्पण के कारण मिली है। आम लोगों ने महसूस किया कि किन्नर का चरित्र व कर्म दोनों पवित्र है। वह उसमें कभी भ्रष्टाचार रूपी दाग नहीं लगने देंगे। यही विश्वास किन्नरों की सफलता का मूल आधार है।

राजनीतिक क्षेत्र में किन्नर की पहली उपस्थिति 1984 में हुए लोकसभा चुनाव में मानी जाती है। चुनाव का क्षेत्र था इलाहाबाद संसदीय सीट। प्रयागराज सदैव शिक्षा, न्याय, धार्मिक, पौराणिक, साहित्यिक के साथ राजनीतिक गतिविधियों का केन्द्र रहा है। इस शहर से निकली विभूतियों ने हर क्षेत्र में महत्त्वपूर्ण भूमिका निभाई

है। लेकिन, 1984 के लोकसभा चुनाव में प्रयागराज की इलाहाबाद संसदीय सीट पर हर किसी की नजर टिकी थी। इसकी चर्चा देश ही नहीं विदेशों में भी थी। इसका प्रमुख कारण फिल्मी दुनिया के महानायक अमिताभ बच्चन व उत्तर प्रदेश के पूर्व मुख्यमन्त्री जननायक हेमवती नन्दन बहुगुणा का एक-दूसरे के खिलाफ चुनाव लड़ना था। प्रयागराज अमिताभ बच्चन की जन्म स्थली भी है। रुपहले पर्दे पर अपनी अभिनय के जादू से देश-विदेश के लोगों को दिवाना बनाने के बाद वह अपनी जन्मस्थली में चुनाव लड़ने आए थे। उस दौर में अमिताभ का जादू हर किसी के सिर चढ़कर बोल रहा था, तो हेमवतीनन्दन बहुगुणा की लोकप्रियता भी कम नहीं थी। यही कारण है कि कांग्रेस को हेमवती नन्दन बहुगुणा को हराने के लिए अमिताभ को प्रत्याशी बनाना पड़ा। इसके साथ इलाहाबाद संसदीय सीट से किन्नर का चुनाव लड़ना भी अद्वितीय घटना थी। दो महारथियों के बीच में किन्नर चुन्नी बाई के चुनावी मैदान में उतरने से हर किसी की नजर इस क्षेत्र पर टिकी थी। खासबात यह है कि तब किन्नरों को वोट डालने का अधिकार भी नहीं मिला था। इसके बावजूद चुन्नी बाई ने चुनाव के लिए अपना नामांकन कर दिया। चुनाव में अमिताभ बच्चन को जीत हासिल हुई। चुन्नी बाई को 1300 के लगभग वोट मिले थे। चुन्नी बाई को जीत नहीं मिलेगी यह पहले से तय था। लेकिन, वह चुनाव किन्नरों के विपरीत परिस्थितियों से लड़ने के जज्बे को प्रदर्शित करनेवाला साबित हुआ। किन्नरों की यही मंशा थी। वह अपनी मंशा में सफल भी हुए। वयोवृद्ध कर्मचारी नेता कृपाशंकर श्रीवास्तव 1984 के चुनाव में हेमवतीनन्दन बहुगुणा के साथ थे। दिन-रात बहुगुणा के प्रचार-प्रसार में लगे रहे। लेकिन, चुन्नी बाई को उनका भावनात्मक समर्थन था। वह कहते हैं कि, '1984 का लोकसभा चुनाव दो धूरी में बँटा था। एक अमिताभ बच्चन के साथ था और दूसरा बहुगुणा जी के समर्थन में खड़ा था। इनके बीच किसी तीसरे प्रत्याशी की चर्चा की कोई गुंजाइश ही नहीं थी। न ही कोई किसी को जानता था। अगर तीसरे नम्बर पर किसी की चर्चा होती थी तो वह चुन्नी बाई थीं। चुन्नी के पास न गाड़ियों का काफिला था, न लोगों की भीड़ उनके साथ चलती थी। तब मीडिया की सक्रियता भी आज की तरह नहीं थी। जो मीडिया थी वह अमिताभ व बहुगुणा जी के इर्द-गिर्द घूमती थी। इसके बीच चुन्नी अपनी टोली के साथ घर-घर जाकर झोली फैलाकर लोगों से वोट के रूप में भिक्षा माँगती थीं। वह कहती थीं कि मुझे पैसा, अनाज व कपड़ा नहीं, आपका वोट चाहिए। चुन्नी का प्रचार करने के लिए दिल्ली, मुम्बई, कोलकाता, लखनऊ सहित अनेक शहरों से किन्नर प्रयागराज आए थे। जैसे परिवार के किसी सदस्य के चुनाव लड़ने पर सब मिलकर काम करते हैं। वही एकता व समर्पण किन्नरों में नजर आ

रही थी। वह खुद के परिवार के सदस्य के चुनाव लड़ने पर उत्साहित थे। चुन्नी बाई को मिले एक-एक वोट किन्नर समाज की चेतना बढ़ाने के लिए काफी थे। इसके जरिए किन्नरों की बदलती सोच व समाज में पहचान बनाने की उनकी बढ़ती छटपटाहट मूर्त रूप लेती नजर आ रही थी। इस चुनाव में समाज भी किन्नरों की बदलती सोच से रू-ब-रू हुआ। चुन्नी बाई के जज्बे की सबने सराहना भी किया। चुनाव के बाद अनेक धार्मिक, सामाजिक व कर्मचारी संगठनों ने किन्नर चुन्नी बाई को सम्मानित करके उनके साहस व प्रयास की सराहना किया'।

समय का चक्र धीरे-धीरे बदलता रहा। फिर एक समय ऐसा भी आया जब किन्नरों को राजनीत में उपस्थिति दर्ज कराने का मजबूत आधार भी मिल गया। वह आधार था किन्नरों को वोट देने का अधिकार मिलना। इसका श्रेय जाता है पूर्व मुख्य चुनाव आयुक्त टीएन शेषन को। मुख्य चुनाव आयुक्त रहते हुए टीएन शेषन ने 1994 में लैंगिक रूप से दिव्यांग माने जानेवाले समाज के उपेक्षित वर्ग किन्नरों को वोट डालने का अधिकार देने का अहम निर्णय लिया। वोट का अधिकार मिलने पर किन्नरों की समाज में स्वीकार्यता अचानक बढ़ गई। जो उन्हें उपेक्षा के भाव से देखते थे, वोट की लालच में वे किन्नरों का समर्थन पाने के लिए उनके आगे मिन्नतों की झोली फैलाए खड़े नजर आने लगे। उस समय मतदान के लिए किन्नरों को महिलाओं के रूप में दर्जा दिया गया था। इसके साथ ही किन्नरों के राजनीति में प्रवेश करने के रास्ते भी खुल गए। किन्नर वोट डालने के साथ खुद चुनाव लड़ने के लिए सक्षम हो गए। इस अवसर का सदुपयोग करते हुए किन्नरों ने राजनीति के क्षेत्र में अपनी पहचान बनाने की दिशा में कदम बढ़ाना शुरू कर दिया। राजनीति के साम, दाम, दंड, भेद, छल व कपट से अनभिज्ञ किन्नर अल्प-संसाधन में अलग-अलग क्षेत्रों में चुनावी रण में कूद पड़े। किन्नरों की सरलता व सच्चाई उनकी ताकत बनी। राजनीत में पहली सफलता हरियाणा के हिसार की किन्नर शोभा नेहरू को मिली। वह 1995 में हुए नगर निगम चुनाव में हिसार के वार्ड नम्बर नौ से पार्षद चुनी गईं। शोभा की जीत ने सदियों से उपेक्षित वर्ग के स्वाभिमान को अचानक जगा दिया। उनमें अचानक खुद के 'खास' होने की भावना हिलोर मारने लगी। इसके बाद राजस्थान के श्रीगंगानगर की किन्नर बसन्ती भी पार्षद चुनी गईं। राजनीतिक क्षेत्र में मिली यह सफलता किन्नरों की समाज में बढ़ती स्वीकार्यता व लोकप्रियता का प्रमाण थी। किन्नर समाज के हर वर्ग में अपनी पैठ आसानी से बना रहे थे।

किन्नरों के राजनीतिक सफर को स्वर्णिम बनाने में मध्य प्रदेश की जनता का अहम योगदान है। मध्य प्रदेश के अनेक क्षेत्रों में किन्नरों को जनप्रतिनिधि के रूप में चुनकर महत्त्वपूर्ण जिम्मेदारी सौंपी गई। इसमें सबसे चर्चित सोहागपुर विधानसभा

क्षेत्र रहा। मध्य प्रदेश के शहडोल जिला के अन्तर्गत आनेवाली सोहागपुर विधानसभा सीट से 1998 में किन्नर शबनम मौसी ने चुनाव लड़ा। शबनम के नामांकन करने के बाद से यह सीट देश-विदेश में चर्चित हो गई। शबनम मौसी के साथ प्रचार में निकलनेवाली किन्नरों की टोली हर किसी के आकर्षण का केन्द्र रही। हर वर्ग के लोगों को शबनम मौसी की बातें व वादे पसन्द आए। इसका असर यह रहा है कि शबनम मौसी को चुनाव में भारी अन्तर से जीत मिली। प्रतिद्वन्द्वी पार्टियों के प्रत्याशियों को अपनी जमानत बचाने के लिए मशक्कत करनी पड़ी। शबनम मौसी देश की पहली किन्नर विधायक थीं। विधानसभा में पहुँचने पर उन्होंने किन्नरों के साथ हर वर्ग के लोगों के अधिकार के लिए पुरजोर तरीके से आवाज बुलन्द की। इससे उनकी लोकप्रियता काफी बढ़ गई थी। उस लोकप्रियता को नया आयाम देने के लिए शबनम मौसी के जीवन को रुपहले पर्दे पर उतारा गया। योगेश भारद्वाज के निर्देशन में 'शबनम मौसी' नामक फिल्म बनाई गई। इस फिल्म के जरिए शबनम मौसी के सफर को खूबसूरती से दिखाया गया। फिल्म में प्रख्यात अभिनेता आशुतोष राणा ने शबनम मौसी का किरदार निभाया। आशुतोष राणा के किरदार को लोगों ने काफी पसन्द किया।

शबनम मौसी के बाद राजनीति में किन्नरों का प्रवेश तेजी से हुआ। देश के अलग-अलग क्षेत्रों के किन्नरों ने चुनाव में अपनी किस्मत को आजमाया। कइयों को सफलता भी मिली है। उत्तर प्रदेश के गोरखपुर में नगर निगम में 2001 में किन्नर आशा देवी मेयर चुनीं गईं। यह उत्तर प्रदेश का काफी चर्चित चुनाव था। वहीं, कमला जान मध्य प्रदेश के कटनी की मेयर बनीं। जबकि मेहर बाई सीहोर नगर पालिका की अध्यक्ष चुनी गईं। सोनिया किन्नर अजमेर (राजस्थान) में विधायक के पद पर आसीन हुईं। मध्य प्रदेश के सतना जिले में मेयर के पद पर किन्नर विराजमान हुए। इसके अलावा उत्तर प्रदेश के अलग-अलग क्षेत्रों से किन्नरों ने कई बार लोकसभा व विधानसभा चुनावों में भाग्य आजमाया। इसका सिलसिला अनवरत जारी है। हर किन्नर प्रत्याशी भले चुनाव न जीत पाये, लेकिन वह आम लोगों के दिल में अपनी जगह बनाने में कामयाब रहते हैं। किन्नर प्रत्याशियों के चुनाव में हौसला व उत्साह बढ़ाने के लिए कई नेता उनके समर्थन में प्रचार करने के लिए आगे आ रहे हैं।

इलाहाबाद संसदीय क्षेत्र से 2019 का लोकसभा चुनाव लड़नेवालीं किन्नर अखाड़ा की महामंडलेश्वर भवानी माँ कहती हैं कि, 'हमारा अपना कोई परिवार नहीं है, जिसका हमें पालन-पोषण करना है। किन्नर परिवार का मोह जीवन के शुरूआती दौर में ही त्यागकर घर से बाहर निकल जाता है। इसके बाद समाज

हमारा परिवार बन जाता है। समाज का हर व्यक्ति हमारे घर का सदस्य है। हमें उसी के लिए जीना और उसी के लिए मरना होता है। इसी भावना के साथ किन्नर राजनीत के दलदल में उतरते हैं। राजनीति में आने के पीछे हमारा मकसद यहाँ के भ्रष्टाचार को खत्म करके जनसेवा करना है। राजनीत आज भ्रष्टाचार की जननी बन चुकी है। किन्नरों में उसे खत्म करने का माद्दा है, क्योंकि वह भ्रष्टाचार से कभी खुद को जोड़ ही नहीं सकते। भ्रष्टाचार करके सम्पत्ति बनाने की लालसा किसी किन्नर में नहीं होती। किन्नर ऐसा वर्ग है जो खुद भूखा रहकर दूसरों का पेट भरता है। कोरोना वायरस के चलते वैश्विक महामारी में लोगों ने किन्नरों का सेवा व त्याग का भाव देखा भी है। कोरोना के कारण देशव्यापी लॉकडाउन घोषित किया तब हर क्षेत्र के किन्नर भूखों को भोजन कराने के लिए आगे आए। भोजन, राशन, मास्क, सेनिटाइजर आदि का वितरण करके समाज के प्रति अपने कर्त्तव्य का निर्वहन किया। ऐसा करने के लिए उन्हें किसी ने प्रेरित नहीं किया। न ही कोई पाबन्दी थी कि उनको दान करना ही है। किन्नर तो स्वयं घर-घर माँगकर अपना जीवनयापन करते हैं। लेकिन, जब देश पर संकट आया तब किन्नर खुद की चिन्ता किए बगैर दूसरों की मदद के लिए खड़े हो गए। समाज के उन लोगों का सहारा बने जो उन्हें ताना मारते रहे हैं। यह किन्नरों का देश व समाज के प्रति समर्पण दर्शाने का छोटा-सा उदाहरण है।' यह सत्य है कि व्यवस्था बदलने का प्रमुख माध्यम राजनीति ही मानी जाती है। राजनीति के जरिए सत्ता पर पहुँचकर व्यवस्था में व्यापक बदलाव किया जा सकता है। हर वर्ग के लोगों को उसका अधिकार व सम्मान भी इसी के जरिए प्राप्त होता है। यही कारण है कि किन्नरों के अन्दर राजनीति के पद, प्रतिष्ठा प्राप्त करने की लालसा बढ़ रही है। लेकिन, कुछ किन्नर राजनीत से परहेज भी करते हैं। वह कहते हैं कि, 'हम यदि राजनीति में घुस जाएंगे तो शादियों व पैदाइश होने पर कौन नाचेगा-गायेगा? ताली पीटकर नाचना-गाना और बजाना हमारी असलियत है। हम अपना आधार और असलियत को खत्म नहीं कर सकते।' वैसे श्रीरामचरित मानस में कहा गया है कि कलियुग में किन्नरों का शासन आएगा। आज जब से किन्नरों ने राजनीति में जोर-आजमाइश शुरू कर दी है, उससे वह बात सत्य साबित होती नजर आ रही है। लेकिन, अभी उस बात को हकीकत में बदलने के लिए किन्नरों को लम्बी दूरी तय करनी होगी। उन्हें अपने सफर में हर पग पर कोई-न-कोई चुनौती का सामना करना पड़ेगा। सच्चाई यह भी है कि किन्नरों के अन्दर हर चुनौती से लड़ने का जज्बा है। अतीत में किन्नरों ने उसे साबित करके दिखाया है, उसे देखकर उनकी भविष्य की राह सुगम नजर आ रही है।

प्रशासनिक क्षेत्र में दर्ज कराई उपस्थिति

किन्नरों में प्रतिभा, मेहनत व समर्पण की कमी नहीं है। अनेक मौकों में किन्नरों ने उसे साबित भी किया है। लेकिन, कुछ व्यवहारिक दिक्कतें उनकी राह में रोड़ा बनती रही हैं। किन्नरों के सामने बड़ी समस्या यह थी कि उन्हें स्त्री या पुरुष किस वर्ग में रखकर सरकारी विभाग में प्रतिनिधित्व दिया जाए। सुप्रीम कोर्ट से किन्नरों के पक्ष में फैसला आने से पहले सरकारी व गैर सरकारी संस्थानों में स्त्री व पुरुष के अलावा किसी तीसरे जेंडर का अस्तित्व नहीं था। यह ऐसी समस्या थी, जिसके कारण प्रतिभा व योग्यता होने के बावजूद किन्नर अपना अधिकार पाने से वंचित थे। इसके बावजूद किन्नरों ने हार नहीं मानी। इस समस्या का निराकरण कराने के लिए किन्नरों ने कोर्ट की शरण लिया। कोर्ट से उन्हें प्रतिभा व योग्यता के अनुरूप काम देने का निर्देश हुआ। इसके बाद पुलिस व प्रशासनिक क्षेत्र में किन्नर समाज के लोगों ने अपनी हनक से समाज को नया सन्देश देने का सफल प्रयास किया। इसकी शुरुआत दक्षिण भारत से हुई। वहाँ तमिलनाडु की किन्नर पृथिका यशिनी पहली आइएएस अधिकारी बनीं। उन्होंने अपने कार्य के जरिए समाज को नई दिशा दी। अनुशासित जीवन-शैली, कार्य के प्रति समर्पण, कठोर परिश्रम से उन्होंने प्रशासिनक क्षेत्र में अपनी अमिट छाप छोड़ी। इनके अलावा भोपाल की संजना सिंह को मध्य प्रदेश सरकार में सामाजिक न्याय और दिव्यांग विभाग के सचिव का निजी सहायक बनाया गया। राजस्थान के जालौर की निवासी गंगा कुमारी 2017 में पुलिस कांस्टेबल बनीं। कांस्टेबल बननेवाली वह देश की पहली किन्नर थीं। यहाँ गौर करनेवाली बात यह है कि किन्नरों को पद, प्रतिष्ठा खैरात में नहीं मिली। न ही उन्हें आरक्षण का सहारा दिया गया। बल्कि पद व जिम्मेदारी प्राप्त करने के लिए किन्नरों ने कड़ा संघर्ष किया। पहले बिना किसी सहूलियत व छूट के परीक्षा पास किया, उसके बाद कोर्ट में अधिकार पाने के लिए आवाज उठाई। कोर्ट की अनुमति मिलने के बाद उन्हें अपना पद व अधिकार प्राप्त हुआ। जब पद मिला तो कुंठा या विद्वेष की भावना से इतर पूरे समर्पण से समाज के हित में काम करके नई इबारत लिखी। कर्म के प्रति यही समर्पण व भाव किन्नरों को आम स्त्री व पुरुष से अलग करता है। किन्नर के लिए कोई पद, प्रतिष्ठा व अधिकार उनके सुख-सुविधा के लिए नहीं होता। न ही वह उसके जरिए अपने परिवार, रिश्तेदारों को कोई लाभ पहुँचाने का प्रयास करते हैं। देश सर्वोपरि की भावना से किन्नर काम करते हैं। जबकि आम स्त्री व पुरुषों में इस भावना का अभाव नजर आता है।

उत्सव में किन्नरों का मेल-मिलाप

समाज के बदलते परिवेश से कदमताल करते हुए किन्नर आगे बढ़ें। कुंठित मानसिकता के साथ जीवन व्यतीत करने के बजाए वह समाज को खुद की अहमियत का एहसास कराएँ, साथ ही किन्नरों में आपसकी सामंजस स्थापित करने के लिए मेल-मिलाप के कार्यक्रमों को बढ़ावा देने की प्रक्रिया चल रही है। गौर करनेवाली बात यह है कि सारे किन्नर एक समान नहीं होते। किन्नर दो प्रकार के होते हैं। एक शारीरिक अंगों की विकृति या कमी के कारण किन्नर कहलाते हैं, जबकि दूसरे वे हैं जो शारीरिक रूप से पूर्ण होते हैं, परन्तु आत्मा से अधूरे होते हैं। आत्मा से अधूरे किन्नरों की संख्या अधिक है। इनमें किसी प्रकार का दुराव न हो उसके लिए सामूहिक प्रयास किया जाता है। दोनों प्रकार के किन्नरों में आपसी सामंजस्य स्थापित करने के लिए उन्हें साल-दो साल में एक स्थान पर एकत्र करने की परम्परा चल रही है। बेंगलुरु, भोपाल व लखनऊ जैसे शहरों में किन्नरों का सम्मेलन धूमधाम से उत्सव की तरह आयोजित किया जाता है। ये सम्मेलन किन्नरों के लिए पर्व के समान होते हैं। ऐसा पर्व जिसमें उन्हें खुद को पहचानने व समझने का मौका मिलता है। यही कारण है कि इन सम्मेलनों में देशभर के किन्नरों का जमघट होता है।

किन्नरों का सम्मेलन नाच-गाना तक सीमित नहीं रहता, बल्कि उनके अन्दर छिपी प्रतिभा को निखारा जाता है। सौन्दर्य, वाद-विवाद, माडलिंग, गायन जैसी प्रतियोगिताओं के जरिए किन्नरों के हुनर को निखारा जाता है। सजे-संवरे किन्नर मंच पर अपना जलवा बिखेरते हैं तो उनकी अद्‌भुत छटा देखते ही बनती है। वे खुद को बेहतरीन मॉडल व अभिनेत्री की भाँति दिखाने का प्रयास करते हैं। खुद की अहमियत का एहसास कराने के लिए दिल में छिपे अरमानों को खुलकर प्रदर्शित करते हैं। इसके जरिए किन्नर साबित करने का प्रयास करते हैं कि वह किसी से कम नहीं हैं। समाज अगर उन्हें उचित मौका दे तो वह किसी को भी पीछे छोड़ सकते हैं। वहीं, अलग-अलग क्षेत्रों में विशेष उपलब्धि हासिल करनेवाले किन्नरों को सम्मानित करके दूसरों को उनकी भाँति बनने की प्रेरणा दी जाती है। इसके जरिए किन्नरों को अपना मेल-जोल बढ़ाने व सुख-दु:ख बाँटने का मौका मिलता है। साथ ही किन्नर खुद को समाज का अभिन्न अंग होने का सन्देश देते हैं। अपनी उपलब्धियों व प्रतिभा के जरिए किन्नर समाज का ध्यान अपनी ओर खींचना चाहते हैं। किन्नर कहते हैं कि, 'हमारे कोई बेटा-बेटी तो नहीं हैं, जिससे उसकी शादी में हम सबको इकट्‌ठा करेंगे। हमारे एकत्र होने के लिए ऐसे सम्मेलन ही सशक्त

माध्यम हैं, जहाँ हमारे सारे अरमान पूरे होते है। किन्नर नाच-गाना, हंसी-टिठोली के माध्यम से आपस में मेल-मुलाकात का आनन्द लेते हैं। उत्सव के बहाने से आपस में माँ-बेटी या बहन-भाई जैसे कई नए रिश्ते बन जाते हैं'। किन्नरों के इस आपसी मेल-मिलाप के कार्यक्रम को धीरे-धीरे विस्तार दिया जा रहा है। देश के हर प्रमुख शहर में ऐसे आयोजन किए जाएं, उस दिशा में किन्नर समाज काम कर रहा है।

किन्नर अखाड़ा का उद्भव

समाज के कुछ लोगों की रूढ़ीवादी सोच और उनकी घिसी-पिटी मनगढ़न्त परम्पराओं के खिलाफ बदलाव की बयार हर दौर में बहती रही है। धार्मिक पाखंड, बाल विवाह, दहेज प्रथा, सती प्रथा जैसी रूढ़ियों का खात्मा करने के लिए मुखर होनेवाली आवाज हर किसी को झकझोर कर धर्म के सही मर्म का एहसास कराती है। इसके जरिए समाज के उपेक्षित व प्रताड़ित वर्ग को विशिष्ट सम्मान तथा अधिकार प्राप्त होता है और उपेक्षा की बेड़ियों में जकड़े लोगों की स्वीकार्यता एकाएक बढ़ जाती है। उपेक्षा के भाव में अचानक आत्मीयता झलकने लगती है। अपशब्दों की जगह मुख से सम्मान व अपनत्व के शब्द बयाँ होने लगते हैं। 'किन्नर अखाड़ा' की स्थापना के बाद कुछ ऐसा ही चमत्कार किन्नरों के जीवन में देखने को मिल रहा है। सदियों से धार्मिक व सामाजिक रूप से उपेक्षा का दंश झेल रहे जिन किन्नरों की वेदना महसूस करने को कोई तैयार नहीं था। उन्हें 'किन्नर अखाड़ा' के जरिए नई पहचान व सम्मान मिलने लगा। उपेक्षा व अपमान से किन्नरों को एक झटके में मुक्ति मिल गई। समाज का हर वर्ग उनके प्रति अपने विचार व भाव में तेजी से परिवर्तन ला रहा है। माथे पर चन्दन, गले में रुद्राक्ष की माला व शरीर में भगवा वस्त्र धारण करनेवाले किन्नरों की अद्‌भुत काया का दर्शन करने को हर कोई व्याकुल है। स्वयं के कष्टों का निवारण कराने के लिए आम व्यक्तियों के साथ बड़े-बड़े ओहदेवाले लोग किन्नर संन्यासियों के आगे मिन्नत की झोली फैलाए नजर आते हैं। किन्नर संन्यासी जिसके सिर पर ममता व अपनत्व का हाथ फेरते हैं, उसे साक्षात देव आशीष प्राप्त होने की अनुभूति होती है। सही मायने में किन्नर अखाड़ा बनने के बाद किन्नरों का 'उपदेवता' वाला स्वरूप पुनः जीवन्त हो गया है। किन्नर संन्यासियों को हर कोई सन्त-महात्माओं से श्रेष्ठ 'उपदेवता' के समान मानते और पूजते हैं।

शास्त्रों में कहा गया है कि धर्म व कर्म के जरिए इनसान खुद को अमरत्व की प्राप्ति करा सकता है। लेकिन, उसके लिए खुद को आध्यात्म की अग्नि में श्रद्धा भाव से तपाना होता है। श्रद्धा, समर्पण व साधना के जरिए ज्ञान रूपी चैतन्यता प्राप्त

करनेवाले मनुष्य को कुछ पाने की इच्छा नहीं होती। महर्षि वाल्मीकी, तुलसीदास, कालीदास सरीखे दुनिया में ऐसे अनेक ऋषि-मुनि व महापुरुष देखने को मिलते हैं, जिनका शुरुआती जीवन मोह-माया, अज्ञानता से प्रभावित था। लेकिन, कालान्तर में उनके जीवन में कुछ ऐसा घटित हुआ, जिसके कारण उनके आचार-विचार में चमत्कारिक बदलाव आया। इसके बाद सांसारिक मोह-माया से मुक्त होकर स्वयं का जीवन अध्यात्म के लिए समर्पित कर दिया। आध्यात्मिक शक्ति से प्राप्त हुए ज्ञान ने उन्हें अमरत्व प्रदान किया, स्वयं परमात्मा भी पृथ्वी लोक पर अवतरित होने पर ऐसे ऋषियों का चरण वन्दन करते हैं। आज भी उनके ज्ञान के सागर में दुनिया गोते लगा रही है। समाज का हर वर्ग उनके रचित ग्रन्थ व विचारों को नजीर मानता है। हर कोई उनके दिखाए मार्ग का अनुसरण करके खुद का जीवन संवारने का प्रयास करता है। मर्यादा पुरुषोत्तम भगवान श्रीराम का जीवन भी त्याग की पराकाष्ठा है, इसी कारण लोग उन्हें पूजते हैं। त्रेता युग में श्रीराम का जन्म राजा दशरथ के राजमहल में हुआ था। राजमहल में समस्त सुख-सुविधाएँ थीं। वह जब तक अयोध्या में थे, तब उन्हें दशरथ व कौशल्या पुत्र युवराज राम कहा जाता था। वही श्रीराम ने राज-पाठ त्यागकर वनवास चले गए थे। वनवासी के समान जीवन व्यतीत करते हुए अनेक आतताई राक्षसों का वध करके 14 वर्ष बाद पुन: अयोध्या लौटे तो मर्यादा पुरुषोत्तम श्रीराम कहलाए। भगवान श्रीराम आज भी मर्यादा पुरुषोत्तम के रूप में दुनियाभर में पूजे जाते हैं। अगर श्रीराम अयोध्या न छोड़ते तो कोई उनकी वीरता, त्याग व मर्यादा से वाकिफ न हो पाता। इसी प्रकार राजा शुद्धोधन के पुत्र सिद्धार्थ ने राज-पाठ का त्याग कर दिया था। तपस्वी का जीवन व्यतीत करते हुए उन्होंने अद्भुत ज्ञान की प्राप्ति की। इसके कारण सिद्धार्थ आज भी भगवान गौतम बुद्ध के रूप में पूजे जाते हैं। यहाँ गौर करनेवाली बात यह है कि इनसान त्याग व तपस्या के बल पर ही महान बनता है। चाहे वह ऋषि-मुनि हों या कोई राजा अथवा राजकुमार। दुनिया त्यागी व्यक्ति को ही स्वीकारती है। खुद को भीड़ से अलग दिखाना है तो धर्म के दिखाए मार्ग पर चलते हुए त्याग की पराकाष्ठा करनी होगी। कुछ इसी मंशा के साथ 13 अक्टूबर 2015 को उज्जैन स्थित हसनपुर आश्रम में 'किन्नर अखाड़ा' की स्थापना की गई। ऋषि अजय दास अखाड़े के संस्थापक हैं, जबकि किन्नरों के अधिकार व सम्मान के लिए आवाज मुखर करनेवालीं लक्ष्मीनारायण त्रिपाठी को अखाड़ा के आचार्य महामंडलेश्वर पद पर आसीन किया गया। अखाड़ा के इष्टदेव अर्द्धनारीश्वर भगवान शिव व इष्टदेवी माता बहुचारा हैं। धर्मध्वजा सफेद है, जिसमें स्वर्ण का बार्डर बनाया गया है। अखाड़ा की माला वैजयन्ती, कंठी तीन मुखी रुद्राक्ष, शस्त्र तलवार व शास्त्र

शिवपुराण है। अखाड़ा के जरिए किन्नरों को सनातन धर्म से जोड़कर उनका जीवन स्तर सुधारने का ध्येय ही मुख्य आधार है। अखाड़ा का मकसद है कि किन्नर इस्लाम का मोह त्यागकर वापस अपने सनातन धर्म में लौटें। नशा से दूर रखकर, अपशब्द की भाषा त्यागकर संन्यासी बनकर जप-तप करें। दुनिया को अपनी धार्मिक शक्ति का एहसास कराकर मान-सम्मान हासिल करें। किन्नर अखाड़ा अपने मकसद में काफी हद तक सफल होता नजर आ रहा है। किन्नर संन्यासियों की संख्या में निरन्तर इजाफा हो रहा है। हर प्रान्त व क्षेत्र के किन्नर स्वयं को सनातन धर्म से जोड़कर खुद का जीवनस्तर बदलने का प्रयास कर रहे हैं। संन्यासी बननेवाले किन्नरों को समाज में सम्मान प्राप्त हो रहा है।

लोकतान्त्रिक है अखाड़े की व्यवस्था

अखाड़ों की दुनिया में जोरदार दस्तक देनेवाले किन्नर अखाड़े का अपना संविधान और नीति-नियम हैं। अखाड़े से जुड़े हर संन्यासी को उसका पालन करना होता है। अखाड़ा की पूरी व्यवस्था लोकतान्त्रिक है, वहाँ किसी एक व्यक्ति की हुकूमत नहीं चलती, बल्कि हर संन्यासी को अलग-अलग जिम्मेदारी सौंपी गई है। जो जिस कार्य के लिए महारथ रखता है उसे वही जिम्मेदारी दी जाती है। अखाड़े की ब्रांडिंग का जिम्मा आचार्य महामंडलेश्वर लक्ष्मीनारायण त्रिपाठी निभाती हैं। वह देश-विदेश की मीडिया के सम्पर्क में रहकर अखाड़े का प्रचार-प्रसार करती हैं। साथ ही समाज के विशिष्टजनों को अखाड़ा के सम्पर्क में लाकर उसकी स्वीकार्यता बढ़ाने का प्रयास करती हैं। वहीं, महन्त कामिनी वित्तीय व्यवस्था सम्भालती हैं। जबकि उत्तर भारत की प्रभारी महामंडलेश्वर भवानी माँ खान-पान से जुड़ी व्यवस्था सम्भालती हैं। जबकि महामंडलेश्वर कौशल्यानन्द गिरि उर्फ टीना माँ प्रयागराज में होनेवाले आयोजनों का जिम्मा सम्भालती हैं। ऐसे ही हर संन्यासी को कोई-न-कोई जिम्मेदारी सौंपी गई है। वह अपनी जिम्मेदारी के अनुसार बिना किसी रोक-टोक व पूछताछ के अपने काम में लगे रहते हैं। कुम्भ या किसी धार्मिक पर्व पर अखाड़ा का कौन-सा संन्यासी कहाँ श्रद्धालुओं को दर्शन देगा, यह भी सामूहिक राय पर तय किया जाता है। अखाड़ा में किसी भी किन्नर को आसानी से न शामिल किया जाता, न ही उन्हें जल्दी पद मिलता है। अखाड़े में किसे शामिल करना है उसका निर्णय आचार्य महामंडलेश्वर लक्ष्मीनारायण त्रिपाठी, महामंडलेश्वर भवानी माँ, महामंडलेश्वर कौशल्यानन्द गिरि, मंडलेश्वर महन्त कामिनी व महन्त कमल सहित प्रमुख पदाधिकारी मिलकर करते हैं। इस व्यवस्था के जरिए अखाड़ा में एकता स्थापित किया जाता है। हर ही सबको उनकी अहमियत

व सम्मान का एहसास कराया जाता है, जिससे किसी के अन्दर यह भावना न आने पाये कि उनका महत्त्व कम है।

निर्धारित की गई है योग्यता

किन्नर अखाड़ा से जुड़ना किसी के लिए आसान नहीं है। इसके लिए उन्हें कई स्तर की जाँच-पड़ताल का सामना करना पड़ता है। अखाड़ा में किसी को शामिल करने से पहले उसकी गुरु-शिष्य परम्परा व कर्त्तव्य-व्यक्तित्व को गहनता से परखा जाता है। इसके लिए अखाड़े में 'पंचदेव' नामक पाँच सदस्यीय कोर कमेटी बनाई गई है। यही कमेटी सारे महत्त्वपूर्ण निर्णय लेती है। कमेटी सम्बन्धित किन्नर के बारे में पूरी जानकारी एकत्र करके अपनी रिपोर्ट तैयार करती है। इसमें अखाड़े से जुड़नेवाले किन्नर के गुरु, घराने के बारे में पड़ताल होती है। संन्यास लेनेवाले किन्नर के इतिहास को देखा जाता है कि पहले उसका व्यवहार अपने समाज व आम लोगों के बीच कैसा था? हर स्तर पर सन्तुष्ट होने के बाद अन्त में पंचदेव की निर्णायक बैठक होती है। इस बैठक में सामूहिक राय पर नए किन्नर को अखाड़े में शामिल करने या न करने की रिपोर्ट तैयार की जाती है। फिर रिपोर्ट आचार्य महामंडलेश्वर को दी जाती है। आचार्य महामंडलेश्वर अखाड़े के पंचदेव, प्रमुख पदाधिकारियों व करीबी संन्यासियों के साथ बैठक करके सम्बन्धित किन्नर के कृतित्व-व्यक्तित्व पर विचार-विमर्श करतीं हैं। सामूहिक राय बनने पर उसका शपथ ग्रहण समारोह कराया जाता है। इसमें सम्बन्धित किन्नर को अखाड़े के नियम-निर्देश व कानून को बताया कर उसका पालन करने की शपथ दिलाई जाती है। इसके बाद मन्त्रोच्चार के बीच पट्टाभिषेक व तिलक लगाकर विधिवत अखाड़े में शामिल किया जाता है। अखाड़े में शामिल होनेवाले किन्नर की सारी गतिविधियों पर गुप्त नजर रखी जाती है। अगर कोई पदाधिकारी अथवा आम संन्यासी नियम के विरुद्ध काम करते पाया जाता है तो उन्हें तीन बार चेतावनी दी जाती है। इसके बाद भी वह चाल-चलन, व्यवहार में बदलाव नहीं करते तब उन्हें अखाड़े से बाहर कर दिया जाता है।

किन्नर अखाड़ा का आचार संहिता

किन्नर अखाड़ा में अनुशासन कायम रखने के लिए नियम व निर्देश बनाए गए हैं। अखाड़ा का यही आचार संहिता व संविधान का मूलमन्त्र है। हर संन्यासी व पदाधिकारी इन्हीं नियमों के आधीन होते हैं। सबकी कार्यप्रणाली व गतिविधियाँ इन्हीं नियमों के इर्द-गिर्द होती हैं। अखाड़ा में शामिल होकर संन्यास ग्रहण करनेवाले व्यक्ति को इन नियमों का पालन करने की शपथ दिलाई जाती है। उन्हें जीवनभर

उसे इन नियमों का पालन करना होता है। नियम की अनदेखी करना अक्षम्य अपराध माना जाता है।

1-प्रतिदिन सुबह चार से पाँच बजे के बीच बिस्तर छोड़ देंगे।

2-स्नान व पूजन के बाद ही अन्न-जल ग्रहण करेंगे।

3-प्रतिदिन सुबह व शाम को पूजन करेंगे।

4-हर समय माथे पर टीका लगाने के साथ गले में रुद्राक्ष या कोई अन्य माला धारण किए रहेंगे।

5-जीवन में कभी मांस व मदिरा का सेवन नहीं करेंगे।

6-हमेशा शालीन कपड़े पहनेंगे।

7-कभी किसी को अपशब्द नहीं कहेंगे।

8-मोबाइल में कॉल रिसीव करने या किसी का अभिवादन 'जय श्रीमहाकाल' बोलकर करेंगे।

9-गरीब किन्नर व समाज के अन्य लोगों की यथा-सम्भव मदद करेंगे।

10-मास में एक बार सामूहिक रूप से धार्मिक अनुष्ठान कराएँगे।

11-गलत रास्ते पर चल रहे किन्नरों को धर्म से जोड़कर अच्छाई के मार्ग पर चलने को प्रेरित करेंगे।

12-वर्ष में एक बार किसी तीर्थ-क्षेत्र जाकर दर्शन-पूजन करेंगे व दूसरों को कराएँगे।

13-समाज के हर उपेक्षित व्यक्ति चाहे वह किन्नर हो-या-न हो, उसे दिल से अपनाएँगे।

14-भ्रूण-हत्या जैसे महापाप को खत्म करने के लिए घर-घर जागृति फैलाने का काम करेंगे।

15- प्रवचन, पूजा-पाठ के जरिए स्वयं का जीवन व्यतीत करेंगे।

अनुशासनहीनता पर मिलती है सजा

अनुशासन किन्नर अखाड़ा के संविधान की धुरि व सबसे बड़ी ताकत है। हर संन्यासी को अनुशासित व नियम-कानून के दायरे में रहने की पाबन्दी होती है। जो नियम को तोड़ता है, तो उसे सजा का भागीदार बनना पड़ता है। सजा के तौर पर किसी को मारा-पीटा नहीं जाता। न ही उनसे कोई आर्थिक वसूली की जाती है। बल्कि अनुशासनहीनता करनेवाले संन्यासी को निर्जला व्रत रखवाकर भंडार गृह, रसोई का काम लिया जाता है। कइयों से परिसर की सफाई करवाई जाती है। जबकि सजा के तौर पर कुछ को चौकीदार के काम में लगाया जाता है। इसके

जरिए अनुशासनहीनता करनेवाले को उसकी गलती का एहसास कराकर सुधरने का मौका दिया जाता है। इसके बाद सामूहिक माफी मँगवाई जाती है। इस सजा के जरिए अखाड़ा के हर संन्यासी को नियम व अनुशासन का पालन करने का सन्देश दिया जाता है। इसके बाद भी कोई नियम विरुद्ध काम करता है और अखाड़ा के पंचदेव को लगता है कि वह खुद को सुधारने के लिए इच्छुक नहीं है तब उसके खिलाफ कड़ी कार्रवाई की जाती है। अखाड़ा हर संन्यासी व पदाधिकारी को तीन बार खुद की गलती सुधारने का मौका देता है। फिर चौथी बार नियम की अनदेखी व अनुशासनहीनता करनेवाले को पंचदेव सामूहिक राय पर अखाड़ा से बाहर करने का कठोर निर्णय लेते हैं। एक बार बाहर होनेवाले को दोबारा अखाड़ा में शामिल नहीं किया जाता। अगर वह काफी मिन्नत करता है और भविष्य में गलत काम से दूर रहने का आश्वासन देता है तब पंचदेव उसे अखाड़े में शामिल करने का निर्णय लेते हैं। लेकिन, दोबारा शामिल करने पर उसे महत्त्वपूर्ण पद व जिम्मेदारी नहीं दी जाती। उन्हें आम संन्यासी की भाँति अखाड़े में रहकर भजन-पूजन करने की अनुमति होती है।

पद के लिए योग्यता निर्धारित

किन्नर अखाड़ा में पद व प्रतिष्ठा किसी की धन व सम्पदा को देखकर नहीं दी जाती। यहाँ महामंडलेश्वर बनने के लिए अखाड़ा को महंगी भेंट नहीं देनी होती है। न ही आर्थिक रूप से कुछ खर्च कराया जाता है। धर्म के प्रति समर्पण व ज्ञान ही किन्नर अखाड़ा में पद प्राप्त करने का सबसे बड़ा मानक होता है। सनातन धर्म की अच्छी जानकारी रखने, शास्त्र व कर्मकांड के ज्ञाता और स्नातक तक की पढ़ाई किए हुए किन्नर या किसी स्त्री व पुरुष को महामंडलेश्वर की उपाधि दी जाती है। अगर स्नातक तक की पढ़ाई नहीं किए हैं, परन्तु धार्मिक कृत्यों में रूझान है तब भी महामंडलेश्वर की उपाधि दी जाती है। जो किन्नर जिस राज्य व क्षेत्र के वासी होते हैं उन्हें महामंडलेश्वर बनाकर उसी क्षेत्र में सक्रिय रहने की जिम्मेदारी दी जाती है। शर्त होती है कि वह अपने शिष्यों को सनातन धर्म से जोड़ें। अर्थात महामंडलेश्वर बननेवाले किन्नर का कोई शिष्य दूसरा धर्म न अपनाने पाएँ, सभी सनातन धर्म से जुड़कर खुद का कृतित्व व व्यक्तित्व सुधारें उन्हें उसी दिशा में काम करना होता है। किन्नर अखाड़ा अपने समस्त महामंडलेश्वरों को किन्नरों व आम स्त्री व पुरुष को जोड़ने तथा साथ लेकर चलने का निर्देश देता है। किन्नर अखाड़ा में मंडलेश्वर बनने का यही नियम है। इसमें 35 साल से ऊपर के किन्नर को महामंडलेश्वर की उपाधि दी जाती है। जबकि उससे कम उम्रवाले योग्य किन्नर को मंडलेश्वर

की उपाधि दी जाती है। मंडलेश्वर बनने बननेवाले किन्नर का काम बेहतर होने पर दो-तीन वर्ष में महामंडलेश्वर की उपाधि प्रदान की जाती है। महामंलेश्वर की उपाधि देने के लिए भव्य समारोह का आयोजन होता है, उसमें अखाड़ा के आचार्य महामंडलेश्वर, सभी महामंडलेश्वर व पदाधिकारी शामिल होते हैं। जबकि धर्म के प्रति समर्पित किन्नरों को महन्त की उपाधि देकर अखाड़े की प्रशासनिक व्यवस्था में लगाया जाता है। महामंडलेश्वर व मंडलेश्वर को अपने नीचे के संन्यासियों की परवरिश करने की जिम्मेदारी होती है। उन्हें उनके खाने-पीने, कपड़ा आदि का प्रबन्ध करना होता है।

प्रतिवर्ष कार्यों की समीक्षा

परम्परा व अनुशासन कायम रखने के लिए किन्नर अखाड़ा में हर वर्ष सबके कार्यों की समीक्षा होती है। साल में एक बार जनवरी से मार्च माह के बीच किसी तीर्थ स्थल पर अखाड़ा के सारे महात्मा एकत्र होते हैं। अखाड़ा के संन्यासियों के इस जुटान को 'आत्म मन्थन व धर्म चिन्तन' का नाम दिया गया है। इसमें आचार्य महामंडलेश्वर, महामंडलेश्वर, मंडलेश्वर, महन्त, संन्यासी, समस्त पदाधिकारी एक स्थान पर एकत्र होकर अपने कार्यों का ब्योरा देते हैं। सभी बताते हैं कि सालभर में उन्होंने धर्म व अखाड़ा के हित में क्या काम किया? कितने नए लोगों को संन्यासी बनाया? व्यक्तिगत रूप से कितने धार्मिक अनुष्ठान कराए? कितने धार्मिक अनुष्ठानों में शामिल हुए? कितने किन्नरों व आम लोगों की चिकित्सकीय, आर्थिक व सामाजिक रूप से मदद किया? इसमें सबके कार्यों की रिपोर्ट तैयार की जाती है। अगर किसी सक्रियता कम होती है तो उन्हें सक्रिय होने का निर्देश दिया जाता है। जबकि जिसका काम अच्छा होता है उन्हें 'किन्नर अखाड़ा रत्न' सम्मान से सम्मानित किया जाता है, साथ ही दूसरे लोगों को उनके जैसा बनने की सीख दी जाती है। अगर अखाड़े से जुड़े किसी संन्यासी अथवा पदाधिकारी को कोई समस्या होती है तो सभी मिलकर उनकी मदद करते हैं। साथ ही 'आत्म मन्थन व धर्म चिन्तन' शिविर में अगले साल का एजेंडा तैयार किया जाता है'। एजेंडा में तय किया जाता है कि उस साल में अखाड़ा किन-किन क्षेत्रों में कौन-सा अभियान चलाएगा? सालभर में धर्म के प्रचार, जनसेवा, पशु व पक्षी की रक्षा, संस्कृत, वेद-पुराणों के प्रचार-प्रसार उनके संरक्षण के लिए कौन सी मुहिम कैसे चलाई जाएगी। फिर सबको अलग-अलग जिम्मेदारी देकर उनके तय क्षेत्रों में भेजा जाता है। फिर सारे महामंडलेश्वर, मंडलेश्वर, संन्यासी व पदाधिकारी उसी के अनुरूप सालभर काम करते हैं।

स्त्री व पुरुष से बैर नहीं

किन्नर संन्यासियों को सन्त-महात्मा भले स्वीकार नहीं करते। स्त्री व पुरुष उनसे बैर का भाव रखते हों। लेकिन, किन्नर अखाड़ा के दरवाजे सबके लिए खुले हैं। इस अखाड़े में जितना सम्मान व अधिकार किन्नरों का है उतना ही दूसरे स्त्री व पुरुषों का भी है। किन्नर अखाड़ा की रीति-नीति से प्रभावित होकर कई स्त्री व पुरुषों से संन्यास लेने की इच्छा प्रकट किया। ऐसे लोगों को किन्नर अखाड़ा ने सम्मान के साथ स्वीकार किया। विधि-विधान से उन्हें संन्यास धारण कराकर महत्त्वपूर्ण पद भी सौंपा गया। आचार्य महामंडलेश्वर लक्ष्मीनारायण त्रिपाठी का मत है कि किन्नरों ने कभी किसी के साथ वैर नहीं रखा, न ही किसी का अहित चाहा है। किन्नर सबको दिल से स्वीकार करते हैं। हमारे बारे में कौन क्या सोचता है, वह महत्त्व नहीं रखता। हमारे लिए खुद की सोच व संस्कार ही महत्त्वपूर्ण है। परोपकार का भाव किन्नर की आत्मा में समाहित है। किन्नर अखाड़ा उसी के अनुरूप काम करता है। किन्नरों की यही पवित्रता उन्हें दूसरों से अलग व श्रेष्ठ बनाती है।

उज्जैन के कुम्भ में दिखा किन्नर संन्यासियों का वैभव

दुनिया ने 2016 में उज्जैन में लगे कुम्भ पर्व में पहली बार किन्नर अखाड़ा का वैभव देखा था। स्थापना के बाद यह पहला सबसे बड़ा धार्मिक आयोजन था, जिसमें किन्नर अखाड़ा ने हिस्सा लिया था। अखिल भारतीय अखाड़ा परिषद के विरोध व प्रशासन से अपेक्षा के अनुरूप सहयोग न मिलने के बावजूद किन्नर संन्यासियों ने कुम्भ पर्व में हिस्सा लिया। कुम्भ क्षेत्र में प्रवेश करने के लिए अखाड़े पूरी भव्यता से पेशवाई निकालते हैं। बैंडबाजा, ध्वज-पताका व अस्त्र-शस्त्र के साथ निकलनेवाली पेशवाई में अखाड़े अपनी शक्ति, सम्पन्नता व वैभव का प्रदर्शन करते हैं। पेशवाई में अखाड़े के आचार्य महामंडलेश्वर, सारे महामंडलेश्वर, मंडलेश्वर व प्रमुख महात्मा शामिल होते हैं। ठीक इसी की तर्ज पर किन्नर अखाड़ा ने उज्जैन में 'देवत्व यात्रा' निकाली। ध्वज-पताका, बैंडबाजा के साथ निकली देवत्व यात्रा में पहली बार लोगों ने किन्नरों को संन्यासी के स्वरूप में देखा। आमतौर पर भड़कीले कपड़ों में नजर आनेवाले किन्नरों का स्वरूप एकदम बदला था। भगवा शालीन वस्त्र धारण करके माथे पर टीका लगाकर, गले में रुद्राक्ष की माला पहनकर, हाथ में शंख व तलवार लेकर 'जयश्री महाकाल' का गगनचुम्बी उद्घोष करते हुए किन्नर संन्यासियों का कारवां उज्जैन की सड़कों पर निकला तो कौतुहलवश हर किसी की आँखें उनके ऊपर टिक गई। देश-विदेश से आए श्रद्धालु व मीडियाकर्मी उन्हें आँखों के जरिए अपने हृदय में बसाने को आतुर नजर

आए। सड़क के दोनों ओर हाथ जोड़कर खड़े स्त्री-पुरुष किन्नर संन्यासियों के प्रति अपनी भक्ति का भाव प्रकट करने लगे। किन्नर फूलों की माला जिस ओर उछालते उसे पाने के लिए लोगों में मारा-मारी शुरू हो जाती। फूलों की माला उनके लिए ईश्वर द्वारा प्रदत्त प्रसाद के समान था। इस कुम्भ में किन्नर अखाड़ा ने प्रमुख स्नान पर्वों पर अखाड़ों के शाही स्नान की तर्ज पर 'अमृत स्नान' किया। किन्नरों का अमृत स्नान भी सबके आकर्षण का केन्द्र रहा। पूरे कुम्भ पर्व में किन्नरों के शिविरों में श्रद्धालुओं की भीड़ सबसे अधिक रही। किन्नर संन्यासियों के सानिध्य में रहकर उनका आशीर्वाद लेने के लिए लोग घंटों लाइन में खड़े रहते। यह दृश्य अन्य अखाड़ों के लिए चिन्ता का सबब बन गया था, क्योंकि उनके बहिष्कार व विरोध के बावजूद आम श्रद्धालु किन्नर संन्यासियों को अपना रहे थे।

प्रयागराज कुम्भ में बढ़ी स्वीकार्यता

उज्जैन के बाद किन्नर अखाड़ा ने 2019 में प्रयागराज में लगे कुम्भ पर्व में हिस्सा लिया। यहाँ भी 'देवत्व यात्रा' के जरिए किन्नर अखाड़ा ने अपनी जोरदार उपस्थिति दर्ज कराई। उज्जैन की तर्ज पर अखिल भारतीय अखाड़ा परिषद ने प्रयागराज में भी किन्नर अखाड़ा का विरोध किया। यहाँ तक कि किन्नर अखाड़ा का अखाड़ा के नाम पर शिविर न लगने पाये उसकी चेतावनी भी दी गई। लेकिन, सन्त-महात्माओं की उपेक्षा व ताने भरे शब्दों से बेफिक्र किन्नर संन्यासी धर्म पथ पर निरन्तर पग बढ़ाते गए। इससे आमजन उनसे आत्मीयता से जुड़ता गया। किन्नर अखाड़ा से जुड़े संन्यासियों का यही समर्पण उनके लिए प्रयागराज का कुम्भ पर्व संजीवनी बन गया। इस कुम्भ में किन्नर अखाड़ा को व्यापक जनस्वीकार्यता मिली। कुम्भ पर्व आरम्भ होने से पहले अखाड़ों की पेशवाई के बाद किन्नर अखाड़ा ने 'देवत्व यात्रा' निकाली। इस यात्रा में किन्नर संन्यासियों का दर्शन करने के लिए अपार जनसमूह उमड़ पड़ा। किन्नर संन्यासियों की एक झलक पाने, उनका आशीर्वाद प्राप्त करने के लिए लोगों में होड़ मच गई। यात्रा जिस मार्ग से गुजरी वहाँ उमड़ा अपार जनसमूह देखकर हर कोई आश्चर्यचकित रह गया। यही जनस्वीकार्यता किन्नर संन्यासियों के प्रति अन्य सन्त-महात्माओं का भाव परिवर्तन करने का माध्यम बनी। कुम्भ क्षेत्र के सेक्टर 14 में लगे किन्नर अखाड़ा के शिविर में किन्नर संन्यासियों का दर्शन व आशीर्वाद पाने के लिए लोगों की भारी भीड़ जुटती थी। सुबह छह से रात एक-दो बजे तक श्रद्धालुओं का हुजूम शिविर के बाहर जुटा रहता था। किन्नरों के बदले स्वरूप को स्वीकार्यता देते हुए हर कोई उनके जरिए स्वयं का जीवन सुखमय बनाने को आतुर दिखा। किन्नर संन्यासी

सबके कल्याण के लिए दिल से आशीर्वाद देकर अनुष्ठान करने में लीन रहते थे। संन्यासी के रूप में किन्नरों का रहन-सहन देखने व समझने के लिए देश-विदेश की मीडिया तथा श्रद्धालु घंटों उनके शिविर में समय व्यतीत करते थे। शिविर से लौटते समय हर किसी के चेहरे पर सन्तुष्टि का भाव नजर आता। किन्नरों का नया स्वरूप सबको आनन्दित करता था।

अखाड़ा परिषद से नहीं मिली मान्यता

भारी जन स्वीकार्यता मिलने के बावजूद अन्य अखाड़ों के सन्त किन्नर संन्यासियों को स्वीकारने को तैयार नहीं थे। सन्त-महात्माओं का बड़ा वर्ग उन्हें उपेक्षित मानता था। अखिल भारतीय अखाड़ा परिषद किन्नर संन्यासी व किन्नर अखाड़ा को मान्यता देने को तैयार नहीं हुआ। समस्त अखाड़ों को संगठित करने के लिए बनी संस्था अखिल भारतीय अखाड़ा परिषद ने अपना मत स्पष्ट करते हुए कहा था कि वह सिर्फ 13 अखाड़ों को मान्यता देता है। इसके अलावा किन्नर अखाड़ा को 14वें अखाड़े के रूप में मान्यता देना अखाड़ा परिषद के नियम व सनातन धर्म की परम्परा के खिलाफ है। यही नहीं, कुम्भ क्षेत्र में अखाड़ा परिषद ने किन्नर अखाड़ा का शिविर अखाड़ा के नाम से लगाने का विरोध किया। अखाड़ा परिषद के विरोध के कारण शासन-प्रशासन दबाव में आ गया। इसके बावजूद किन्नर अखाड़ा ने अपना संघर्ष जारी रखा। सन्तों के कटुवचन व तानों से अनदेखा करके किन्नर अखाड़ा के संन्यासी आचार्य महामंडलेश्वर लक्ष्मीनारायण त्रिपाठी के नेतृत्व में धार्मिक कृत्यों में लीन रहे। उन्हें कौन क्या बोल रहा है, उससे वे पूरी तरह से अनभिज्ञ व बेफिक्र रहकर काम करते रहे। इसका फायदा यह हुआ कि अखाड़ा परिषद द्वारा उपेक्षित करने के बावजूद आम लोगों में किन्नर अखाड़ा की स्वीकार्यता व लोकप्रियता निरन्तर बढ़ती गई। लक्ष्मीनारायण त्रिपाठी के प्रयास तथा महामंडलेश्वर भवानी माँ, मंडलेश्वर महन्त कामिनी सहित अनेक संन्यासियों के समर्पण से किन्नर अखाड़ा ने लोकप्रियता के पैमाने में सारे अखाड़ों को पीछे छोड़ दिया। समाज का हर वर्ग उन्हें हृदय से अपनाने लगा। यही जन स्वीकार्यता व अपनत्व किन्नर अखाड़ा की सबसे बड़ी ताकत बनी। शिविर में सुबह से लेकर देर रात तक जुटनेवाली भीड़ से किन्नर संन्यासियों का हौसला बढ़ गया। प्रयागराज में किन्नर संन्यासियों को मिली लोकप्रियता की गूँज भारत सहित विश्व के अनेक देशों में हुई। इससे देश-विदेश के लोग उनका दर्शन करने के लिए आने लगे। देश के अनेक राज्यों में प्रवास करनेवाले किन्नरों के हृदय में खुद को सनातन धर्म से जोड़कर जीवन व्यतीत करने की भावना जाग्रत हुई। स्वयं को संन्यासी के रूप

में दीक्षित कराने के लिए विभिन्न प्रदेशों के किन्नर प्रयागराज आए। अखाड़ा की आचार्य महामंडलेश्वर लक्ष्मीनारायण त्रिपाठी किन्नरों को दीक्षित करके सनातन धर्म की मान्यताओं व परम्पराओं के अनुरूप चलने व काम करने का संकल्प दिलाती थीं।

सन्त-महात्माओं ने ली दीक्षा

किन्नर अखाड़ा की लोकप्रियता का अन्दाजा इसी से लगाया जा सकता है कि अखिल भारतीय अखाड़ा परिषद के कड़े विरोध के बावजूद आम सन्त-महात्मा भी खुलेआम किन्नर संन्यासियों से मिलने आते-जाते थे। आचार्य महामंडलेश्वर लक्ष्मीनारायण त्रिपाठी के सान्निध्य में सन्त-महात्मा व दूसरे अखाड़ों की संन्यासिनी, महामंडलेश्वर घंटों सनातन धर्म के विभिन्न स्वरूपों पर चर्चा करते थे। किन्नर संन्यासियों की विद्वता व धर्म के प्रति समर्पण देखकर हर कोई उनका कायल हो जाता था। कुछ सन्तों व संन्यासियों ने लक्ष्मीनारायण त्रिपाठी से दीक्षा लेकर स्वयं को किन्नर अखाड़ा से जोड़ लिया। वह किन्नर अखाड़ा से जुड़कर उत्तर प्रदेश, राजस्थान, महाराष्ट्र, गुजरात जैसे प्रदेशों में प्रवास करके धार्मिक कृत्यों में लीन हैं।

जूना अखाड़ा का मिला साथ

प्रयागराज में 2019 में लगा कुम्भ पर्व हर स्तर पर किन्नर अखाड़ा के लिए स्वर्णिम-काल माना जाएगा। किन्नर अखाड़ा को यहाँ अपार जनस्वीकार्यता व अपनत्व प्राप्त हुआ। इसके अलावा उसे 13 अखाड़ों में सबसे बड़े जूना अखाड़ा का साथ भी मिला। अखिल भारतीय अखाड़ा परिषद की उपेक्षा का शिकार रहे किन्नर अखाड़ा को जूना ने अपने साथ जोड़कर सनातन धर्म के क्षेत्र में नया इतिहास रच दिया। जूना अखाड़ा ने 12 जनवरी 2019 को किन्नर अखाड़ा को अपने साथ लेकर चलने का ऐतिहासिक निर्णय लिया था। सनातन धर्म के क्षेत्र में कुम्भ पर्व के दौरान यह अब तक के प्रमुख निर्णयों में सबसे अहम था। जूना अखाड़ा का यह निर्णय पूरे कुम्भ में चर्चा का विषय बन गया। इस निर्णय से अखिल भारतीय अखाड़ा परिषद व 12 अखाड़े भी हतप्रद थे। लेकिन, कोई खुलकर कुछ बोलने की स्थिति में नहीं था। इधर, विरोध की परवाह किए बगैर जूना अखाड़ा ने अग्नि व आवाहन की भाँति किन्नर अखाड़ा के संन्यासियों को पूरे सम्मान के साथ कुम्भ का पहला मकर संक्रान्ति का शाही स्नान कराया। यह पहला मौका था जब किन्नर संन्यासियों ने अखाड़ों के साथ पहली बार शाही स्नान किया। वहीं, जूना अखाड़ा ने किन्नर संन्यासियों को शाही स्नान कराकर सार्थक सन्देश दिया कि किन्नर उपेक्षा नहीं, बल्कि सम्मान के हकदार हैं। जूना अखाड़ा

के मुख्य संरक्षक महन्त हरि गिरि किन्नर संन्यासियों के शाही स्नान को धर्म व अखाड़ा के लिए बड़ी उपलब्धि मानते हैं। वह कहते हैं ' किन्नर समाज को दया नहीं, सम्मान की जरूरत थी। उन्हें अपने साथ लेकर चलने और बराबर में बैठाने की जरूरत थी। हमने किन्नर संन्यासियों को सम्मान देकर वही किया। सनातन धर्म के क्षेत्र में इसका दूरगामी सार्थक परिणाम सामने आएगा, साथ ही समाज का नजरिया किन्नरों के प्रति तेजी से बदलेगा'। जूना अखाड़ा के अध्यक्ष महन्त प्रेम गिरि कहते हैं, 'सन्त-महात्माओं का काम लोगों को जोड़ने का है, किसी को उपेक्षित या अपमानित करना सन्तों का धर्म नहीं है। सनातन धर्म का स्वरूप कैसे आगे बढ़े उसकी चिन्ता करना भी सन्तों का काम है। जूना अखाड़ा ने उसे महसूस किया। किन्नरों का संन्यासीपूर्ण जीवन व्यतीत करना हमारे धर्म के लिए अच्छा संकेत है। इससे दूसरे किन्नर भी प्रभावित होकर सनातन धर्म में वापस आएंगे, जो उपेक्षा के कारण इस्लाम को अपना चुके हैं। जब उन्हें अपने धर्म में सम्मान व स्वीकार्यता मिलेगी, तो वह दूसरे धर्म में कदापि नहीं रहेंगे। इससे हमारे धर्म का वैभव व स्वरूप बढ़ेगा। किन्नर संन्यासियों के सम्मान व सुरक्षा की जिम्मेदारी जूना अखाड़ा पूरी शक्ति से निभाएगा। किन्नर संन्यासियों को कभी किसी प्रकार की दिक्कत नहीं आने दी जाएगी'। महन्त हरि गिरि व महन्त प्रेम गिरि के विचारों के अनुरूप जूना अखाड़ा ने किन्नर संन्यासियों को सम्मान भी दिया। उन्हें भव्य रथ व सिंहासन में आसीन करके शाही स्नान कराया गया। अखाड़ा के सारे प्रमुख कार्यों में किन्नर संन्यासियों को सम्मान के साथ आमन्त्रित किया गया। इसका प्रभाव यह हुआ कि किन्नर अखाड़ा व उनके संन्यासियों के प्रति गलत भाव व विचार रखनेवाले दूसरे अखाड़ा के सन्त-महात्माओं का भाव बदलने लगा। किन्नर संन्यासियों को कटु वचन बोलनेवाल सन्त-महात्मा उनके प्रति सम्मान दिखाने लगे। इस बदलाव का असर समय के साथ व्यापकता से दिखेगा, क्योंकि किन्नर संन्यासी भी लोगों से सम्मान पाकर अभिभूत हैं। किन्नर अखाड़ा के आचार्य महामंडलेश्वर लक्ष्मीनारायण त्रिपाठी कहती हैं—'प्रयागराज में 2019 में लगा कुम्भ मेला सनातन धर्म के क्षेत्र में नया इतिहास रचनेवाला था। वहाँ किन्नर समाज को अथाह सम्मान, प्रेम व अपनत्व मिला। मैं जूना अखाड़ा व महन्त हरि गिरि के पुरुषार्थ को नमन करती हूँ जिन्होंने किन्नर अखाड़ा को सम्मान देकर अपने साथ जोड़ा। किन्नर संन्यासी सनातन धर्म, समाज व देश के उत्थान में अपनी ओर से हर सहयोग बिना किसी स्वार्थ के देंगे।' जूना अखाड़ा के प्रवक्ता श्रीमहन्त नारायण गिरि किन्नरों को सम्मान देने को सनातन धर्म की जीत बताते हैं। वह कहते हैं, 'मुस्लिम आक्रान्ताओं ने भय व लोभ देकर किन्नरों को इस्लाम स्वीकार करने पर मजबूर किया। किन्नर

धर्मान्तरण करें उसके लिए उनके ऊपर तरह-तरह के अत्याचार किए गए। अब हमें मुस्लिम आक्रान्ताओं व अंग्रेजों की गुलामी से मुक्ति मिल चुकी है। हर व्यक्ति को सम्मानपूर्वक जीवन व्यतीत करने का अधिकार प्राप्त है। लेकिन, किन्नरों के प्रति उपेक्षा का भाव कम नहीं हुआ। दुर्भाग्य की बात यह है कि किन्नरों की उपेक्षा धर्म के क्षेत्र में भी हो रही थी। यह न किन्नरों के लिए उचित था न ही सनातन धर्म के लिए। जूना अखाड़ा ने किन्नरों को अपने साथ मिलाकर धार्मिक कुरीति का अन्त करने का काम किया है। जूना अखाड़ा का प्रयास है कि किन्नर इस्लाम या दूसरा धर्म स्वीकार करने के बजाए हिन्दू बनकर सनातन धर्म का वैभव बढ़ाएँ और दूसरों को वैसा करने के लिए प्रेरित करें। इसी मंशा के साथ किन्नर अखाड़ा को सम्मान के साथ जोड़ा गया है, उन्हें हर स्तर पर सम्मान व अधिकार दिलाने के लिए जूना अखाड़ा हर सम्भव प्रयास करेगा, क्योंकि अब किन्नर उपेक्षित नहीं हैं, बल्कि उनके परिवार का हिस्सा हैं...।'

आदिशंकराचार्य ने रखी अखाड़ों की नींव

अधर्मी, अत्याचारियों ने सनातन धर्म के अस्तित्व मिटाने के लिए काफी अत्याचार किया है। सनातन धर्मावलम्बियों, ऋषि-मुनियों को प्रताड़ित किया गया। ऐसा जब-जब हुआ तब धर्म व धर्मावलम्बियों की रक्षा के लिए स्वयं परमात्मा पृथ्वी पर अवतरित हुए। हर युग में परमात्मा ने अलग-अलग स्वरूपों में अवतार लेकर आततायियों का नाश करके धर्म, धर्माचार्यों व धर्मावलम्बियों की रक्षा की। अखाड़ों का अस्तित्व भी उसी पवित्र परम्परा से जुड़ा है। आज अखाड़ों का विशाल स्वरूप, वैभव व सम्पन्नता है, उसकी नींव में असंख्य साधु-संन्यासियों की वीरता, त्याग व तपस्या समाहित है। सनातन धर्म की रक्षा व उसका वैभव बढ़ाने के लिए अखाड़े सदियों से समर्पित भाव से काम कर रहे हैं। कभी अखाड़ों की संख्या व उनका स्वरूप काफी छोटा था। जब धर्म पर आँच आई तो उसके अनुयायियों की अन्तरआत्मा व्यथित हो उठी। सर्वस्व न्योछावर करने की भावना से ऐसे लोग अखाड़ों से जुड़ते गए। इससे अखाड़ों का स्वरूप व उनकी संख्या में विस्तार होता गया। अखाड़ों का संस्कार, उनकी परम्परा अत्यन्त पवित्र है। हर अखाड़े अपनी स्थापना काल से उसका पूरी श्रद्धा से पालन कर रहे हैं।

अखाड़ों की नींव भगवान शंकर का अवतार माने जानेवाले आदिशंकराचार्य जी ने रखी है। आदिशंकराचार्य जी का आविर्भाव यानी जन्म वैशाख शुक्ल पंचमी युधिष्ठिर संवत 2631 गत कलि 2593, 509 ईसा पूर्व दक्षिण भारत के केरल के निम्बूदरीपाद जिला के कालड़ी ग्राम में एक ब्राह्मण परिवार में हुआ। आदिशंकराचार्य मात्र 32 वर्ष, छह माह व 10 दिन तक जीवित रहे। अपनी अल्प आयु में उन्होंने सम्पूर्ण वेद-वेदांगों का अध्ययन कर डाला। अनेक धर्म-ग्रन्थों की रचना की। साथ ही पैदल पूरे भारत का भ्रमण कर डाला। आदिशंकराचार्य जी जहाँ-जहाँ गए वहाँ सनातन धर्म का स्तर काफी खराब पाया। हर जगह बौद्धों व कापालिकों का आतंक चरम पर था। इससे हिन्दू धर्मावलम्बी बौद्ध धर्म अपना रहे थे। तब आदिशंकराचार्य जी ने शास्त्रार्थ के जरिए बौद्धों को परास्त करके उन्हें सनातन धर्म अपनाने पर विवश किया। इसके जरिए आदिशंकराचार्य जी ने सनातन

धर्म के वैभव को पुनर्स्थापित किया। सनातन धर्म के संरक्षण व प्रचार-प्रसार के लिए देश की चार दिशाओं में आदिशंकराचार्य ने चार मठों की स्थापना किया। उन्होंने पूरब में जगन्नाथ पुरी का गोवर्धन मठ, पश्चिम में द्वारका स्थित शारदा मठ, उत्तर में केदारनाथ हिमालय स्थित जोशी मठ बद्रिकाश्रम और दक्षिण दिशा में श्रृंगेरी मठ की स्थापना किया। चारों मठों को पीठ के रूप में जाना जाता है। हर पीठ के पीठाधीश्वर के रूप में आदिशंकराचार्य ने विद्वान शिष्यों को आसीन किया। साथ ही चारों पीठों का क्षेत्र निर्धारित कर दिया। पीठ पर आसीन होनेवाले पीठाधीश्वर अपने-अपने क्षेत्र में धार्मिक कृत्यों का प्रचार-प्रसार करते हैं। वह परम्परा आज भी जीवन्त है। चार पीठों में आसीन धर्माचार्यों को शंकराचार्य के रूप में मान्यता दी जाती है। विद्वान व ब्राह्मण संन्यासी को शंकराचार्य के पद पर आसीन किया जाता है। शंकराचार्य सनातन धर्म के सबसे श्रेष्ठ धर्मगुरु माने जाते हैं।

चार दिशाओं में पीठों की स्थापना करने के बाद आदिशंकराचार्य जी को लगा कि भविष्य में धर्म की रक्षा सिर्फ शास्त्रों से ही नहीं हो सकेगी। सनातन धर्म के विरोधियों को उन्हीं की भाषा में जवाब देने के लिए शास्त्र के साथ शस्त्र की भी जरूरत पड़ेगी। इसके मद्देनजर आदिशंकराचार्य ने योद्धाओं के रूप में संन्यासियों की टोली बनाने का निर्णय लिया। घर की मोह-माया को त्यागकर, मरने-मारने की भावना रखनेवाले युवाओं की टोली बनाई। टोली में शामिल होनेवाले संन्यासी शारीरिक रूप से मजबूत होते थे, उन्हें युद्ध-कौशल में पारंगत किया जाता था। ऐसे संन्यासी अखाड़ों में कसरत करके एक समूह में रहते थे। संन्यासियों का समूह जहाँ रहता था उसे बेड़ा कहा जाता था। उन संन्यासियों को अखंड रहने की शिक्षा दी जाती थी। अस्त्र-शस्त्र की शिक्षा मिलने के कारण संन्यासियों के समूह का नाम धीरे-धीरे अखंड से 'अखाड़ा' पड़ गया। अखाडें से जुड़े संन्यासी अलग-अलग क्षेत्रों में बँट गए। इससे उनकी पहचान अलग-अलग नामों से होने लगी। फिर उन्हीं अखाड़ें के संन्यासियों ने अलग होकर अपने अखाड़े बना लिए, जिससे आज अखाड़ों की संख्या 13 हो गई है। हर अखाड़े शंकराचार्य की चारों पीठों के आधीन हैं। वे जिस पीठ के आधीन होते हैं, उसी शंकराचार्य के सान्निध्य में रखकर धार्मिक मुहिम चलाते हैं। एक तरह से वह पीठ के रक्षक होते हैं। पीठ पर किसी प्रकार की विपत्ति आने पर अखाड़ा के संन्यासी अस्त्र-शस्त्र से उसकी रक्षा करते हैं। पीठों व आमजन की रक्षा के लिए अखाड़ों के संन्यासियों ने कई बार मुगलों व अंग्रेजों से युद्ध भी किया है। युद्ध में हजारों नागा संन्यासियों व महात्माओं ने धर्म की रक्षा के लिए अपने प्राणों की आहुतियाँ दी है।

परम्पराओं का अलग-अलग निर्वाहन करने के बावजूद अखाड़े व उसके

महात्मा संगठित रहें, उसके लिए अखिल भारतीय अखाड़ा परिषद नामक संस्था बनाई गई है। अखाड़ा परिषद में 13 अखाड़ों के महात्मा प्रतिनिधि के रूप में शामिल होते हैं। वह अपने-अपने अखाड़े का प्रतिनिधित्व करते है। हर पाँच साल में अखिल भारतीय अखाड़ा परिषद के पदाधिकारियों का चुनाव होता है। प्रयागराज, नासिक, उज्जैन व हरिद्वार में लगनेवाले कुम्भ मेला में अखाड़ा परिषद की अनुमति पर ही प्रशासन अखाड़ों का शिविर लगाने के लिए सारी व्यवस्था करता है। अखाड़ा परिषद नियम व परम्परा का हवाला देकर किसी नए अखाड़े को मान्यता नहीं देती। यही कारण है कि किन्नर अखाड़ा की स्थापना होने पर अखाड़ा परिषद ने उसका विरोध किया। अखिल भारतीय अखाड़ा परिषद के अध्यक्ष महन्त नरेन्द्र गिरि का मत है कि अखाड़ों की स्थापना आदिशंकराचार्य जी ने सनातन धर्म की रक्षा, उसका वैभव बढ़ाने के लिए किया था। आदिशंकराचार्य ने जो अखाड़े गठित किए थे, उसमें संन्यासियों की संख्या अधिक होने पर अखाड़ों की संख्या बढ़कर 13 हुई है। इसमें शैव यानी संन्यासियों के सात, वैष्णवों यानी वैरागियों के तीन, उदासीन सम्प्रदाय के दो व सिख सम्प्रदाय का एक अखाड़ा शामिल है। शैव के अन्तर्गत पंच दशनाम आह्वाहन अखाड़ा, श्रीपंच अटल अखाड़ा, श्रीपंचायती महानिर्वाणी अखाड़ा, तपोनिधि आनन्द अखाड़ा, पंचायती अखाड़ा निरंजनी, पंचदशनाम अग्नि अखाड़ा, पंचदशनाम जूना अखाड़ा है। जबकि वैष्णवों के दिगम्बर अनी अखाड़ा, निर्वाणी अनी अखाड़ा, निर्मोही अनी अखाड़ा हैं। उदासीन सम्प्रदाय के पंचायती बड़ा उदासीन अखाड़ा, पंचायती नया उदासीन अखाड़ा हैं। सिख सम्प्रदाय का निर्मल पंचायती अखाड़ा है। सारे अखाड़े सदियों पुराने हैं। इन अखाड़ों से जुड़े हजारों नागा संन्यासियों व महात्माओं ने सनातन धर्म की रक्षा के लिए अपने प्राणों की अहुतियाँ दी है। धर्म की रक्षा के लिए वह आज भी काम कर रहे हैं। मठ-मन्दिर, संस्कृत विद्यालयों का संचालन करके धार्मिक कृत्यों को संरक्षित करने में अहम भूमिका निभा रहे हैं। इनके अलावा किसी स्वयंभू अखाड़े को मान्यता नहीं दी जा सकती। अगर 14वें अखाड़े को मान्यता दी जाती है तो वह आदिशंकराचार्य की परम्परा, नियम व निर्देशों का अपमान होगा। किन्नर या किसी अन्य नए अखाड़ा को इसीलिए मान्यता नहीं दी गई। न आगे कभी ऐसे अखाड़ों को मान्यता दी जाएगी।

अखाड़ों के आराध्य व धर्म-ध्वजा

श्रीपंचदशनाम आह्वाहन अखाड़ा—इस अखाड़े के इष्टदेव भगवान गणेश व धर्म-ध्वजा भगवा है।

श्रीपंच अटल अखाड़ा—इस अखाड़े के इष्टदेव भगवान आदि गणेश व धर्म-ध्वजा का रंग गेरुआ है।

श्रीपंचायती महानिर्वाणी अखाड़ा—इस अखाड़े के इष्टदेव भगवान कपिलमुनि व धर्म-ध्वजा का रंग भगवा है, उसमें सूर्यदेव का चित्र भी अंकित रहता है।

श्रीतपोनिधि आनन्द अखाड़ा—इस अखाड़े के इष्टदेव भगवान सूर्य हैं, जबकि धर्म-ध्वजा का रंग भगवा है।

श्रीपंचायती अखाड़ा निरंजनी—इस अखाड़े के इष्टदेव भगवान कार्तिकेय हैं, धर्मध्वजा का रंग गेरुआ है।

श्रीपंचदशनाम अग्नि अखाड़ा—इस अखाड़े के संन्यासी माता गायत्री के उपासक होते हैं, इनकी धर्म-ध्वजा का रंग भगवा है।

श्रीपंचदशनाम जूना अखाड़ा—इस अखाड़े के इष्टदेव भगवान दत्तात्रेय हैं, जबकि धर्म-ध्वजा का रंग भगवा है उसमें नन्दी भगवान स्थापित किए जाते हैं।

श्रीदिगम्बर अनी अखाड़ा—इस अखाड़े के इष्टदेव श्रीराम भक्त हनुमान जी हैं, धर्म-ध्वजा पाँच रंग का है, जिसमें काला, सफेद, हरा, लाल व पीला रंग समाहित है।

श्रीनिर्वाणी अनी अखाड़ा—इस अखाड़े से जुड़े संन्यासियों की आराध्य माँ जानकी व हनुमान जी हैं, जबकि धर्म-ध्वजा का रंग लाल है।

श्रीनिर्मोही अनी अखाड़ा—इस अखाड़े के आराध्य हनुमान जी व धर्म-ध्वजा का रंग केसरिया है, उसमें हनुमान जी के स्वरूप का वास होता है।

श्रीपंचायती बड़ा उदासीन अखाड़ा—इस अखाड़े के आराध्य श्रीचन्द्र भगवान हैं। जबकि धर्म-ध्वजा का रंग लाल है, उसमें हनुमान जी व पंजा का स्वरूप स्थापित है।

श्रीपंचायती नया उदासीन अखाड़ा—इस अखाड़े के इष्टदेव श्रीचन्द्र भगवान हैं। धर्म-ध्वजा का रंग लाल है, उसमें सूर्यदेव व हनुमान जी का चित्र रहता है।

श्रीनिर्मल पंचायती अखाड़ा—इस अखाड़े के आराध्य गुरुग्रन्थ साहिब हैं, धर्म-ध्वजा का रंग केसरिया है, उसमें ओमकार स्वरूप स्थापित किया गया है।

हर धर्म के व्यक्ति लेते हैं दीक्षा—ब्राह्मण विद्वता व सात्त्विकता के परिचायक माने जाते हैं। वह शास्त्र के ज्ञाता होते हैं। इसी कारण आदिशंकराचार्य जी द्वारा स्थापित चार पीठों में सिर्फ ब्राह्मण व्यक्ति ही पीठाधीश्वर के रूप में आसीन होते हैं। वहाँ की गुरु-शिष्य परम्परा में ब्राह्मण ही होते हैं। अर्थात चारों

पीठों के अन्तर्गत सिर्फ ब्राह्मण बच्चे, युवा, पुरुष अथवा वृद्ध को संन्यास की दीक्षा दी जाती है। लेकिन, अखाड़ों में ऐसा नहीं है। अखाड़ों के महात्मा लड़ाका होते हैं। इसी कारण अखाड़ों में हर जाति-धर्म के व्यक्ति को संन्यास की दीक्षा दी जाती है। कोई व्यक्ति भले किसी जाति का हो, उससे फर्क नहीं पड़ता। धर्म के प्रति त्याग व समर्पण की भावना रखनेवाले हर व्यक्ति को अखाड़ा पूरे सम्मान के साथ अपनी परम्परा में शामिल कर लेते हैं। योग्यता के अनुसार उन्हें पद व जिम्मेदारी सौंपी जाती है।

अखाड़ों में महिलाओं का प्रवेश—आदिशंकराचार्य जी द्वारा स्थापित अखाड़ों में मौजूदा समय महिला संन्यासिनियों की संख्या हजारों में है। नागा संन्यासियों की तरह नागा संन्यासिनी भी अखाड़ों में होती हैं। अखाड़ों में संन्यासिनियों का प्रवेश कब हुआ? यह अपने आप में किसी रहस्य व कौतुहल से कम नहीं है। इसको लेकर अनेक किवदन्तियाँ भी प्रचिलत हैं। इस गम्भीर मुद्दे पर प्रकाश डालते हुए जूना अखाड़ा के मुख्य संरक्षक महन्त हरि गिरि बताते हैं कि आदिशंकराचार्य जी ने प्रकांड विद्वान मंडन मिश्र की पत्नी उभय भारती को अपनी शिष्या के रूप में दीक्षित किया था। महिलाएँ तभी से अखाड़ों का हिस्सा बनी हैं। आरम्भ में पति की मृत्यु के बाद विधवा होनेवाली महिलाएँ अखाड़ों में दीक्षा लेकर भजन-कीर्तन करने में जीवन व्यतीत करती थीं। वह अखाड़ों द्वारा संचालित मठ-मन्दिरों से जुड़कर उसकी व्यवस्था का हिस्सा बन जाती थीं। इसमें मराठी, उत्तर प्रदेश के झांसी जिला व नेपाल देश की महिलाओं की संख्या अधिक होती थी। धीरे-धीरे पढ़ी-लिखी व अविवाहित महिलाओं में वैराग्य धारण करने की भावना जाग्रत हुई। घर-परिवार की मोह-माया से मुक्त होकर ऐसी महिलाएँ संन्यास लेकर स्वयं का जीवन धर्म को समर्पित करने लगीं। अखाड़ों में योग्यता के अनुसार महिला संन्यासिनियों को पद व प्रतिष्ठा दिया जाता है।

परी नाम से बना महिलाओं का अलग अखाड़ा—आज हर क्षेत्र में महिलाएँ पुरुषों के कन्धे से कन्धा मिलाकर चल रही हैं। शिक्षा, चिकित्सा, राजनीति, न्याय के साथ धर्म के क्षेत्र में महिलाओं ने अपनी योग्यता साबित किया है। सनातन धर्म के क्षेत्र में महिलाओं को अलग से प्रतिनिधित्व देने के लिए परी नाम से अलग अखाड़ा बनाया गया है। पाँच फरवरी 2013 को प्रयागराज में अखाड़ा की नींव रखी गई। गायत्री-त्रिवेणी पीठ बनाकर त्रिकाल भवन्ता ने स्वयं को शंकराचार्य घोषित कर लिया। यही परी अखाड़ा की पीठाधीश्वर भी हैं। अखाड़ा के गुरु भगवान दत्तात्रेय, ईष्टदेवी माँ गायत्री हैं। धर्मध्वजा का रंग भगवा है, उसमें दत्तात्रेय व माँ गायत्री का चित्र स्थापित किया गया है। अखाड़ा का मुख्यालय प्रयागराज के

अरैल में बनाया गया है। लेकिन, प्राचीन परम्परा से जुड़ा न होने के कारण अखिल भारतीय अखाड़ा परिषद परी अखाड़ा को मान्यता नहीं देता। अखाड़ा परिषद ने परी को स्वयम्भू अखाड़ा की श्रेणी में रखते हुए उसका हमेशा विरोध किया है। इसके कारण परी अखाड़ा का विस्तार नहीं हो पाया।

किन्नरों को मिला स्वामी वासुदेवानन्द का संरक्षण

सनातन धर्म व उसकी परम्परा से हर किसी को अपनाने की मिलती है। मनुष्य हो या पशु-पक्षी, वृक्ष, पर्वत, नदी सभी का संरक्षण करने की सीख देता है यह धर्म। यहाँ तिरस्कार शब्द की कोई गुंजाइश नहीं है। इसके बावजूद धर्म की आड़ में अलग-अलग दौर में महिलाएँ व किसी वर्ग विशेष के लोग प्रताड़ित किए जाते रहे हैं। धर्म की आड़ में पाखंड को बढ़ावा देनेवालों ने पूरी परम्परा को कलंकित करने का काम किया। उसका दुष्परिणाम समाज को भुगतना पड़ा। वहीं, सनातन धर्म टुकड़ों में बँटता गया। इस विघटन से सनातन धर्म व परम्परा को काफी चोट पहुँची। कुछ ऐसी ही उपेक्षा व प्रताड़ना किन्नरों को झेलनी पड़ी। सन्त-महात्माओं द्वारा किन्नरों के संन्यासी स्वरूप का विरोध करने पर श्रीराम जन्मभूमि तीर्थ क्षेत्र ट्रस्ट के सदस्य जगद्गुरु स्वामी वासुदेवानन्द सरस्वती आगे आए। किन्नर अखाड़ा व उसके संन्यासियों को समर्थन देनेवाले स्वामी वासुदेवानन्द पहले धर्मगुरु हैं। उन्होंने विरोध की परवाह किए बगैर किन्नर अखाड़ा के गठन का खुलेआम समर्थन किया। प्रयागराज में अलोपीबाग स्थित अपने शंकराचार्य आश्रम में बुलाकर किन्नर संन्यासियों का सम्मान किया। किन्नर संन्यासियों को अपने मंच पर स्थान दिया। धर्म के क्षेत्र में किन्नरों के महत्त्व का बखान करते हुए विरोध करनेवाले धर्माचार्यों को आईना दिखाया। जब भी किन्नर संन्यासियों के खिलाफ विरोध का स्वर उठा तब स्वामी वासुदेवानन्द उनके समर्थन में खड़े हो जाते थे। उन्होंने किन्नरों को धार्मिक रूप से मिली 'उपदेवता' की मान्यता को प्रचारित किया। आम लोगों को एहसास कराया कि किन्नर जन्मजात उनसे श्रेष्ठ हैं। किन्नरों का अपमान करना धर्म व परमात्मा का अपमान है। जबकि किन्नरों का सम्मान करने से उनके कुल का यश बढ़ेगा। स्वामी वासुदेवानन्द के प्रयास से लोगों की सोच बदलने लगी। वहीं, स्वामी वासुदेवानन्द से मिले स्नेह व अपनत्व से किन्नर संन्यासियों का हौसला बढ़ा। इससे उनके अन्दर विरोध सहने व आगे बढ़ने का जज्बा पैदा हो गया। स्वामी वासुदेवानन्द ने अपनी दूरदर्शिता से एहसास किया कि किन्नरों की उपेक्षा धर्म व इनसानियत के हित में नहीं है। किन्नरों का विरोध सनातन परम्परा को कलंकित करनेवाली थी। उपेक्षित होने पर किन्नर इस्लाम या दूसरा धर्म अपना सकते है,

ऐसा होने पर सनातन धर्म की आस्था व उसकी परम्परा पर काफी चोट पहुँचेगी। इस विघटन को रोकने के लिए स्वामी वासुदेवानन्द ने किन्नरों को अपनत्व दिया। मसीहा की तरह विपरीत परिस्थितियों में उनके साथ खड़े हुए। किन्नरों का साथ देने पर स्वामी वासुदेवानन्द के खिलाफ भी विरोध के स्वर मुखर हुए थे। लेकिन, शास्त्रीय विधान, ज्ञान व परम्परा का हवाला देकर उन्होंने विरोध में उठनेवाले शब्द को शान्त कर दिया, उनकी तर्क पूर्ण बातों के आगे सभी निशब्द हो गए। वहीं, जो धर्मगुरु कभी स्वामी वासुदेवानन्द व किन्नरों का विरोध करते थे, वह उनका सम्मान करने पर विवश हो गए। बदली परिस्थिति से किन्नर अखाड़ा व उसके संन्यासियों को काफी शक्ति मिली। स्वामी वासुदेवानन्द के मार्गदर्शन में वह अपना चाल, चरित्र व चेहरा बदलकर समाज में नए स्वरूप में प्रकट हुए। किन्नर अखाड़ा के उत्थान में अहम योगदान देने के लिए हर संन्यासी स्वामी वासुदेवानन्द का हृदय से सम्मान करता है। हर धार्मिक कार्य में वासुदेवानन्द को ससम्मान आमन्त्रित करके उन्हें श्रेष्ठ आसन में विराजमान किया जाता है। किन्नर अखाड़ा की महन्त कामिनी कहती हैं कि, 'पृथ्वी पर जब-जब किसी वर्ग विशेष के लोग प्रताड़ित किए गए। तब उनकी रक्षा के लिए परमात्मा किसी न किसी महापुरुष को अपना दूत बनाकर भेजते हैं। किन्नर अखाड़ा के लिए स्वामी वासुदेवानन्द उसी देवदूत के समान हैं। वह सच्चे व श्रेष्ठ धर्मगुरु हैं। पाखंड व मनगढ़न्त परम्पराओं का खात्मा करने के लिए उन्होंने किन्नरों को अपना आशीर्वाद दिया। किन्नर अखाड़ा उनके विश्वास के अनुरूप काम करते हुए धर्म की पताका देश-विदेश में फहराएगा'।

साध्वी राधिका वैष्णव ने दिया साधक का दर्जा

किन्नर आम स्त्री व पुरुष से श्रेष्ठ हैं। स्त्री व पुरुष संन्यास धारण करने के बाद संन्यासिनी अथवा संन्यासी की पदवी हासिल करते हैं। लेकिन, किन्नर जन्मजात किन्नर होते हैं। परमात्मा चुनिन्दा लोगों को यह गुण देकर पृथ्वी पर भेजते हैं। यही कारण है कि जन्मजात किन्नरों की संख्या बहुत कम है। किन्नर तन, मन व आत्मा से पवित्र होते हैं। वह कोई जप-तप न करें तब भी उनके अन्दर एक तपस्वी की भाँति शक्ति विराजमान होती है। किन्नर किसी को आशीर्वाद या श्राप देते हैं तो वह निष्फल नहीं होता। अगर वही किन्नर जप-तपक रने लगें तो उनके अन्दर साक्षात परमात्मा का वास हो जाता है। तपस्वी किन्नर सन्त-महात्माओं से अधिक शक्तिशाली होते हैं। बालायोग सेवा संस्थान की पीठाधीश्वर साध्वी राधिका वैष्णव किन्नरों के जीवन से अत्यन्त प्रभावित हैं। वह किन्नरों को सच्चे साधक का दर्जा देते हुए कहती हैं कि जन्म लेने के बाद उनका जीवन एक तपस्वी की भाँति

व्यतीत होता है। इसका बखान अनेक धर्मग्रन्थों में किया गया है। घर-परिवार की मोहमाया से किन्नर सदैव मुक्त रहे हैं। उन्हें न खुद का परिवार बढ़ाने की चिन्ता होती है, न धनार्जन करने की कोई मंशा रहती है। किन्नर की लालसा दो वक्त की रोटी व बदन ढकने के लिए कपड़े का प्रबन्ध करने से अधिक नहीं होती है। किन्नरों का जीवन गुरु-शिष्य परम्परा पर आधारित होता है। यह उनके विरक्त जीवन का प्रमाण है। किन्नरों का जीवन जप, तप व ज्ञान से परिपूर्ण हैं। जरूरत है उसे समझने व निखारने की।

राधिका वैष्णव अल्पायु से श्रीमद्भागवत कथा, श्रीराम कथा, देवी पुराण कथा आदि का बखान करती हैं। कहती हैं कि किन्नरों को उपेक्षित करके समाज व देश की तरक्की नहीं हो सकती। किन्नरों का जिसने भी तिरष्कार किया है, उसे अपना अस्तित्व खोना पड़ा है। मुगल व अंग्रेज उसके सबसे बड़े उदाहरण हैं। इन दोनों ने किन्नरों को प्रताड़ित करके उनका धर्मान्तरण कराया। आज दुनिया में उनका अस्तित्व खत्म हो चुका है। इस सच्चाई को समझते हुए किन्नरों को अपनाने व सम्मान देने की जरूरत है। सुखद अनुभूति यह है कि समाज, धर्माचार्यों को अपनी गलती का एहसास हो गया है और वह सही दिशा में पग बढ़ा हैं। इससे किन्नरों की दशा में सुधारेगी, साथ ही समाज का उत्थान होगा।

किन्नरों को शास्त्र से जोड़ रही विहिप

संस्कृत, शास्त्र व संस्कार कभी किन्नरों के जीवन का अहम हिस्सा था। ऋषि-मुनियों की भाँति प्राचीनकाल में किन्नर वेद-पुराण का पाठ करने, भजन व पूजन में समय व्यतीत करते थे। किन्नर वरदायक शक्ति से युक्त अद्भुत सम्मोहनकारी साधक रहे हैं। त्रेता व द्वापर युग में किन्नर मनुष्य व ईश्वर के मध्य की कड़ी माने जाते थे। किन्नर की विद्वता, धर्म के प्रति उनका समर्पण समाज में उन्हें सम्मान दिलाता था। लेकिन, अप्सराओं से अधिक मादक, प्रवीण और धन-धान्य से परिपूर्ण करनेवाली कला के ज्ञाता किन्नरों का स्वरूप धीरे-धीरे बदलता गया। आततायियों ने 15वीं शताब्दी में बलपूवर्क किन्नरों की पहचान, परम्परा व संस्कार को खत्म कर दिया। किन्नरों को गुलाम बनाकर उनकी मान्यताओं का अस्तित्व मिटा दिया, साथ ही उन्हें धर्मान्तरण करने पर विवश किया। इसके चलते कभी हर किसी के लिए सम्मानीय रहे किन्नर उपेक्षा व तिरस्कार के भागी बन गए। दौर बदलता रहा। हर कालखंड में किन्नरों की उपेक्षा भी बढ़ती गई। फिर कई पीढ़ियाँ गुजरने के बाद किन्नरों में आत्मसम्मान प्राप्त करने की भावना पुनः जाग्रत हुई। कुछ किन्नरों को अपनी गौरवपूर्ण परम्परा व अस्तित्व का आभास हुआ।

इसके चलते वह सनातन धर्म व उसकी परम्परा से जुड़कर संन्यासी का जीवन व्यतीत कर रहे हैं। बदली परिस्थिति में समाज को भी अपनी गलती का एहसास होने लगा है। किन्नरों को सम्मान देकर समाज का कुछ वर्ग अपने पूर्वजों की गलती को सुधारने को आतुर है। जबकि कुछ संगठन उपेक्षित, वंचित व तिरस्कृत किन्नरों को सामाजिक न्याय दिलाकर उनका जीवनस्तर सुधारने को प्रयासरत हैं। इस कार्य में सबसे अहम भूमिका विश्व हिन्दू परिषद् निभा रही है। हिन्दुओं के स्वाभिमान व अस्तित्व की रक्षा के लिए संघर्षरत विहिप किन्नरों का जीवन संवारने का प्रयास कर रही है। किन्नरों को वेद, पुराण व संस्कृत की शिक्षा देकर उनकी प्राचीन परम्परा से जोड़ने की मुहिम चल रही है।

राष्ट्र व सनातन धर्म के उत्थान को जीवन समर्पित करनेवाले विहिप के प्रवक्ता शरद शर्मा कहते हैं, 'हम मर्यादा पुरुषोत्तम श्रीराम के अनुयाई हैं। प्रभु श्रीराम किन्नरों आत्मीय सम्मान करते थे। उन्होंने अपने राजगद्दी समारोह और अश्वमेध यज्ञ के अनुष्ठान में किन्नरों को ससम्मान आमन्त्रित किया था। श्रीराम ने किन्नरों को तपस्वी व देवतुल्य सम्मान देते हुए उनका पूजन भी किया था। जब श्रीराम ने किन्नरों को हृदय से अपना लिया तो उन्हें उपेक्षित कैसे किया जा सकता है? किन्नरों को उपेक्षित करना क्या श्रीराम व सनातन धर्म का अपमान नहीं है? श्रीराम से सीख लेते हुए विहिप किन्नरों को अपना रही है।' यहाँ गौर करनेवाली बात यह है कि विहिप जैसे संगठन तब किन्नरों को अपनाने के लिए आगे आए हैं, जब किन्नरों ने स्वयं हिन्दू रीति-रिवाज से जुड़े रहने की लालसा प्रकट की। इसके पहले कोई संगठन उनके अधिकार व सम्मान की रक्षा के लिए आगे नहीं आया था। यही कारण है कि किन्नर इस्लाम स्वीकार करते गए, परन्तु उस ओर किसी का ध्यान ही नहीं गया। विहिप आम स्त्री व पुरुष के धर्मान्तरण करने पर हंगामा करती रही है। लेकिन, किन्नरों के धर्मान्तरण करने पर उसकी सेहत पर कभी फर्क नहीं पड़ा, क्योंकि वह स्त्री व पुरुष से भिन्न थे। वैसे विहिप प्रवक्ता शरद शर्मा ऐसा मानने से इनकार करते हैं। वह कहते हैं कि, 'विहिप ने कभी किन्नरों को बहिष्कृत या तिरस्कृत नहीं किया। हमेशा उनका सम्मान रहा है। किन्नरों को ज्ञानी, संस्कारी बनाकर सम्माननीय जीवन व्यतीत करने को प्रेरित करने की दिशा में हमेशा जमीनीस्तर पर काम किया गया है। विहिप की ओर से संचालित वेद विद्यालयों में किन्नरों को पठन-पाठन के लिए सम्मान के साथ आमन्त्रित किया जाता है। विहिप के किसी भी वेद विद्यालय में जाकर किन्नर बिना रोक-टोक के शिक्षा ग्रहण कर सकते हैं। किन्नर संस्कृत, वेद व पुराणों का अध्ययन करके भजन, पूजन व प्रवचन करने में जीवन व्यतीत करें। हम यही चाहते

हैं। किन्नर धार्मिक कृत्यों से जुड़ेंगे तो समाज उन्हें स्वत: सम्मान देने लगेगा। वह कहते हैं कि किन्नरों में रूप परिवर्तन की अद्‌भुत कला होती है। नृत्य, गायन तथा सौन्दर्यता इनकी साधना का हिस्सा है। किन्नर अपने हर स्वरूप पर गर्व करें, उसी के माध्य से समाज में अपनी विशेष पहचान बनाएँ, उसके लिए विश्व हिन्दू परिषद प्रयासरत है। किन्नरों को प्रशिक्षित करके उनके अन्दर छिपे गुण को निखारने का प्रयास किया जा रहा है।'

महामंडलेश्वर सरजूदास के प्रयास से बढ़ा मेल-मिलाप

जूना अखाड़ा का साथ व भारी जनस्वीकार्यता मिलने के साथ किन्नर संन्यासियों को दूसरे अखाड़ों के महात्माओं का समर्थन मिलने लगा। बदलाव भरे दौर में दिगम्बर अनी अखाड़ा के महामंडलेश्वर सरजूदास खुलकर किन्नर अखाड़ा के साथ खड़े हो गए। प्रयागराज में 2019 में आयोजित कुम्भ पर्व में वह किन्नर अखाड़ा के शिविर में भजन-पूजन व सांस्कृतिक कार्यक्रमों में हिस्सा लेते थे। साथ ही अपने अखाड़ा के शिविर में किन्नर संन्यासियों को सम्मान पूर्वक आमन्त्रित करने लगे। इस मेल-मिलाप की किन्नर संन्यासियों को सबसे अधिक जरूरत थी। इससे देश-विदेश से प्रयागराज आनेवाले दूसरे किन्नरों के अन्दर गौरव की अनुभूति हुई। वह प्रयागराज कुम्भ घूमने के लिए आए थे, परन्तु वहाँ मिले सम्मान से अभिभूत हो गए। उन्हें आभास हुआ कि ताली बजाकर घर-घर जाकर माँगने में वह सम्मान नहीं है, जो धर्म की राह पर चलने से मिलता है। फिर क्या था, जो किन्नर घूमने आए थे उन्होंने संन्यास ग्रहण करने का मन बना लिया। संन्यास ग्रहण समारोह में सरजूदास सहित उनके अखाड़े से जुड़े महात्मा भी शामिल होते थे। महामंडलेश्वर सरजूदास कहते हैं कि हम धर्माचार्य हैं। सनातन धर्म में किन्नरों को उपेक्षा नहीं, बल्कि सम्मान का पात्र बताया गया है। वैसे भी सनातन धर्म किसी की उपेक्षा करना नहीं सिखाता। यह ऐसा धर्म है जो सबकी भलाई व प्रेम सहित सबको अपनाने की सीख देता है। धर्माचार्य उसी धर्मध्वजा को बुलन्द करते हैं। परन्तु सामाजिक व धार्मिक कुरीतियों के चलते किन्नरों को वह सम्मान नहीं मिल रहा था, जिसके वह हकदार थे। इसके पीछे कुछ धर्माचार्यों का हठ था, उन्हें लगता था कि किन्नरों को सम्मान देने से उनकी लोकप्रियता खत्म हो जाएगी। इस भय से उन्होंने खुद को किन्नर संन्यासियों से दूर रखा। मुझे खुशी है कि प्रयागराज कुम्भ में धर्माचार्यों ने आत्ममन्थन करके वह गलती सुधार ली, जो जाने-अनजाने में उनसे हो रही थी'। राजस्थान में किन्नरों के जीवन स्तर को सुधारने के लिए कई संगठन व सन्त-महात्मा सहयोग कर रहे हैं। वह चाहते हैं कि किन्नर समाज की मुख्यधारा से

जुड़कर जलालत भरी जिन्दगी से मुक्ति पायें। वह मुहिम महामंडलेश्वर सरजूदास की देख-रेख में आगे बढ़ रही है। सरजूदास कहते हैं कि, 'किन्नरों के प्रति समाज की सोच में बदलाव आ रही है। वह किन्नरों को महत्त्व भी दे रहे हैं। लेकिन, उसके पीछे उन किन्नरों का संघर्ष व जज्बा है, जिन्होंने विपरीत परिस्थितियों में धैर्य धारण करके अलग-अलग क्षेत्रों में अपने लक्ष्य की प्राप्ति की है। मेरा प्रयास है कि किन्नर अपने अन्दर छिपी प्रतिभा को पहचानें और सम्मान पूर्वक आगे बढ़े। इसके लिए निरन्तर जाग्रति फैलाई जा रही है। जरूरतमन्द किन्नरों को मदद देकर आगे बढ़ने को प्रेरित किया जा रहा है। वह एक कदम आगे बढ़ाएँगे तो मैं उनके लिए सौ कदम चलने को तैयार हूँ। मेरी मुहिम किन्नरों को अधिकार व सम्मान दिलाने तक जारी रहेगी।'

किन्नरों से जन-जन को जोड़ा

सनातन संस्कृति से सेवा, समर्पण, संस्कार व सभ्यता की सीख मिलती है। हर धर्माचार्य समाज को इसी मूलमन्त्र को अपनाने की सीख देते हैं। प्रवचनों में व्यासपीठ पर आसीन कथावाचक को लोग भाव से सुनते हैं और उनसे मिली सीख को जीवन में उतारने का प्रण लेकर पंडाल से बाहर आते हैं। लेकिन, अधिकतर लोग धर्म के उस मर्म को आत्मसात नहीं करते। यही कारण है कि इनसानियत की सीख अनेक मौकों पर इनसान भूल जाता है। इसके बीच कुछ ऐसे लोग भी हैं, जो जनकल्याणकारी काम बिना किसी प्रचार-प्रसार के शान्ति से कर रहे हैं। कई संस्थाएँ हैं, जिनका ध्येय समाज के गरीब व पिछड़े लोगों को अधिकार व सम्मान दिलाना है। किन्नर को अधिकतर लोग भले उपेक्षा की नजर से देखते हों, लेकिन कुछ लोगों के लिए वे आस्था का केन्द्र हैं। 'हरिश्याम मानव कल्याण शिक्षा एवं शोध संस्थान प्रयागराज' ऐसी ही संस्था है जिसने किन्नरों के सामाजिक, आर्थिक व धार्मिक उत्थान का बीड़ा उठाया। 'नर में नारायण' के मूलमन्त्र को साकार करने के लिए यह संस्था सालों से काम कर रही है। वृद्धों की देख-रेख, गरीब बच्चों की पढ़ाई व शिक्षा, गरीब युवतियों के विवाह कराने के साथ पौधारोपण व स्वच्छता अभियान संस्था की ओर से अक्सर चलाया जाता है। इसके साथ संस्था से जुड़े स्वयंसेवकों ने किन्नरों को आत्मनिर्भर बनाने का बीड़ा उठाया है। किन्नरों को सामाजिक उपेक्षा के दंश से मुक्त करने के लिए संस्था सेमिनार व कार्यशाला का आयोजन करवाती है। इसके जरिए किन्नरों के धार्मिक महत्त्व व समाज में उनके अमूल्य योगदान को जन-जन को बताया जाता है। किन्नर ताली पीटकर पैसा माँगने के बजाए कुछ काम करके आत्मनिर्भर बनें, उसके लिए संस्था ने स्वरोजगार की

मुहिम चलाई है। इससे किन्नर सिलाई, कढ़ाई, पेंटिंग, नृत्य व गायन के जरिए अपने हुनर का प्रदर्शन करके नाम व सम्मान प्राप्त कर रहे हैं। संस्था के सचिव राजीव मिश्र कहते हैं कि किन्नर समाज के लिए वरदान हैं। वह सच्चे त्यागी व लालचविहीन व्यक्ति हैं। दुर्भाग्य की बात यह है कि समाज उनकी इस खूबी से अनभिज्ञ है। वह कहते हैं कि किन्नरों को आम व्यक्ति की तरह सम्मान से जीने का हक है, सुप्रीम कोर्ट के आदेश के बाद किन्नरों की दशा में काफी सुधार आया है। लेकिन, अभी सफर लम्बा तय करना है। किन्नरों को अधिकार व सम्मान मिलने की अभी शुरूआत हुई है। सामाजिक संगठन का सदस्य होने के नाते हमारा दायित्व है कि किन्नरों के प्रति समाज की सोच बदलने में योगदान दें। हम अपने उसी काम में पूरी ईमानदारी से लगे हैं। हमारी यह मुहिम निरन्तर आगे चलती रहेगी, किन्नरों को अधिकार व सम्मान दिलाने के बाद ही हम शान्त बैठेंगे। इस कार्य के लिए हर स्तर पर योगदान देने के लिए तैयार है।

सद्‌गृहस्थ अखाड़ा का मिला समर्थन

दुनिया उसी के आगे नतमस्तक होती है, जिसमें विपरीत परिस्थितियों से लड़ने का जज्बा होता है। विरोध में कटु शब्दों की बौछार से अनभिज्ञ होकर निरन्तर पग बढ़ानेवालों को समाज का विशिष्ट वर्ग अविलम्ब अपनाता है। किन्नर अखाड़ा के संन्यासियों के साथ भी वैसा ही हुआ। किन्नर संन्यासियों संघर्ष व धर्म के प्रति उनके समर्पण भाव से प्रभावित होकर सद्‌गृहस्थ अखाड़ा के आचार्य महामंडलेश्वर व माँ कामाख्या संस्थान के मुखिया संकर्षण शरण जी महाराज ने उन्हें आत्मीयता से अपनाया। सद्‌गृहस्थ अखाड़ा में सैकड़ों गृहस्थ महात्मा, कथावाचक जुड़े हैं। यह अखाड़ा ऋषि-मुनियों की प्राचीन परम्परा का संवाहक है। जैसे सतयुग, त्रेता युग, द्वापर युग में ऋषि-मुनि गृहस्थ हुआ करते थे। जंगलों में प्रवास करके जप-तप में लीन रहनेवाले ऋषि-मुनिओं की पत्नी व बच्चे होते थे। गृहस्थ होने के बावजूद उनकी तपस्या में कोई विघ्न नहीं पड़ता था। ठीक उसी प्रकार गृहस्थ अखाड़ा से गृहस्थ धर्माचार्य जुड़े हैं। सभी अपने-अपने क्षेत्रों में धर्म के प्रचार-प्रसार में पूरे समर्पण भाव से लीन हैं। संकर्षण जी महाराज कहते हैं कि, 'संन्यास का सही स्वरूप गृहस्थ ही है। हमारे धर्मग्रन्थों में गृहस्थ संन्यास की पवित्र व्याख्या की गई है। गृहस्थ जीवन में रहकर भक्ति करना अत्यन्त कठिन है, क्योंकि ऐसे व्यक्ति को स्वयं के साथ दूसरे की चिन्ता भी करनी होती है। उन्हें घर-परिवार का पालन-पोषण करते हुए प्रभु की भक्ति करनी पड़ती है। सनातन धर्म का मूल है कि सबको साथ लेकर चलो। ज्यादा से ज्यादा लोगों की जिम्मेदारी उठाने की सीख हमें अपने धर्म

से मिलती है। जबकि जिम्मेदारियों से भागना अधर्म की श्रेणी में आता है। यही कारण है कि प्राचीनकाल में हमारे अधिकतर ऋषि-मुनि गृहस्थ जीवन व्यतीत करते थे। सद्गृहस्थ अखाड़ा उसी प्राचीन परम्परा को जीवन्त करके घर-घर लोगों में भक्ति का भाव पैदा कर रहा है। गृहस्थ व्यक्ति घर-परिवार की जिम्मेदारियों का निर्वाहन करते हुए परमात्मा की प्राप्ति में लीन रहे सद्गृहस्थ अखाड़ा उसी मूलमन्त्र को साकार करने में जुटा है। सुखद अनुभूति यह है कि आज समाज के हर वर्ग के लोग सद्गृहस्थ अखाड़ा की भावना, संस्कार, सन्देश व मर्म से स्वयं को जोड़कर जीवनयापन करते रहे हैं'।

किन्नर अखाड़ा की स्थापना होने पर जब अखिल भारतीय अखाड़ा परिषद व समस्त अखाड़े विरोध का स्वर मुखर कर रहे थे। उस बीच सद्गृहस्थ अखाड़ा ने किन्नर अखाड़ा का खुलकर समर्थन किया था। अखाड़ा के आचार्य महामंडलेश्वर संकर्षण जी महाराज ने किन्नरों को उपदेवता की श्रेणी में रखते हुए जनता-जनार्दन से उनका सम्मान करने की अपील की थी। धर्म के क्षेत्र में किन्नरों की उपेक्षा खत्म करने के लिए प्रयागराज़ में 2019 में आयोजित हुए कुम्भ पर्व में संकर्षण जी महाराज किन्नर संन्यासियों को अपने शिविर में सम्मान आमन्त्रित करते थे। किन्नर अखाड़ा की आचार्य महामंडलेश्वर लक्ष्मीनारायण त्रिपाठी सहित दूसरे किन्नर संन्यासियों को धर्म, कर्म, योग व सत्संग में शामिल करके उनका गौरव बढ़ाते रहे। संकर्षण जी महाराज कहते हैं कि, 'सनातन धर्म में अनेकों अच्छाइयाँ के बीच कुछ कमियाँ भी पैदा हो गई थी। यह कमियाँ बौद्धों व मुगलों के प्रभाव से पैदा की गई थी। वह सनातन धर्म का वैभव खत्म करके अपनी स्वीकार्यता बढ़ाना चाहते थे। लेकिन, सनातन धर्मावलम्बियों के विश्वास व परम्परा को खत्म करना आसान नहीं था। तलवार की नोक पर वह ज्यादा लोगों को अपना गुलाम नहीं बना पाये थे। फिर साजिश के तहत धार्मिक मान्यताओं व परम्पराओं को बदला गया। 'मनु स्मृति' सहित अनेक ग्रन्थों के तथ्यों से छेड़छाड़ करके हिन्दुओं को बरगलाकर बाँटने का प्रयास किया गया। हिन्दू के लिए उसके धर्मग्रन्थ सर्वोपरि होता है। वह उसी के निर्देश का हृदय से पालन करते हैं। जब धर्मग्रन्थों की मूलभावना को बदलकर उसे गलत रूप में प्रचारित किया गया तो समाज का अधिकतर वर्ग आपस में बँट गया। वह वर्ग, परम्परा के नाम पर आपस में भेदभाव करने लगा। किन्नरों की उपेक्षा का दौर भी उसी दौरान शुरू हुआ। किन्नरों की उपदेवता की मान्यता को खत्म करके उन्हें पृथ्वी के कलंकित, उपेक्षित प्राणी के रूप में दर्शाया गया। समाज का बड़ा वर्ग सच्चाई से अनभिज्ञ था। सच्चाई जानने को किसी ने जहमत भी नहीं उठाई। इससे किन्नरों की उपेक्षा बढ़ने लगी। दुर्भाग्य की बात यह है कि अधिकतर

धर्माचार्य भी घिसी-पिटी परम्पराओं की दुहाई देकर धर्म की मूलभावना से अनभिज्ञ हैं। यही कारण है कि किन्नरों ने अखाड़ा का गठन किया, संन्यास धारण कर संन्मार्ग पर चलने लगे तब भी उनका विरोध किया गया। धर्माचार्य होने के नाते समाज को उचित राह दिखाना मेरा परम कर्त्तव्य है। किन्नरों को सम्मान देकर मैंने उसी कर्त्तव्य का पालन किया है। संकर्षण की महाराज की मुहिम का सार्थक असर धर्म के क्षेत्र में दिखा भी। धर्माचार्यों के बीच मान-सम्मान मिलने से किन्नरों का हौसला बढ़ेगा साथ ही समाज की सोच में बदलाव आएगी। ऐसा होने से किन्नरों की सनातन धर्म में वापसी का दायरा बढ़ेगा, जो किन्नर लोभ के कारण दूसरे धर्म को अपना चुके हैं। सम्मान मिलने पर वह अपने धर्म में वापस आकर जीवनयापन करने को प्रेरित होंगे। किन्नरों के धर्म की राह पर चलने से उनके समाज में व्याप्त अनियमितता, व्यावहारिक कमियाँ व भाषा में सुधार आएगा। इससे किन्नर सभ्य व सम्मानित जीवन व्यतीत कर सकेंगे'।

दंडी संन्यासियों ने दिया आत्मीय सहयोग

श्रीराम जन्मभूमि तीर्थ क्षेत्र ट्रस्ट के सदस्य जगद्गुरु स्वामी वासुदेवानन्द सरस्वती ने किन्नर अखाड़ा व उसके संन्यासियों को अपनाया तब धर्माचार्यों का मत बदलने लगा। धीरे-धीरे दूसरे धर्माचार्य भी किन्नरों को सम्मान देने को प्रेरित हुए, परिस्थिति बदली तो उपेक्षित किन्नर संन्यासियों का सम्मान बढ़ गया। जो धर्माचार्य उन्हें अपने पास बैठाने से हिचकते थे। वह किन्नरों के धर्म के प्रति झुकाव, त्याग व नेक संस्कार देखकर उनके कायल हो गए। धर्माचार्य आज किन्नर संन्यासियों को अपने बीच बैठाने से हिचकते नहीं हैं। न ही वह किसी प्रकार का भेदभाव रखते हैं। नारायण का स्वरूप माने जानेवाले दंडी संन्यासियों ने किन्नर संन्यासियों के महत्त्व को प्रचारित करने में अहम भूमिका निभाई है। अखिल भारतीय दंडी संन्यासी परिषद के अध्यक्ष स्वामी ब्रह्माश्रम की गिनती श्रेष्ठ धर्मगुरुओं में होती है। अपने भजन, प्रवचन के जरिए समाज को संन्मार्ग पर चलने को प्रेरित करनेवाले स्वामी महेशाश्रम कहते हैं कि सनातन धर्म जोड़ना सिखाता है तोड़ना नहीं। हम तो पृथ्वी, नदी, पर्वत, वृक्ष, पशु-पक्षी, जीव-जन्तु सभी को पूजकर उनकी रक्षा करने का संकल्प लेते हैं। यह सभी हमारे लिए देवी-देवताओं का स्वरूप हैं। तिरस्कार, उपेक्षा और अपमान का हमारे धर्म में कोई स्थान नहीं है। फिर किन्नरों का अपमान कैसे किया जा सकता है? किन्नर तो सनातन परम्परा का अहम हिस्सा हैं, उनका अपमान धर्म का अपमान करने के समान है। हर धर्मावलम्बियों को ऐसा करने से बचना चाहिए।

स्वामी ब्रह्माश्रम दंडी स्वामीनगर में किन्नर संन्यासियों को सम्मान देनेवाले पहले धर्मगुरु हैं। किन्नर अखाड़ा के आचार्य महामंडलेश्वर लक्ष्मीनारायण त्रिपाठी को अनेक मौकों पर अपना मंच दिया। प्रयागराज में हुए धार्मिक सम्मेलन व अनुष्ठानों में किन्नर संन्यासियों को ससम्मान आमन्त्रित किया। साथ ही खुद भी उनके बुलावे पर हर जगह गए। स्वामी ब्रह्माश्रम ने इस मेल-मिलाप के जरिए धर्माचार्यों को किन्नरों व किन्नर संन्यासियों के प्रति सोच बदलने को प्रेरित किया। इसके लिए उन्हें दंडी संन्यासियों सहित अनेक धर्माचार्यों का विरोध भी झेलना पड़ा। लेकिन, स्वामी ब्रह्माश्रम अपने पथ पर अडिग रहे। विरोध की परवाह किए बगैर वह अपने मिशन पर आगे बढ़ते रहे। कुछ समय बाद उसका सार्थक परिणाम भी सामने आने लगा। धीरे-धीरे दंडी स्वामीनगर में किन्नर संन्यासियों की स्वीकार्यता बढ़ने लगी। स्वामी ब्रह्माश्रम किन्नर अखाड़ा के गठन को सनातन धर्म के हित में महत्त्वपूर्ण पड़ाव मानते हैं। वह कहते हैं कि सदियों से किन्नरों की उपेक्षा हो रही है, उन्हें उस गलती की सजा दी जाती है, जो उन्होंने किया ही नहीं है। अगर कोई किन्नर के रूप में जन्मा है तो इसमें उसका क्या दोष है? क्या किन्नर इनसान नहीं होते? हिन्दू घर में जन्म लेनेवाले किन्नर इस्लाम स्वीकार करके मुसलमान बन जाएं क्या वह सनातन धर्म के हित में है? अगर किन्नर धर्माचार्य बनकर जीवन व्यतीत करना चाहते हैं तो उससे किसी को दिक्कत क्यों हो रही है? ऐसे अनेकों यक्ष प्रश्न हैं, जिसका निस्तारण धर्म के जरिए किया जा सकता है। लेकिन, उस पर किसी धर्माचार्य ने ध्यान नहीं दिया। किन्नरों का सनातन धर्म अपनाना हमारे लिए सुखद संयोग है। इससे धार्मिक पाखंड खत्म होगा। साथ ही हमारे धर्म की स्वीकार्यता बढ़ेगी। मुझे खुशी है कि कुछ धर्माचार्यों ने हमारी मंशा के अनुरूप किन्नरों की उपेक्षा खत्म कराने के लिए सार्थक पहल की है। उन्हें आभास हो गया कि किन्नरों की उपेक्षा करना धर्म व समाज के हित में नहीं है। उन्हें उपेक्षित करने के बजाए सम्मान देकर आगे बढ़ाने की जरूरत है। हम उसी दिशा में काम कर रहे हैं, समाज का हर वर्ग किन्नरों को अपनाए व सम्मान द्रे। उसको लेकर दंडी संन्यासी हर स्तर पर सहयोग देने को तैयार हैं। स्वामी ब्रह्माश्रम कहते हैं कि किन्नर सम्मानित होकर आगे बढ़ेंगे तो उसकी ख्याति पूरी दुनिया में फैलेगी। विश्व के अनेक देशों में रह रहे किन्नरों में धर्मात्मा बनने की भावना जाग्रत होगी। वह अपना चाल-चलन बदलकर धर्म की राह पर चलेंगे। ऐसा होने पर सनातन धर्म की ख्याति हर जगह फैलेगी। धर्म की ख्याति फैलाना ही धर्माचार्य के रूप में हमारा संकल्प व लक्ष्य है। यही कारण है कि अखिल भारतीय दंडी संन्यासी परिषद् किन्नरों को धर्मात्मा बनने के लिए प्रेरित करने के

साथ उनका हर स्तर पर मदद भी कर रही है। यह मुहिम कभी रुकेगी नहीं, बल्कि निरन्तर जारी रहेगी'।

प्रभुजी ने अर्द्धनारीश्वर के रूप में किया सम्मान

भगवान शिव पंचदेवों में प्रधान अनादि सिद्ध परमेश्वर हैं। वेदों में अजन्मा, संहारक के रूप में उनका गुणगान किया गया है। संहार के देवता भगवान शिव सौम्य व रौद्ररूप में विख्यात हैं। शिव महापुराण में भगवान शिव के 19 अवतारों की महिमा बखानी गई है। देव-दनुज, ऋषि, गन्धर्व, किन्नर के साथ ब्रह्मा व विष्णु भी शिव की उपासना करते हैं। इसी कारण इन्हें महादेव कहा जाता है। सृष्टि की रक्षा के लिए विष पान करनेवाले शिव किसी का अहित नहीं करते। शिव की भाव से स्तुति करने से साधक को समस्त कष्टों से मुक्ति मिलती है। भगवान शिव ने अपने अर्द्धनारीश्वर स्वरूप में स्त्री व पुरुष दोनों के अंश समाहित किया हैं। इसके जरिए प्राकृतिक सामंजस का सन्देश दिया है। शिव ने बताया है कि स्त्री व पुरुष का स्वभाव, उनका चाल-चलन व व्यवहार भले अलग-अलग है। परन्तु वह दोनों गुण एक शरीर में समाहित हो सकता है। जिस शरीर में यह गुण समाहित होते हैं, वह सामान्य नर-नारी से श्रेष्ठ व पूज्यनीय होता है। शिव के उसी अर्द्धनारीश्वर स्वरूप का गुण किन्नरों में समाहित है। किन्नर के अन्दर भी स्त्री व पुरुष के गुण होते हैं। किन्नरों की लैंगिक विकृति, हाव-भाव, चाल-चलन व व्यवहार उन्हें आम स्त्री व पुरुष से अलग करता है। किन्नरों की यही भिन्नता उनको आम इनसान से श्रेष्ठ बनाती है। सृष्टि कल्याण की संकल्पना को साकार करने के लिए शिव की साधना में लीन 'ओम नमः शिवाय संस्थान' किन्नरों का सम्मान अर्द्धनारीश्वर के रूप में करता है।

समाज में किन्नरों को जब उपेक्षा के भाव से देखा जाता था। तब ओम नमः शिवाय संस्थान से जुड़े नर-नारी पूरे श्रद्धाभाव से किन्नरों को अर्द्धनारीश्वर शिव के रूप में पूजते थे। समाज का हर व्यक्ति किन्नरों के दैवीय स्वरूप से परिचित होकर उनका सम्मान करे, उसके लिए प्रयागराज में माघ मास में लगनेवाले माघ मेला व कुम्भ पर्व में विशेष भजन, पूजन व भंडारा चलाया जाता है। हर आयोजन में किन्नर सम्मानपूर्वक आमन्त्रित किए जाते हैं। मन्त्रोच्चार के बीच उनका पूजन करके श्रेष्ठ आसन में विराजमान किया जाता है। संस्थान की ओर से अन्न दान भी किया जाता है। माघ मास में 40 से 50 लाख श्रद्धालुओं को भोजन प्रसाद ग्रहण कराया जाता है। जबकि कुम्भ में भोजन रूपी प्रसाद ग्रहण करनेवालों की संख्या करोड़ों में हो जाती है। संस्थान के संस्थापक प्रभु जी महाराज के सान्निध्य में

उनके देशभर के भक्त शिविर में सेवा देते हैं। माघ के अलावा प्रयागराज, कानपुर, अयोध्या व लखनऊ में संस्थान की ओर से वर्षभर भंडारा चलाया जाता है। वहाँ प्रतिदिन हजारों लोग प्रसाद ग्रहण करते हैं। संस्थान का मत है कि भगवान शिव ने सृष्टि उत्थान व उसकी सुरक्षा के लिए विष पान करके नीलकंठ बन गए थे। भगवान शिव ने नर सेवा की जो राह दिखाई है, उसे अन्न दान के जरिए पूरा किया जा रहा है। 'कोई मनुष्य भूखा न रहे-दूसरों का कष्ट दूर करने के लिए खुद को समर्पित कर दो' भगवान शिव से मिली उसी सीख को ओम नमः शिवाय संस्थान के भक्त आत्मसात करते हैं। भगवान शिव की उसी साधना में किन्नरों का सम्मान भी समाहित है।

प्रभु जी महाराज कहते हैं कि अनादिकाल से मानव भौतिक चिन्ताओं से ग्रसित होकर येन, केन, प्रकारेण जीवन व्यतीत कर रहा है। मनुष्य को समस्त विकृतियों व विपत्तियों से मुक्त करने के लिए ऋषि-मुनियों ने सदियों पहले धर्म, कर्म व भक्ति का मार्ग दिखाया था। उक्त मार्ग का अनुसरण करने का उपदेश देकर ईश्वर की सुखदायिनी कृपा प्राप्त करने का मार्ग प्रशस्त किया है। मनुष्य उस मार्ग पर चलें उसके लिए जन-जन को शिव की भक्ति की राह दिखाई जा रही है। शास्त्रों में वर्णित महादेव शिवलिंगार्चन आराधना, उपासना अत्यन्त सहज व सरल है। लिंग पुराण में लिखा है कि शिव जी अलिंगा हैं। प्रकृति प्रधान ही लिंग है। शिव निर्गुण व सगुण दोनों हैं। जबकि प्रकृति केवल सगुण है। शिव का अर्द्धनारीश्वर स्वरूप में शिव के दोनों स्वरूप अर्थात निर्गुण व सगुण का वास है। किन्नर उसी स्वरूप के परिचायक हैं। वह पृथ्वी पर साक्षात भगवान शिव के दूत हैं। किन्नरों को सम्मान देने से मनुष्य को शारीरिक, मानसिक, सामाजिक व आर्थिक कष्टों से मुक्ति मिलती है। जबकि अपमान करने से समस्त कष्टों का भागी बनता है। मनुष्य कष्ट का भागी न बने उसके लिए उन्हें संन्मार्ग पर चलने को प्रेरित किया जा रहा है। कुछ ऐसा ही मत संस्थान के संचालक आचार्य शान्तनु जी का है। वह कहते हैं कि शिवलिंग का पूजन करनेवाले साधक को शिव लोक जाने का सौभाग्य प्राप्त होता है। जो साधक नित्य कामना रहित होकर शिवलिंग का पूजन करता है उसका बुद्धि विकास, धन की कामना पूर्ति, सन्तान प्राप्ति, मुक्ति की प्राप्ति और द्वेष नाश, दरिद्रता से मुक्ति, ऐश्वर्य की पूर्ति, भूमि की इच्छा पूर्ति होती है। किन्नरों में शिव का स्वरूप समाहित है। इसी कारण वह सबसे भिन्न हैं। किन्नर त्रिदेव यानी ब्रह्माजी, विष्णु व महेश तीनों के प्रिय हैं। किन्नर को सम्मान देनेवाले व्यक्ति को तीनों देवों का आशीष प्राप्त होता है। जबकि किन्नर का अपमान करनेवाले से तीनों देव कुपित हो जाते हैं। इससे उसे धन, यश, सन्तान की हानि झेलनी पड़ती है। ब्रह्माजी

ने प्रयागराज में अश्वमेध यज्ञ करके सृष्टि की रचना की है। किन्नर सृष्टि निर्माण काल से पृथ्वी पर हैं। यही कारण है कि प्रभु जी महाराज के सानिध्य में प्रयागराज की पावन धरा पर संगम तीरे किन्नरों को उपदेवताओं के समान सम्मान देने की परम्परा का निर्वाहन पूरे समर्पण से किया जा रहा है। इस संस्थान से जुड़ा हर भक्त अपने घर में शिव के अर्द्धनारीश्वर स्वरूप का पूजन करता है।

किन्नरों को आत्मनिर्भर बना रहे प्रदीप

धर्म कोई भी हो, उसमें इनसानियत सर्वोपरि है। हर धर्म लोगों को अपनाने व पीड़ितों का दु:ख-दर्द दूर करने की सीख देता है। लेकिन, धर्म की इस सीख को अधिकतर लोग जीवन में आत्मसात ही नहीं करते। सामाजिक कुरीतियाँ इसी कारण बढ़ रही है। वहीं, कुछ लोग ऐसे हैं जो विदेश में रहने के बावजूद सनातन धर्म की शिक्षा उसके संस्कार को जीवन में उतारते हैं। प्रवासी भारतीय प्रदीप त्रिपाठी उन्हीं लोगों में शामिल हैं, जो ओमान रहते हुए भी अपना संस्कार नहीं भूले। ओमान व दुबई जैसे मुस्लिम देशों के बड़े उद्योगपतियों में गिने जानेवाले प्रदीप हिन्दू धर्म का हर पर्व पूरी परम्परा से निभाते हैं। ग्लोबल फोन टेक्नोलॉजी नामक कम्पनी के संस्थापक प्रदीप के ओमान स्थित बंगले में नवसंवत्सर, होली, दीपावली जैसे पर्वों पर प्रवासी भारतीय एकत्र होते हैं। सबको परिवार की भाँति जोड़कर मिलकर उत्सव मनाते हैं। जब किसी प्रवासी भारतीय को कोई समस्या होती है तब प्रदीप उसकी मदद के लिए आगे आते हैं। प्रवासियों के अलावा उन्होंने किन्नरों को आत्मनिर्भर बनाने का बीड़ा उठाया है। ओमान व दुबई में जिन किन्नरों को उनके घरवालों ने उपेक्षित कर दिया था, प्रदीप ने उन्हें अपनाया है। उन्होंने मोबाइल मेकिंग, कम्प्यूटर, पेंटिंग, सिलाई, मैकेनिकल का प्रशिक्षण दिलवा रहे हैं। प्रशिक्षण प्राप्त करके किन्नर भी खुद का रोजगार खोलने के साथ बड़े-बड़े संस्थानों में काम कर रहे हैं। गंगाधाम के संस्थापक प्रदीप कहते हैं कि मेरा बचपन अत्यन्त गरीबी में बीता है। पढ़ाई के लिए फीस के पैसे भी मुश्किल से एकत्र होते थे। उस परिस्थिति में भी मेरे पिता गंगा प्रसाद त्रिपाठी हमें दूसरों की मदद करने को प्रेरित करते थे। वो कहते थे कि, 'दान करने से धन कभी खत्म नहीं होता बल्कि बढ़ता है।' पिता जी मुझे किन्नरों के बारे में बताते थे कि, 'ये आम इनसानों से श्रेष्ठ हैं, क्योंकि परमात्मा ने उन्हें किन्नर बनाकर धरती पर भेजा है। इनका कभी अपमान न करना, बल्कि जितना हो सके इनकी सेवा करके आर्शीवाद लेना।' आज पिता जी दुनिया में नहीं हैं, लेकिन उनकी सीख आज भी मुझे बेहतर काम करने को प्रेरित करती है। पिता जी की प्रेरणा से ही मैंने विदेश में रहते हुए किन्नरों को 'उपदेवता'

के रूप में माना, सम्मान दिया और उनके हित में काम करने का प्रयास कर रहा हूँ। मेरे काम में पत्नी रश्मि भी पूरा सहयोग करती हैं। हम पति-पत्नी अपने बच्चों स्वास्तिका व अन्वय को किन्नरों के साथ हर गरीब की मदद करने की सीख देते हैं। गरीबी को मैं अभिशाप नहीं, बल्कि जीवन में विपरीत परिस्थितियों से लड़ने का माध्यम मानता हूँ। अभाव भरे जीवन में जीवन में इनसान कर्त्तव्यनिष्ठ व मानवीय संवेदनाओं से खुद को जोड़ने में सफल होता है। गरीबों की तरह किन्नरों को भी हमारी आत्मीयता की जरूरत होती है। किन्नर भले ही आम स्त्री-आदमी से अलग होते हैं, लेकिन होते तो इनसान ही हैं न। उन्हें हमारे सहारे की जरूरत होती है, जो इनसानियत के नाते मैं पूरे जीवन करता रहूँगा।

हरि गिरि की नजर में सनातन धर्म की धुरि

वैराग्य की भावना हर व्यक्ति में नहीं होती। यह व्यक्ति में परमात्मा की प्रेरणा से जाग्रत होती है। वैराग्य में न घर की चिन्ता होती है, न परिवार से कोई मोह रह जाता है। ऐसा व्यक्ति घर, परिवार व सम्पत्ति का त्याग करके सन्त बन जाता है। परमात्मा की खोज में वह भगवा वस्त्र धारण करके स्वयं का जीवन आध्यात्मिक साधना को समर्पित कर देता है। वह जीवित रहते हुए स्वयं का व अपने परिजनों का पिंडदान करके समस्त मोह-माया से मुक्त हो जाता है। धर्म, समाज व राष्ट्र के लिए जीवन समर्पित करनेवाले त्यागी व्यक्ति को सन्त की उपाधि दी जाती है। संन्यास-ग्रहण करनेवाले पुरुष व स्त्री समाज के लिए सम्मानीय व पूज्यनीय होते हैं। यह सम्मान उन्हें त्याग करने से प्राप्त होता है। कुछ ऐसा ही त्याग किन्नर भी करते हैं। वास्तव में देखा जाए तो किन्नर पैदाइशी त्यागी होते हैं। वह लैंगिक विकृति के साथ जन्म लेते हैं। यह मनुष्य का सबसे बड़ा त्याग है। अखिल भारतीय अखाड़ा परिषद के महामन्त्री व जूना अखाड़ा के मुख्य संरक्षक महन्त हरि गिरि कहते हैं, 'जन्मजात त्यागी होने के कारण किन्नर पैदाइशी वैरागी माने गए हैं। किन्नर सृष्टि के निर्माण-काल से पृथ्वी पर हैं। हर युग में उनकी ख्याति रही है। किन्नरों की महिमा सनातन धर्म-ग्रन्थों में बखानी गई है। सनातन धर्म में किन्नर देवताओं के समाज पूज्यनीय बताए गए हैं। त्रेता व द्वापर युग में भगवान श्रीराम तथा श्रीकृष्ण किन्नरों को सम्मान देकर उनके विशेष महत्त्व को दर्शाया है। अनादिकाल में किन्नरों का समाज में विशेष सम्मान था। महाभारतकाल में द्रोपदी का भाई किन्नर था। उर्वशी के शाप से अर्जुन भी किन्नर बन गए थे। किन्नर होने के बावजूद उन्हें किसी ने उपेक्षित नहीं किया, बल्कि मान-सम्मान के साथ अपने साथ रखा था। अगर ऐसा न होता तो गोस्वामी तुलसीदास जी श्रीरामचरित मानस में क्यों लिखते कि—

माघ मकर गत रवि जब होई। तीरथ पतिहि आव सब कोई।।
देव दनुज किन्नर नर श्रेनी। सादर मज्जहि सकल त्रिवेनी।।

जूना अखाड़ा ने किन्नरों को अपने साथ रखने व ससम्मान संगम में शाही स्नान करवाकर गोस्वामी जी की बातों का अनुसरण किया है। धर्म, समाज व

मानवता की दृष्टि से आज उसका अनुसरण करना जरूरी भी था। अगर अभी चूकते तो बहुत देर हो जाती'। किन्नरों की उपेक्षा को महन्त हरि गिरि सनातन धर्म का अनादर व अपमान करने के समान अपराध मानते हैं। वह कहते हैं, 'किन्नर सनातन धर्म का अहम हिस्सा हैं। प्राचीनकाल में उन्हें धार्मिक, सामाजिक व शासनस्तर पर सम्मान प्राप्त था। किन्नरों की उपेक्षा का दौर मुगलकाल में शुरू हुआ। भारत पर प्रभुत्व स्थापित करने के बाद मुस्लिम शासकों ने हिन्दुओं के धर्म-स्थलों, उनकी मान्यताओं व परम्पराओं को खंडित करके धूमिल करने का प्रयास किया। तलवार की नोक पर हिन्दुओं को मानसिक रूप से गुलाम बनाकर इस्लाम स्वीकार करने पर विवश किया गया। हिन्दुओं को झुकाने के लिए उनके ऊपर अनेक प्रकार के अत्याचार किए गए। किन्नरों ने भी उस अत्याचार को झेला है। किन्नरों की धार्मिक मान्यता व परम्परा को खत्म करके उन्हें गुलाम बनाने की देशव्यापी मुहिम चलाई गई थी। मुगलों के बाद अंग्रेजों ने भारत को अपने अधीन कर लिया। अंग्रेजों के शासनकाल में भी किन्नरों की उपेक्षा जारी रही'। चिन्ताजनक बात यह है कि भारत को मुगलों व अंग्रेजों की गुलामी से आजादी मिले दशकों बीत गए, परन्तु किन्नर समाज की दशा सुधरने के बजाए बिगड़ती चली गई। किन्नर समाज का बड़ा वर्ग आज भी अधिकार व सम्मान के लिए संघर्षरत है। पहले उन्हें माता-पिता अपने दिल व घर से बहिष्कृत करते हैं, घर से बाहर निकलने पर समाज उन्हें उपेक्षा के भाव से देखता है। महन्त हरि गिरि किन्नर समाज की मौजूदा स्थिति पर चिन्तित हैं। वह कहते हैं कि किन्नर के रूप में जन्म लेना विधि का विधान व परमात्मा की इच्छा है। जो परमात्मा का प्रिय होता है, वह उसी को किन्नर के रूप में जन्म देते हैं। इसी कारण किन्नरों को 'उपदेवता' की उपाधि दी गई है। आम स्त्री या पुरुष को उपदेवता जैसी उपाधि प्राप्त नहीं है। दुर्भाग्य की बात यह है कि स्त्री व पुरुष ने किन्नरों को उपेक्षित करके खुद का अस्तित्व श्रेष्ठ बनाने का कुचक्र रचा है। इससे सम्मानीय किन्नर उपेक्षित कर दिए गए। धार्मिक व सामाजिक उपेक्षा से आजीज आकर किन्नर सनातन धर्म से दूर होकर इस्लाम धर्म स्वीकार करने को विवश हो रहे हैं। किन्नरों का धर्मान्तरण करके इस्लाम स्वीकार करना सनातन धर्म के लिए अच्छा संकेत नहीं है। इसके लिए धर्माचार्य व समाज के लोग ही जिम्मेदार हैं, क्योंकि आज मुगलों की तरह कोई तलवार की नोक पर धर्मान्तरण नहीं करवा रहा है। हमसे सम्मान न मिलने पर किन्नर इस्लाम व अन्य धर्म स्वीकार करते हैं। इसके बावजूद धर्मान्तरण रोकने के लिए कोई उचित पहल नहीं करता। मुझे प्रसन्नता है कि किन्नरों की सनातन धर्म में वापसी कराने व उन्हें धार्मिक कृत्यों से जोड़ने के लिए 'किन्नर अखाड़ा' का गठन करके सार्थक प्रयास

किया गया है। धर्म व समाजहित में यह नेक कार्य है, मैं इसके लिए किन्नर अखाड़ा की आचार्य महामंडलेश्वर लक्ष्मीनारायण त्रिपाठी, उनके महामंडलेश्वर, मंडलेश्वर व सारे किन्नर संन्यासियों का हृदय से अभिनन्दन करता हूँ। मैं उनके धर्म के प्रति समर्पण को नमन करते हुए उनका हर स्तर पर साथ दूंगा। किन्नरों के प्रति यह जूना अखाड़ा का पवित्र संकल्प है, जिसे हर स्तर पर निभाया जाएगा। किन्नर अखाड़ा व उसके संन्यासियों के सामने जब कोई चुनौती आएगी तब उसका सामना करने के लिए जूना अखाड़ा सामने आएगा। इसी मंशा के साथ जूना अखाड़ा ने किन्नर अखाड़ा को अपनाया है। किन्नरों को सम्मान देकर जूना अखाड़ा ने धर्म की ख्याति बढ़ाने का काम किया है। इसके जरिए सदियों पहले हमारे ऋषि-मुनियों ने धर्महित में जो संकल्पना की थी वह साकार की गई।'

अखिल भारतीय अखाड़ा परिषद अभी भी किन्नर अखाड़ा को अखाड़ा के रूप में मान्यता नहीं दे रहा है। अखाड़ा परिषद पहले की तरह किन्नर अखाड़ा का विरोध करता है। लेकिन, उस विरोध का आम जनता पर ज्यादा असर नहीं है। वह किन्नर संन्यासियों को सम्मान दे रहे हैं। महन्त हरि गिरि कहते हैं कि, 'संन्यासियों के सात, वैरागियों के मौजूदा समय 18 अखाड़े हैं। सबको मिलाकर अखाड़ों की कुल संख्या 25 हो जाती है। लेकिन, अखाड़ा परिषद सिर्फ 13 अखाड़ों को मान्यता देता है। इससे कुछ अखाड़े अलग से मान्यता के लिए कोर्ट भी गए हैं। लेकिन, कोर्ट से उन्हें निराशा हाथ लगी। कोर्ट ने उन्हें अलग से मान्यता देने से इनकार कर दिया। इसके बावजूद वह अपना काम कर रहे हैं। धर्म व समाज के विभिन्न क्षेत्रों में उनकी मान्यता है। समाज का अलग-अलग वर्ग उन अखाड़ों से जुड़े महात्माओं को सम्मान देता है, उनके प्रति श्रद्धा का भाव रखनेवालों की संख्या निरन्तर बढ़ रही है। किन्नर अखाड़ा के साथ भी वैसा ही है। समाज के लोगों में किन्नर संन्यासियों के प्रति सम्मान व समर्पण का भाव निरन्तर बढ़ रहा है। किन्नर संन्यासियों का आशीर्वाद लेने के लिए हर वर्ग के लोग उनके पास आते हैं। किन्नर संन्यासियों को धर्म के क्षेत्र में सम्मान व अधिकार दिलाने के लिए प्रयागराज में 2019 में हुए कुम्भ पर्व में जूना अखाड़ा ने किन्नर अखाड़ा को अपनाने का निर्णय लिया। इस निर्णय का हर वर्ग के लोगों ने स्वागत किया। धर्माचार्य भी परोक्ष व अपरोक्ष रूप से हमारे साथ खड़े नजर आए। हर अखाड़ा के महात्मा किन्नर संन्यासियों को सनातन धर्म की मुख्यधारा से जुड़ने पर प्रसन्न हैं। यही कारण है कि जब जूना के साथ किन्नर अखाड़ा के संन्यासियों ने शाही-स्नान किया तो कहीं भी उसका विरोध नहीं हुआ। हरिद्वार कुम्भ 2021 में भी किन्नर संन्यासियों ने जूना अखाड़ा के साथ मिलकर पूरे सम्मान से शाही स्नान किया। हम आगे भी किन्नर

संन्यासियों के अधिकार व सम्मान की रक्षा करते रहेंगे। उन्हें कोई दिक्कत न होने पाये उसकी चिन्ता जूना अखाड़ा करेगा। जो किन्नर सनातन धर्म छोड़कर गए हैं, वे वापस लौटें हम उस दिशा में काम करने का प्रयास करेंगे।'

इस्लाम व अन्य धर्म अपनानेवाले किन्नर सनातन धर्म में लौटकर आएं, उसके लिए किन्नर संन्यासियों को समाज, धर्माचार्यों के बीच सम्मान दिलाया जाएगा। उन्हें हर धार्मिक व महत्त्वपूर्ण कार्यों में सम्मान के साथ शामिल किया जाएगा। महन्त हरि गिरि कहते हैं कि, 'हम किन्नरों की बातों व विचारों को महत्त्व देंगे। जब सम्मान मिलेगा तब दूसरा धर्म अपनानेवाले किन्नर अपना चाल, चलन, व्यवहार व कर्म बदलकर सनातन धर्म अपनाने को प्रेरित होंगे। हमारी यही मंशा है कि किन्नर सम्मान पूर्वक अपने धर्म में रहकर जीवनयापन करें।

श्रीरामकथा के प्रख्यात वाचक सन्त मोरारी बापू किन्नर संन्यासियों को जूना अखाड़ा से स्वीकार्यता मिलने को सनातन धर्म के लिए महत्त्वपूर्ण घटना के रूप में देखते हैं। वह कहते हैं कि, 'सनातन धर्म के हित में यह ऐतिहासिक निर्णय है, जिसकी प्रशंसा शब्दों में करना सम्भव नहीं है। सनातन धर्म व समाज का इससे उत्थान होगा। गोस्वामी तुलसीदास ने श्रीरामचरित मानस में लिखा है कि, 'किन्नर सदियों से प्रयागराज के संगम में स्नान करते रहे हैं'। दुर्भाग्यवश इसके बावजूद किन्नरों को धर्म के क्षेत्र में अपेक्षा के अनुरूप मान्यता व स्वीकार्यता नहीं मिली थी। वह भाव अब बदल रहा है जो वास्तव में सुखद है। इससे राष्ट्र उन्नति के पथ पर अग्रसर होगा।

किन्नर रुके व डरे बिना आगे बढ़ेंगे : लक्ष्मीनारायण

सदियों से उपेक्षित, वंचित व पीड़ित किन्नरों की दशा में सुधार होने लगी है। सुप्रीम कोर्ट ने थर्ड जेंडर के रूप में किन्नरों को मान्यता देकर उनका अस्तित्व संरक्षित किया है। इससे किन्नरों को शिक्षा, चिकित्सा का अधिकार प्राप्त होगा। वह आम स्त्री व पुरुष की भाँति सरकारी व गैर सरकारी संस्थाओं में नौकरी कर सकेंगे। सच्चाई यह भी है कि किन्नरों को जिस तेजी से उनका अधिकार मिलना चाहिए, कोर्ट का आदेश आने के बावजूद वह नहीं मिल रहा है। शासन-प्रशासन में बैठे लोग अभी भी किन्नरों को दिल से स्वीकार करके अधिकार देने में हिचक रहे हैं। लेकिन, आनेवाले दिनों में किन्नर अपना अधिकार प्राप्त कर लेंगे, उसमें किसी को सन्देह नहीं है। सामाजिक की भाँति धार्मिक क्षेत्र में भी किन्नर कभी उपेक्षित थे। किन्नरों को मन्दिरों में पूजा-पाठ करते हुए कम ही देखा जाता था। या यूँ कहें कि किन्नर धर्माचार्य के योग्य माने ही नहीं जाते थे। किन्नरों को सिर्फ

ढोलक की थाप पर कमर लचका कर नाचने, गानेवाला समाज का दोयम दर्जे का व्यक्ति माना जाता था। समाज की इस सोच को 'किन्नर अखाड़ा' ने बदल दिया। किन्नर भी सच्चे धर्मात्मा होते हैं। वह संन्यासपूर्ण जीवन पूरे समर्पण से व्यतीत करने में सक्षम हैं। आमजन को उसका आभास किन्नर अखाड़ा ने कराया। इसके बाद लोगों की सोच बदलने लगी। किन्नर अखाड़ा को मिल रही अपार जनस्वीकार्यता उसका प्रमाण है। सच्चाई यह भी है कि धर्म के क्षेत्र में भी किन्नरों को स्वीकार करनेवालों की संख्या बहुत कम है। कष्टकारी यह था कि जो सन्त समाज सनातन धर्म की रक्षा, उसके प्रचार-प्रसार के लिए सर्वस्व न्योछावर करने की शपथ लेता है। वही किन्नरों के संन्यासी स्वरूप को स्वीकार नहीं कर पाया। धर्माचार्यों को भय है कि किन्नरों के संन्यासी बनने से उनका प्रभाव कम हो जाएगा। इसी कारण वह धार्मिक परम्परा व मान्यता का हवाला देकर किन्नरों का विरोध करते रहे हैं। किन्नर अखाड़ा का गठन होने पर उसके समर्थन व विरोध में आवाजें मुखर होने लगीं। अधिकतर सन्त किन्नर अखाड़ा के जरिए किन्नरों के संन्यासी बनने का विरोध कर रहे थे। विरोध का यह सुर लगातार मुखर होता गया।

सुखद स्थिति यह रही कि आरम्भ में सन्तों के विरोध करने के बावजूद समाज का बड़ा वर्ग किन्नरों के संन्यासी स्वरूप को हृदय से अपनाने लगा। आम लोगों में किन्नर संन्यासियों की लोकप्रियता निरन्तर बढ़ती गई। आमजन का समर्थन किन्नर संन्यासियों के लिए 'संजीवनी' बन गया। विरोध व कटुवचनों से बेखबर किन्नर अखाड़ा निरन्तर आगे बढ़ता रहा। प्रयागराज में 2019 में आयोजित हुए कुम्भ पर्व में जूना अखाड़ा द्वारा किन्नर अखाड़ा को अपनाने से सारी स्थिति पलट गई। इसके बाद धर्माचार्य भी किन्नर संन्यासियों के समर्थन में बोलने लगे। इस बदलाव से किन्नर अखाड़ा से जुड़े संन्यासियों का हौसला कई गुना बढ़ गया। किन्नर अखाड़ा की संस्थापक आचार्य महामंडलेश्वर लक्ष्मीनारायण त्रिपाठी कहती हैं कि, 'किन्नरों को उपेक्षा के दंश से मुक्त करने व उन्हें सनातन धर्म से जोड़ने के लिए किन्नर अखाड़ा की स्थापना हुई है। मैं किन्नर समाज को उचित सम्मान व अधिकार देने के लिए सदैव संघर्षरत रही। सड़क से लेकर कोर्ट तक किन्नरों के हित में आवाज बुलन्द किया है। इससे कोर्ट ने किन्नरों के अलग अस्तित्व को स्वीकारते हुए उचित सम्मान व अधिकार देने का निर्णय दिया। इसके बावजूद हमें सामाजिक स्वीकार्यता नहीं मिल रही थी। सामाजिक स्वीकार्यता व सम्मान धर्म के जरिए ही प्राप्त किया जा सकता है। इसके लिए किन्नर अखाड़ा की स्थापना करके संघर्ष आरम्भ कर दिया। आज किन्नरों को सम्मान मिलता है, तो उससे मुझे आन्तरिक खुशी मिलती है। अब किन्नर धर्म के क्षेत्र में बिना रुके व डरे निरन्तर आगे बढ़ते रहेंगे'।

किन्नर अखाड़ा के उद्देश्यों पर प्रकाश डालते हुए लक्ष्मीनारायण त्रिपाठी बताती हैं कि 'हमारे धर्म का स्वरूप बहुत वृहद है। लेकिन, उसमें आडम्बर का वास हो गया है। हम उस आडम्बर को दूर करके धर्म की सही परिभाषा और उद्देश्य से लोगों को जोड़ने की मुहिम चला रहे हैं। मैं खुद आचार्य महामंडलेश्वर बनने के बाद पूरी तरह से धर्माचार्य का जीवन व्यतीत कर रही हूँ। हले की अपेक्षा व्यवहार, बातचीत व रहन-सहन, खान-पान में काफी बदलाव आया है। दूसरे किन्नर भी ऐसा करेंगे, मुझे उसका पूरा विश्वास है'। किन्नरों का जीवन नाच-गाकर माँगने के लिए जाना जाता है। अधिकतर किन्नर उसी में रमें है। जबकि काफी किन्नरों ने इस्लाम स्वीकार कर लिया है। ऐसी स्थिति में कोई संन्यास क्यों धारण करेगा? इसी शंका का समाधान करते हुए लक्ष्मीनारायण त्रिपाठी कहती हैं कि, 'किन्नरों की व्यवस्था गुरु-शिष्य परम्परा पर आधारित है। हर किन्नर के लिए उसका गुरु ही सर्वोपरि होता है। मैं किन्नरों को सनातन धर्म के वैभव की अनुभूति कराकर सनातन धर्म से जोड़ने का प्रयास कर रही हूँ। किसी पर जबरन संन्यास लेने का दबाव नहीं बनाया जा रहा है। न हम कभी वैसा करेंगे। हमारे प्रयास का अभी तक काफी सार्थक परिणाम सामने आया है। किन्नरों की समाज में होनेवाली उपेक्षा को अच्छे संस्कार, सभ्यता और ज्ञानार्जन के माध्यम से ही दूर किया जा सकता है। किन्नर के ज्ञानी व संस्कारी होने से आम लोगों की उससे दूरी कम हो जाएगी। हिन्दू के घर में जन्म लेने के बावजूद किन्नर इस्लाम स्वीकार कर लेते हैं। इसके पीछे सामाजिक व आर्थिक मजबूरियाँ होती हैं। किन्नर अखाड़ा का गठन होने के बाद वह मजबूरी काफी हद तक खत्म हो गई है। किन्नर अखाड़ा से जुड़ने व संन्यास लेने के लिए मुझसे लगातार किन्नर सम्पर्क करते हैं। मैं अखाड़ा के पदाधिकारियों से राय लेकर उचित निर्णय लेती हूँ। लेकिन, जबरन किसी को हिन्दू बनाना हमारा मकसद नहीं है। न ही किसी को जबरन किन्नर अखाड़ा का संन्यासी बनाया जाएगा। मेरा मानना है कि जैसे हर महिला व पुरुष संन्यासी नहीं बनते। वैसे ही हर किन्नर का संन्यासी बनना जरूरी नहीं है। किन्नर अपना जीवन जीने के लिए स्वतन्त्र हैं। हम अपने ज्ञान व संस्कार की अलख जगाते रहेंगे, उससे प्रभावित होकर जो किन्नर संन्यासी बनने की इच्छा व्यक्त करेगा, हम उनका स्वागत करेंगे। समाज का हर व्यक्ति किन्नर संन्यासी का आशीर्वाद पाना चाहता है। लेकिन, आपसी दूरी होने के चलते दोनों वर्ग में एक-दूसरे से भय व्याप्त था, उस भय को धर्म की राह पर चलकर दूर किया जा रहा है। इसी कारण किन्नर अपने वास्तविक स्वरूप में आ रहे हैं।'

किन्नर अखाड़ा की बढ़ती स्वीकार्यता से लक्ष्मीनारायण त्रिपाठी उत्साहित हैं। वह कहती हैं, 'जूना अखाड़ा का साथ मिलने से किन्नर अखाड़ा के वैभव व

स्वरूप को तेजी से स्वीकार्यता मिल रही है। मैं इसके लिए जूना अखाड़ा के पुरुषार्थ व महन्त हरि गिरि के जज्बे को नमन करती हूँ, कि उन्होंने उपेक्षित किन्नरों को अपने साथ मिलाने का अहम निर्णय लिया है। महन्त हरि गिरि सच्चे सन्त हैं। उन्हें वास्तव में समाज व सनातन धर्म की चिन्ता है। उन्होंने विरोध की चिन्ता न करते हुए किन्नरों को अपने साथ रखकर सम्मान देने का जो निर्णय लिया है वह सदियों तक याद किया जाएगा। अगर हर सन्त इसी तरह सोचने लगे तो हिन्दुओं का धर्मान्तरण स्वतः रुक जाएगा। लेकिन, दुर्भाग्य की बात यह है कि चन्द धर्माचार्यों को छोड़कर इस गम्भीर मुद्दे पर कोई गम्भीरता से नहीं सोच रहा है, न ही उस दिशा में कोई सार्थक काम किया गया'। यह सत्य है कि किन्नर अखाड़ा की स्वीकार्यता निरन्तर बढ़ रही है। समाज व धर्म के क्षेत्र में उन्हें सम्मान देनेवालों की संख्या में निरन्तर बढ़ोत्तरी हो रही है। लेकिन, वह दौर बीते भी ज्यादा दिन नहीं हुए हैं, जब किन्नर संन्यासियों को कोई अपने साथ बैठाना पसन्द नहीं करता था। तब जगद्गुरु स्वामी वासुदेवानन्द सरस्वती ढाल बनकर किन्नरों के सामने खड़े हुए थे। विरोध के हर स्वर का मुखर जवाब देकर उसे कुन्द कर देते थे। लक्ष्मीनारायण त्रिपाठी को वह भलि-भाँति याद है। वह कहती है, 'मैं जगद्गुरु स्वामी वासुदेवानन्द सरस्वती को पिता तुल्य मानती हूँ। वह सनातन धर्म के अद्वितीय गुरु हैं। उन्होंने उपेक्षित किन्नरों को सच्चे मन से अपनाया है। अपनी पीठ में बिना किसी भेदभाव के किन्नरों को स्थान व सम्मान दिया। हम उनका ऋण कई जन्मों में नहीं उतार पायेंगे। अगर हर धर्मगुरु स्वामी वासुदेवानन्द की भाँति सोचने व करने लगे तो धार्मिक कुरीतियों का स्वतः अन्त हो जाए। धर्मान्तरण जैसी समस्या पैदा ही न हो। परन्तु, ऐसा कोई करना नहीं चाहता। सिर्फ मंचों पर बड़ी-बड़ी बातें करके लोग तालियाँ बटोरकर वाहवाही लूटने में व्यस्त हैं। धर्म की वास्तविक चिन्ता करनेवालों की संख्या बहुत कम है। इस कमी को किन्नर अखाड़ा दूर करने का प्रयास करेगा'। किन्नरों को 'किन्नर मानस' कथा सुनानेवाले प्रख्यात कथावाचक मोरारी बापू भी उनके लिए वन्दनीय हैं। लक्ष्मीनारायण कहती हैं कि मोरारी बापू ने 'किन्नर मानस' के जरिए किन्नरों की महिमा का बखान करके लोगों को हमें सम्मान देने को प्रेरित किया। मैं धर्म के क्षेत्र में उनका मार्ग-दर्शन लेकर ही काम करती हूँ।

सामाजिक सोच बदलने की जरूरत

लक्ष्मीनारायण त्रिपाठी का कहना है कि किन्नरों को सामाजिक उपेक्षा से मुक्ति दिलाकर उन्हें अधिकार व सम्मान देने के लिए सामाजिक सोच बदलने की जरूरत है। बिना लोगों की सोच बदले किन्नरों को उनका अधिकार व सम्मान नहीं मिल

सकता। कानून के जरिए यह काम पूरी तरह से सम्भव नहीं है। बल्कि लोगों को भावनात्मक रूप से किन्नरों से जोड़ने की जरूरत है। जब लोग भावनात्मक रूप से किन्नरों से जुड़ेंगे तो उनके दुःख-दर्द की चिन्ता स्वतः करने लगेंगे। वैसे, यह काम किन्नर अखाड़ा के जरिए काफी हद तक पूरा होता नजर आ रहा है। गली-मुहल्लों, रेलवे स्टेशन व बस अड्डों पर ताली पीटकर पैसा माँगनेवाले किन्नरों ने संन्यासी का रूप धारण किया, तो उनका आकर्षण कई गुना बढ़ गया। किन्नर संन्यासियों के दरबार में उनका दर्शन करने व आशीर्वाद लेनेवालों की भीड़ जुट रही है। इसके जरिए लोग भावनात्मक रूप से किन्नरों से जुड़ रहे हैं। किन्नर संन्यासियों के सान्निध्य में पूजा-पाठ करने व उनसे दीक्षा लेनेवालों की संख्या में निरन्तर इजाफा हो रहा है। इसके जरिए हर किसी में यह भाव जाग्रत हो रहा है कि जो मनुष्य संसार के लिए अच्छा सोचता है, अपनी ओर से हर प्राणी के सुखी व सम्पन्न होने की दुआ करता है, उसे धिक्कारना अनुचित है। लेकिन, सिर्फ इतने से किन्नरों की स्थिति में परिवर्तन नहीं आएगा, बल्कि सरकार को सामाजिक रूप से किन्नरों के उत्थान के लिए योजनाबद्ध तरीके से काम करना होगा। सामाजिक कार्यों व महत्त्वपूर्ण कार्यालयों में किन्नरों की उपस्थिति दर्ज करानी होगी। किन्नर स्त्री व पुरुष की भाँति किसी कार्यालय में काम करेंगे तो समाज उनके महत्त्व को पहचानते हुए उनकी कद्र करेगा।

घर से खत्म करनी है उपेक्षा

किन्नरों के प्रति सदियों से चली आ रही उपेक्षा का भाव खत्म करने की शुरुआत उनके घर से करने की जरूरत है। अगर किसी के घर में बच्चा किन्नर के रूप में पैदा होता है तो उसके प्रति माता-पिता गलत भाव न रखें, बल्कि उसे अन्य बच्चों की तरह अपनाएँ। किन्नर अखाड़ा की आचार्य महामंडलेश्वर लक्ष्मीनारायण त्रिपाठी का कहना है कि माता-पिता किन्नर रूपी बच्चे को प्रताड़ित करते हैं तो उसका जीवन अन्धकारमय हो जाता है। उस बच्चे को वह सजा दी जाती है, जिसमें उसका कोई दोष नहीं होता। पहले माता-पिता प्रताड़ित करते हैं। कुछ को जबरन घर से बाहर निकाल दिया जाता है। जबकि प्रताड़ना से आजीज आकर कुछ बच्चे स्वतः घर छोड़ देते हैं। अगर माता-पिता अपने बच्चों को अपनाने लगेंगे तो बाहर का सामाजिक परिवेश भी उनके अनुकूल हो जाएगा। यह तभी सम्भव होगा जब किन्नरों की शिक्षा व रोजगार में भागीदारी बढ़ेगी। किन्नर अखाड़ा उस दिशा में प्रयास कर रहा है। किन्नरों की उपेक्षा उनके घर से खत्म हो, हर माँ-बाप जैसे अपने बेटा व बेटी से लगाव रखते हैं, उसी प्रकार अपने किन्नर बच्चे पर गर्व करें। किन्नर

अखाड़ा उसके लिए जाग्रति फैला रहा है। साथ ही अधिक से अधिक किन्नरों को रोजगार मिले, धर्म के क्षेत्र में उनकी ख्याति बढ़े उसके लिए अखाड़े का हर संन्यासी पूरी ऊर्जा से काम कर रहा है।

लक्ष्मीनारायण त्रिपाठी की खासियत

किन्नर अखाड़ा की आचार्य महामंडलेश्वर लक्ष्मीनारायण त्रिपाठी का संघर्षशील व्यक्तित्व है। धर्माचार्य बनने से पहले उन्होंने समाज के विभिन्न क्षेत्रों में उपेक्षित, पीड़ित लोगों के लिए काम किया है। लक्ष्मीनारायण त्रिपाठी का जन्म मुम्बई में हुआ। जबकि इनका पैतृक गाँव उत्तर प्रदेश के गोरखपुर जिले में है। लक्ष्मीनारायण का बचपन मुम्बई में बीता है, वहीं पढ़ाई भी पूरी की। इन्होंने बी.कॉम व भरतनाट्यम में पोस्ट ग्रेजुएशन किया। वह भरतनाट्यम की प्रख्यात नृत्यांगना हैं। लक्ष्मीनारायण बिग 'बॉस सीजन-5' में प्रतिभाग कर चुकी हैं, जिसमें उन्हें काफी लोकप्रियता मिली। इसके अलावा टीवी सीरियल 'सच का सामना', 'दस का दम' व 'राज पिछले जनम का' में भी अपनी महत्त्वपूर्ण उपस्थिति दर्ज कराई है। आचार्य महामंडलेश्वर बनने से पहले लक्ष्मीनारायण अनेक फिल्म अभिनेता व अभिनेत्रियों के साथ फैशन शो में कैटवॉक करके अपना जलावा बिखेर चुकी हैं। अपने जीवन पर आधारित पुस्तक 'मी हिजड़ा मी लक्ष्मी' लिखी, जो काफी चर्चित रही। लक्ष्मी नारायण ने सामाजिक कार्यकर्त्ता के रूप में कैंसर व एचआइवी पीड़ितों के लिए काफी काम किया है। किन्नरों व महिलाओं की समस्या को अन्तरराष्ट्रीय मंचों पर प्रमुखता से उठाया है। वह संयुक्त राष्ट्र में एशिया के किन्नरों का प्रतिनिधित्व करती हैं। वहीं, किन्नरों को थर्ड जेंडर का अधिकार दिलाने के लिए सुप्रीम कोर्ट में पैरवी किया था।

पहली किन्नर कथावाचिका हैं महामंडलेश्वर हिमाँगी सखी

किन्नरों ने धर्म का चोला सिर्फ लोकप्रियता हासिल करने के लिए ही नहीं धारण किया है, बल्कि उसके अनुरूप कृत्य भी करते हैं। भजन-पूजन व प्रवचन में जीवन व्यतीत कर रहे हैं। इससे उनकी ख्याति भी बढ़ रही है। किन्नर धर्मगुरु न सिर्फ देश बल्कि विदेशों में भी सम्मान अर्जित कर रहे हैं। महामंडलेश्वर हिमाँगी सखी उन्हीं धर्मगुरुओं में शामिल हैं, जिनके भारत के साथ विदेशों में काफी शिष्य हैं। वे विश्व की पहली किन्नर कथावाचिका हैं। श्रीमद्‌भागवत, श्रीराम कथा व देवी पुराण की महिमा का बखान देश-विदेश में करती हैं। साथ ही बैंकॉक, मॉरीशश, थाइलैंड सहित कई देशों में कथा कहती हैं। बड़ोदा में जन्मीं हिमाँगी का बचपन मुम्बई में बीता है। बचपन से ही इस्कॉन के मन्दिर में माँ के साथ जाती थीं। माता-

पिता की मृत्यु जल्द होने पर हिमाँगी ने अपना जीवन प्रभु भक्ति में लीन कर दिया। इसके लिए मुंबई छोड़कर वृन्दावन आ गईं। वृन्दावन स्थित इस्कॉन के आश्रम में रहकर धर्मशास्त्रों का कई साल तक अध्ययन किया। इस्कॉन के अलावा अलग-अलग आश्रमों में रहकर धार्मिक परम्परा के अनुरूप खुद को ढाला। ज्ञानार्जन के बाद कथावाचन करने लगीं। किन्नर के रूप में व्यास पीठ पर आसीन होकर प्रभु का गुणगान किया तो हर कोई उनका कायल हो गया। कम समय में समाज का बड़ा वर्ग उनके पीछे चलने लगा। हिमाँगी देश-विदेश के नामी विश्वविद्यालय व कॉलेजों में गीता, रामायण पर व्याख्यान भी देती हैं। उन्हें खुद के किन्नर होने पर गर्व है। कहती हैं कि उन्होंने स्वयं का जीवन प्रभु को समर्पित कर दिया है। बिहारी जी की भक्ति में जीवन व्यतीत करना है। धर्म की राह पर चलने से पूरा समाज उनका परिवार बन गया है। समाज का हर व्यक्ति सुखी व खुशहाल हो उसके लिए सबको सनातन धर्म से जोड़ने का सार्थक प्रयास कर रही हैं, उनकी यह मुहिम जीवन पर्यन्त चलती रहेगी। नेपाल के पशुपतये अखाड़ा ने प्रयागराज कुम्भ 2019 में हिमाँगी को महामंडलेश्वर की उपाधि प्रदान किया। महामंडलेश्वर के रूप में हिमाँगी धर्म के प्रचार में लीन रहीं। वर्ष 2021 फरवरी-मार्च महीने में वृन्दावन में हुए वैष्णव सन्त समागम अर्थात वैष्णव कुम्भ में हिमाँगी मीडिया की सुर्खियाँ बनीं। कुम्भ आरम्भ से पहले वैष्णव सन्तों ने उनका पुरजोर विरोध किया। किन्नर अखाड़ा के महामंडलेश्वर के रूप जमीन व सुविधा देने के खिलाफ पुरजोर आवाज उठी। लेकिन, हिमाँगी उससे विचलित नहीं हुईं। वे अपने धार्मिक मिशन पर आगे बढ़ती रहीं। इससे आम लोगों का उन्हें व्यापक समर्थन मिला। इससे प्रशासन को झुकना पड़ा और उन्हें शिविर लगाने के लिए जमीन व सुविधा मिली। कुम्भ क्षेत्र में हिमाँगी कर किसी के आकर्षण का केन्द्र रहीं। उनका आशीर्वाद पाने के लिए लोगों का हुजूम उमड़ता था। हिमाँगी की स्वीकार्यता निरन्तर बढ़ती गई, उनके शिविर में आम श्रद्धालुओं के साथ सन्तों व साध्वियों की भीड़ भी जुटती थी। हर कोई उनका आशीर्वाद पाकर खुद के धन्य होने की अनुभूति करता था। इसके बाद अप्रैल 2021 में हिमाँगी हरिद्वार कुम्भ में शामिल हुईं। यहाँ निर्मोही अनी अखाड़ा ने हिमाँगी को अपने अखाड़ा में महामंडलेश्वर की पदवी के साथ शामिल कर लिया। निर्मोही अखाड़ा के अध्यक्ष श्रीमहन्त राजेन्द्र दास ने उन्हें ससम्मान हर महामंडलेश्वर की भाँति कुम्भ का शाही स्नान करवाया। हिमाँगी कहती हैं कि सच्चा किन्नर कभी किसी का अहित नहीं करता। लेकिन, लोग उसकी आत्मीयता से वाकिफ नहीं होते हैं। सामाजिक भ्रान्तियों के कारण वो किन्नरों से दूरी बनाकर चलते हैं। जब हमारे करीब आकर समय बिताते हैं तो वही आत्मीयता की अनुभूति करते हैं और उनके

विचार बदल जाते हैं। आम लोगों को आत्मीयता की अनुभूति कराने के लिए ही तो हमने धर्म की राह पकड़ी है।

विपरीत परिस्थितियों से लड़ीं मां भवानी

किन्नर अखाड़ा का गठन होने के बाद किन्नरों के कर्त्तव्य व व्यक्तित्व में चमत्कारिक बदलाव आया है। किन्नर स्वयं को सनातन धर्म से जोड़कर संन्यासी का जीवन व्यतीत करने को प्रेरित हो रहे हैं। कई किन्नरों ने इस्लाम को त्यागकर संन्यास ग्रहण कर लिया है। वह भगवा वस्त्र धारण करके संन्यासी का जीवन व्यतीत करते हुए भजन-पूजन में लीन रहते हैं। इसका सिलसिला निरन्तर चल रहा है। किन्नर अखाड़ा की संस्थापक सदस्य महामंडलेश्वर भवानी माँ ऐसी संन्यासी हैं जिनका धर्म हिन्दू के घर हुआ था, परन्तु परिस्थितिवश उन्होंने इस्लाम स्वीकार कर लिया था। फिर इस्लाम छोड़कर वापस सनातन धर्म अपनाते हुए संन्यास ग्रहण कर लिया। दिल्ली के चाणक्यपुरी में 17 नवम्बर 1972 को जन्मीं भवानी आठ भाई-बहनों में सबसे बड़ी थीं। पिता स्व. चन्दरपाल सेना में चतुर्थ श्रेणी के कर्मचारी थे। इनका बचपन का नाम भवानी सिंह वाल्मीकि था। भवानी बचपन से माँ काली की उपासक थीं। इनका शुरूआती जीवन ठीक था। बचपन में आम बच्चों की तरह घर में रहकर पढ़ाई व खेलकूद करती थीं। आम बच्चों के साथ स्कूल भी जाती थीं। लेकिन, जब 13 साल की हुईं तब पता चला कि वह किन्नर हैं। इसके बाद उनके जीवन में व्यापक बदलाव आया। महामंडलेश्वर भवानी बतातीं हैं कि खुद के किन्नर होने की जानकारी होने पर उनकी दुनिया ही बदल गई। कुछ समय के लिए आँखों के सामने अन्धेरा छा गया। लेकिन, उस विपरीत दौर में उन्होंने हिम्मत नहीं हारी और घर छोड़ने का निर्णय ले लिया। भवानी बताती हैं कि वह ऐसी सौभाग्यशाली किन्नर हैं, जिसे उनके परिवार ने त्यागा नहीं बल्कि अपनाया था। घर के लोगों को जब पता चला कि वह किन्नर हैं तब भी सब साथ खड़े रहे। उन्हौंने घर छोड़ने का निर्णय लिया तब पिता ने बहुत रोका। लेकिन वह रुकी नहीं। घर छोड़ने के बाद जीवन में तरह-तरह की चुनौतियों का सामना करना पड़ा। लेकिन, चुनौतियों से घबराने के बजाए वह उससे लड़ती रहीं। संघर्षपूर्ण जीवन में उन्हें नूरी नाम की गुरु मिलीं, जो उन्हें अपने साथ लेकर गईं। गुरु के सान्निध्य में आने पर उन्हें नया नाम मिला 'शबनम'। इसके बाद वह किन्नर समाज का हिस्सा बन गईं और हर कोई उन्हें शबनम नाम से जानने लगा। वह कहती हैं कि किन्नरों की पहली उपेक्षा उनके घर से शुरू होती है। आम लड़का व लड़की से अलग दिखने पर उन्हें तरह-तरह के ताने सुनने पड़ते हैं। अधिकार व सम्मान के लिए जूझना पड़ता है।

लेकिन, किन्नर समाज में उन्हें किसी प्रकार की उपेक्षा नहीं झेलनी पड़ती, बल्कि जीवन पूरी तरह से सुरक्षित हो जाता है।

शबनम का रुतबा किन्नर समाज में तेजी से बढ़ता गया। इससे हर किसी के बीच उनकी चर्चा होने लगी। फिर 2007 में शबनम अपनी गुरु नूरी को छोड़कर हाजी सीमा के पास आ गईं। हाजी सीमा के सान्निध्य में रहकर अपना काम करतीं रहीं। शबनम से प्रभावित होकर नए किन्नर उनके चेले बनने लगे। इससे उनके चेलों की संख्या बढ़ती गई। अपने काम के प्रभाव पर 2010 में दिल्ली के बदलपुर क्षेत्र के किन्नरों की चौकी इंचार्ज बन गईं। लेकिन, उन्हें प्रभाव जमाने में दिक्कत आ रही थी, क्योंकि वहाँ मुसलमानों का दबदबा था। स्वयं का प्रभाव बनाने के लिए उन्होंने 2010 में इस्लाम स्वीकार कर लिया। इसके बाद उन्हें नया नाम मो. असलम मिला। वह मो. असलम के रूप में वह 2012 में हज भी कर चुकी हैं। खास बात यह है कि इस्लाम स्वीकार करने के बावजूद उन्होंने माँ काली की उपासना करना नहीं छोड़ा। उनके कमरे में माँ काली का चित्र हमेशा रहा और वह यम-नियम से उनकी उपासना करती थीं। इस्लाम में इनका मन ज्यादा नहीं रम पाया। फिर 2014 में पुन: सनातन धर्म में वापसी कर लिया और भवानी माँ के नाम से प्रसिद्ध हो गईं। अन्य किन्नर भी सनातन धर्म में लौटने के लिए प्रेरित हों उसके लिए किन्नर अखाड़ा का गठन करवाया।

'घर वापसी' करा रहीं महामंडलेश्वर कौशल्यानन्द गिरि

किन्नर अखाड़ा की उत्तर प्रदेश प्रभारी महामंडलेश्वर कौशल्यानन्द गिरि 'टीना माँ' सनातन धर्म का वैभव बढ़ाने के लिए प्रयत्नशील हैं। अखाड़ा के नीति-निर्देशों का पालन करते हुए किन्नरों का जीवनस्तर सुधारकर उन्हें समाज में मान-सम्मान दिलाना कौशल्यानन्द का प्रमुख लक्ष्य है। इसके लिए किन्नरों को सनातन धर्म की राह पर चलने को प्रेरित करती हैं। किन्नर यम-नियम से पूजा पाठ करें, उनके पहनावा व वाणी में शालीनता आए, उसके लिए उन्हें अखाड़ा से जोड़कर उन्हें धर्म-अध्यात्म की शिक्षा देने में लीन हैं। कौशल्यानन्द की मुहिम का काफी सार्थक परिणाम सामने आ रहा है। हिन्दू घर में जन्म लेनेवाले कई किन्नर अपना प्रभाव बढ़ाने के लिए इस्लाम को स्वीकार किया था। वह किन्नर पुन: सनातन धर्म में लौट रहे हैं। सनातन धर्म से जुड़कर उसके नियम व परम्परा के अनुरूप भजन-पूजन में समय व्यतीत कर रहे हैं। कौशल्यानन्द गिरि भ्रूण-हत्या, बाल विवाह, विधवा-उत्पीड़न, अशिक्षा जैसी सामाजिक कुप्रथाओं व समस्याओं लेकर संघर्षरत हैं। वह कहती हैं कि संन्यास लेने से पहले उनका जीवन दिशाहीन था। प्रतिदिन

नाच-गाकर पैसा माँगने में समय व्यतीत होता था। इससे मन में अशान्ति रहती थी, लक्ष्य का कुछ पता नहीं था। किसी तरह जीवन कट रहा था। किन्नर अखाड़ा से जुड़कर संन्यास ग्रहण किया तब जीवन में चमत्कारिक बदलाव आया। संन्यास लेने के बाद उन्हें आध्यात्म की शक्ति की अनुभूति हुई। कंठी, माला व रत्न धारण करने, माथे पर टीका लगाने के सार्थक प्रभाव को महसूस किया। इससे उनका जीवन सात्त्विक हो गया। बोल-चाल, खान-पान, उठने व बैठने का मेरा तरीका स्वत: बदल गया। इससे समाज में मेरा मान-सम्मान काफी बढ़ गया। पहले जो लोग मिलने से कतराते थे, वह मेरे सन्त के स्वरूप का पूजन करते हैं। इससे मुझे धर्म की शक्ति का एहसास हुआ। फिर मुझे लगा कि दूसरे भटके हुए किन्नरों को धर्म से जोड़कर संन्मार्ग पर चलने को प्रेरित करना चाहिए। फिर मैंने उसी दिशा में काम करना शुरू कर दिया। मेरे अन्दर आए बदलाव को देखकर दूसरे किन्नर भी सनातन धर्म अपनाने को प्रेरित हो रहे हैं। कइयों ने उसी प्रेरणा से संन्यास ग्रहण कर लिया है। इसके जरिए वह किन्नरों का जीवन व चरित्र सुधारने की मुहिम में जुटी हैं। साथ ही समाज में व्याप्त भ्रूण-हत्या, अशिक्षा, विधवा-उत्पीड़न जैसी समस्याओं का निस्तारण कराने के लिए किन्नर अखाड़ा के जरिए संघर्षरत हैं। कौशल्यानन्द गिरि जीव व मानव सेवा के लिए भी काम कर रही हैं। वैसे तो किन्नरों के पास रोजगार का कोई साधन नहीं होता, न उनका कोई व्यापार होता है। किन्नर घर-घर भिक्षा माँगकर अपना पेट भरते हैं। कौशल्यानन्द भिक्षा में मिले अन्न को भी जरूरतमन्द लोगों को दान करतीं हैं। वह प्रतिदिन दस गरीब लोगों को राशन वितरित करतीं हैं। माह में एक बार सबको कपड़ा देती हैं। अगर कहीं कोई पशु-पक्षी चोटहिल या भूखा असहाय मिलता है तो उसके इलाज व खाने का प्रबन्ध कराती हैं। वह कहती हैं कि सनातन धर्म से हमें हर जीव, पेड़, नदी व पर्वत के संरक्षण की सीख मिलती है। शास्त्रों में कहा गया है कि कण-कण में नारायण का वास है। अर्थात हमें सबका सम्मान व रक्षा करना चाहिए। मैं धर्म से मिली उसी सीख को अपने जीवन में उतारकर काम करती हूँ। मुझे दान में जो मिलता है। मैं उसका जरूरतमन्द लोगों को दान करती हूँ, क्योंकि उन्हें उसकी जरूरत होती है। मेरा दान गुप्त होता है, उसके बारे में कोई नहीं जान पाता। शास्त्रों में उल्लेख है कि दान गुप्त ही करना चाहिए। हर जरूरतमन्द व्यक्ति की मदद करना ही सच्ची मानवता है।यही हमारे सनातन धर्म का मर्म है, जो हमें त्याग करना सिखाता है। एक धर्मगुरु के नाते मैं वही कर रही हूँ। यही सीख मैं अपने हर शिष्य को देती हूँ कि अगर हमारे सामने कोई भूखा व्यक्ति आ जाए तो पहले उसे खिलाना चाहिए। इसके लिए अगर खुद भूखा रहना पड़े तो रह जाना चाहिए।

कुरीतियों के खिलाफ लड़ रहीं कल्याणीनन्द गिरि

किन्नर अखाड़ा के संन्यासी यम-नियम से जीवन व्यतीत करते हुए अतीत की दुश्वारियों को भूलकर संन्मार्ग पर बढ़ रहे हैं। अखाड़ा की परम्परा, उसके नेक संस्कार का प्रचार-प्रसार करके सामाजिक लोगों को उचित राह दिखा रहे हैं। अखाड़ा की आचार्य महामंडलेश्वर लक्ष्मीनारायण त्रिपाठी का ध्येय सबको अपनत्व के साथ अपनाना है। किन्नरों की दिशा व दशा सुधारना उनका लक्ष्य है, उसके साथ हर स्त्री व पुरुष की भलाई भी करना है। किसी के प्रति दुराव या गलत भाव नहीं रखना है। इसी मिशन को किन्नर अखाड़ा की महामंडलेश्वर कल्याणीनन्द गिरि 'छोटी गुरु' आगे बढ़ाने में तल्लीन हैं। संन्यास ग्रहण करने के बाद कल्याणीनन्द का जीवन पूरी तरह आध्यात्म में रमा है। वह शिवपुराण, श्रीमद्‌भागवत के अध्ययन व प्रवचन में जीवन व्यतीत कर रही हैं। सच्चे संन्यासी की भाँति सात्त्विक खान-पान व शालीन रहन-सहन व खाली समय में भजन-पूजन करने में उनका समय बीतता है। वह किन्नरों को आध्यात्म से जोड़ने के लिए प्रयासरत हैं। किन्नरों को आध्यात्म की शक्ति की अनुभूति कराकर उनका रहन-सहन, बोल-चाल व पहनावा बदलने की मुहिम में जुटी हैं। इसके लिए प्रतिदिन किसी न किसी किन्नर के घर जाकर उससे सनातन धर्म पर चर्चा करके प्रभावित करने का प्रयास करती हैं। अभी तक इनके प्रयास का सार्थक परिणाम सामने आया है। कल्याणीनन्द गिरि के प्रयास से कई किन्नरों ने धार्मिक राह पर चलने का संकल्प लिया है। जबकि काफी किन्नर ऐसे हैं, जिन्होंने संन्यास नहीं लिया। परन्तु उनके बोल-चाल, पहनावा में काफी बदलाव आया है। वह धर्म की राह पर चलनेवाले किन्नरों को मिल रहे सम्मान को देखकर उत्साहित हैं। परन्तु रोजी-रोटी के कारण अपना नृत्य व गायन का कार्य नहीं छोड़ पा रहे हैं। कल्याणीनन्द कहती हैं कि, 'हमें किसी को सुधारना नहीं है, बल्कि हृदय से अपनाना है। जब हम किसी उपेक्षित को अपनाकर उसे भरपूर सम्मान देंगे तो उसके अन्दर व्याप्त कुंठा स्वतः दूर हो जाएगी। मैं तिरस्कृत किन्नरों में उसी सम्मान का भाव जाग्रत करने का प्रयास कर रही हूँ। बताती हैं कि नृत्य व गायन के जरिए घर-घर जाकर भिक्षा माँगना किन्नरों का प्रमुख कार्य है। वह संन्यासी बनकर नृत्य व गायन करेंगे तो अच्छा नहीं लगेगा। यह धर्म व संन्यास परम्परा दोनों के लिए अनुचित होगा। इसी कारण हम सबको संन्यास लेने को प्रेरित नहीं करते। जैसे हर स्त्री व पुरुष संन्यासी नहीं बनते, वैसे ही सारे किन्नर संन्यास लेकर संन्यासी बन जाएं, ऐसा मेरी आचार्य महामंडलेश्वर लक्ष्मीनारायण भी नहीं चाहतीं। किन्नर अखाड़ा का लक्ष्य

है कि जो किन्नर जहाँ है, वहीं सम्मान पूर्वक जीवन व्यतीत करे। इसके लिए उन्हें सही व गलत में फर्क करना सिखाया जा रहा है'। कल्याणीनन्द किन्नरों का रहन-सहन सुधारने के साथ समाज के गरीब व मजलूम लोगों की सहायता भी करती हैं। उन्हें धर्म की राह पर चलने को प्रेरित कर रही हैं। नशाखोरी में लिप्त युवाओं को उससे मुक्त होने को प्रेरित करतीं हैं। वे प्रतिदिन तीन से चार नशा करनेवाले युवक, युवतियों, पुरुष व महिलाओं से मिलकर उनसे सीधा संवाद करती हैं। वह अपनी आध्यात्मिक ऊर्जा की अनुभूति कराकर उनके अन्धकारमय जीवन को प्रकाशमान बनाती हैं। उन्हें योग व ध्यान की खासियत बताकर उसे अपनाने को प्रेरित करती हैं। उन्हें शिव चालीसा, हनुमान चालीसा का पाठ करने, नियमित मन्दिर जाने को प्रेरित करके जीवन संवारती हैं। कल्याणीनन्द ऐसे लोगों के निरन्तर सम्पर्क में रहती हैं, अगर कोई दोबारा राह भटकता है तो पुनः सम्भालती हैं। वहीं, हर बुधवार को दर्शन देकर स्त्री व पुरुषों की समस्याओं का निराकरण भी करती हैं। वह व्यक्ति की समस्या सुनकर पूजा-पाठ के जरिए उसका निस्तारण करती हैं। इससे हर वर्ग के लोगों में उनके प्रति आस्था बढ़ रही है। कल्याणीनन्द कहती हैं कि लक्ष्मीनारायण त्रिपाठी ने अपने ज्ञान, समर्पण व संघर्ष के जरिए न किन्नरों को आत्मसम्मान देने का काम किया है। उन्होंने किसी का अपमान करके किन्नरों को सम्मान नहीं दिलाया। बल्कि किन्नरों का आत्म स्वाभिमान जाग्रत करके उनकी शक्ति का एहसास कराया है। उन्होंने समाज के हर वर्ग के लोगों को सम्मान देते हुए अपने अधिकार की लड़ाई लड़ी है। मैं उन्हीं के दिखाए मार्ग पर चलते हुए किन्नरों व समाजहित में कुछ करने का प्रयास कर रही हूँ।'

परिक्रमा का बने हिस्सा

तीर्थों के राजा प्रयागराज में अश्वमेध यज्ञ करके परमपिता ब्रह्माजी ने सृष्टि की रचना का विधान किया था। सनातन धर्म ग्रन्थों में विस्तृत वर्णन है कि ब्रह्माजी ने यज्ञ के लिए समुद्रकूप नामक कुएँ में समस्त तीर्थों का जल एकत्र किया। समुद्रकूप झूँसी में स्थित है। आज भी उससे पवित्र जल आसानी से प्राप्त होता है। वेदी बनाकर उन्होंने विधिवत यज्ञ किया। यज्ञ पूर्ण करने के बाद ब्रह्माजी ने सृष्टि की रचना की। इसी कारण प्रयागराज को 'तीर्थराज' की उपाधि दी गई। सृष्टि निर्माण के बाद प्रयागराज ऋषि-मुनियों की तपस्थली बन गया। त्रेतायुग में महर्षि भारद्वाज के संरक्षण में सृष्टि कल्याण के लिए दिन-रात यज्ञ-अनुष्ठान चलता था। ऋषि-मुनियों ने अपनी साधना की शक्ति से प्रयागराज के परिक्षेत्र में अनेक देवी-देवताओं के मन्दिर स्थापित किए। कालान्तर में उन्हें तीर्थक्षेत्र की संज्ञा दी गई। जहाँ दर्शन-पूजन करने से मनुष्य को मनोवांछित फल की प्राप्ति होती है। वह समस्त तीर्थक्षेत्र गंगा, यमुना व अदृश्य सरस्वती की मिलन स्थली 'संगम' के आस-पास स्थित हैं। तीर्थ क्षेत्र सदैव जीवन्त रहें, सनातन धर्मावलम्बी वहाँ जाकर दर्शन-पूजन करके पुण्य अर्जित करें। इस मंशा से ऋषि-मुनियों ने परिक्रमा की परम्परा आरम्भ किया था। परिक्रमा के दायरे में प्रयागराज में स्थित समस्त तीर्थ क्षेत्र आते हैं। मान्यता है कि परिक्रमा करनेवाले श्रद्धालु को ही संगम स्नान व प्रयागराज तीर्थ आने का पूर्ण फल प्राप्त होता है। बिना परिक्रमा किए लौटनेवाले श्रद्धालु को पूर्ण फल की प्राप्ति नहीं होती।

प्रयागराज में तीन प्रकार की परिक्रमा का विधान है। पंचक्रोसी के अलावा अन्तर्वेदी व बहिर्वेदी परिक्रमा की जाती है। अन्तर्वेदी परिक्रमा दो दिन में पूर्ण होती है। इस परिक्रमा में संगम तट के आस-पास स्थित मन्दिरों में दर्शन-पूजन किया जाता है। जबकि बहिर्वेदी परिक्रमा दस दिनों तक चलती है। इस परिक्रमा में संगम तट से कुछ दूरी पर अलग-अलग क्षेत्रों में स्थित मन्दिरों का दर्शन-पूजन किया जाता है। जबकि पंचकोसी परिक्रमा 12 दिनों तक चलती है। इस परिक्रमा में प्रयागराज जिला में स्थित तीर्थ क्षेत्रों का दर्शन-पूजन किया जाता है। परिक्रमा

की परम्परा सदियों तक चलती रही। संगम स्नान करने के लिए आनेवाले श्रद्धालु अपनी सुविधा के अनुरूप पंचकोसी, अन्तर्वेदी व बहिर्वेदी परिक्रमा करके लौटते थे। ऐसा करने से उन्हें प्रयागराज आगमन का पूर्ण फल प्राप्त होता था। साथ ही सनातन धर्म का वैभव निरन्तर बढ़ता रहा। मनुष्य में धार्मिक कृत्यों में लीन रहने से सामाजिक परिवेश पवित्र था। चहुँओर ईश्वरीय शक्तियों का वास होने से मनुष्य छल, कपट से दूर रहकर सात्त्विक जीवन व्यतीत करता था।

मुस्लिम शासकों ने प्रयागराज की समस्त परिक्रमा की परम्परा को रोकने का प्रयास किया। इसके तहत 15वीं शताब्दी में बलपूर्वक परिक्रमा रुकवा दी गई। परिक्रमा करनेवाले हिन्दुओं को मारा-पीटा जाता था। परिक्रमा के दायरे में आनेवाले प्राचीन मन्दिरों व देवी-देवताओं का अस्तित्व मिटाने के लिए व्यापक तोड़-फोड़ कराई गई। इसका सनातन धर्मावलम्बियों ने काफी विरोध किया। परन्तु मुगलों के अत्याचार के आगे वह बेबस हो गए। वह चाहकर भी अपनी परम्परा कायम नहीं रख सके। इसके चलते धीरे-धीरे पवित्र परिक्रमा ठप हो गई। इस पाबन्दी के पीछे सनातन धर्म, संस्कृति व उसकी मान्यता पर चोट पहुँचाना प्रमुख मकसद था। सनातन धर्मावलम्बी धार्मिक व वैदिक परम्पराओं से दूर हो जाएं, उसके लिए मुस्लिम शासकों ने अनेक धर्मग्रन्थों का अस्तित्व मिटाने का प्रयास किया। मुस्लिम शासकों के बाद अंग्रेजों ने भारत पर राज किया। परन्तु परिक्रमा अंग्रेजों के शासनकाल में भी बन्द रही। गुलामी के दौर में जन्म लेनेवाली पीढ़ियाँ अपनी संस्कृति व परम्परा से दूर हो गई। उन्हें न परिक्रमा के बारे में जानकारी थी, न उससे जुड़े मन्दिरों में कोई जाता था, क्योंकि उनका अस्तित्व लगभग समाप्त हो चुका था। सन्त-महात्मा चाहकर भी बहुत कुछ नहीं कर पाते थे। अंग्रेजों की गुलामी से देश को आजादी मिलने के बाद 1950 के आस-पास सन्त प्रभुदत्त ब्रह्मचारी ने पंचकोसी परिक्रमा शुरू कराने का प्रयास किया। उन्होंने धर्मशास्त्रों का अध्ययन करके उसके अनुरूप परिक्रमा मार्ग व उसके स्थानों की खोज की। प्रभुदत्त ब्रह्मचारी के प्रयास से परिक्रमा आरम्भ भी हुई। वह चाहते थे कि जिन मन्दिरों का अस्तित्व समाप्त हो चुका है, उनका जीर्णोद्धार करके परिक्रमा निरन्तर जारी रखी जाए। परन्तु उन्हें प्रशासन से उचित सहयोग नहीं। इससे परिक्रमा का स्वरूप व्यापक नहीं हो पाया। प्रभुदत्त ब्रह्मचारी के ब्रह्मलीन होने के बाद परिक्रमा की परम्परा पुनः ठप हो गई। लेकिन, परिक्रमा की परम्परा को लेकर समाज में जाग्रति आ चुकी थी। धार्मिक संगठन से जुड़े लोग व धर्माचार्य परिक्रमा की परम्परा से अवगत हो चुके थे। परिक्रमा की परम्परा निरन्तर चलती रहे उसके लिए जन स्वीकार्यता बनाने का प्रयास किया जाने लगा। धर्माचार्यों ने शासन-प्रशासन पर

दबाव बनाना शुरू कर दिया। धार्मिक जाग्रति फैलने पर 1994-95 में परिक्रमा की परम्परा एक बार पुनः आरम्भ हो गई। टीकरमाफी आश्रम के पीठाधीश्वर स्वामी हरिचैतन्य ब्रह्मचारी के प्रयास से आरम्भ हुई परिक्रमा में सैकड़ों सन्तों व सनातन धर्मावलम्बियों ने हिस्सा लिया। लेकिन, प्रशासन से उचित सहयोग न मिलने पर परिक्रमा ज्यादा दिन नहीं चल सकी और कुछ समय बाद वह फिर से रुक गई।

प्रयागराज में परिक्रमा की परम्परा लगभग खत्म सी हो गई थी। परिक्रमा की धार्मिक मान्यता धूमिल हो चुकी थी। परिक्रमा मार्ग में आनेवाले धार्मिक क्षेत्रों का अस्तित्व भी खत्म हो चुका था। माघ पर्व व कुम्भ पर्व पर देश-विदेश से आनेवाले श्रद्धालु परिक्रमा की परम्परा से अनभिज्ञ थे। यहाँ तक कि प्रयागराज की नई पीढ़ी भी परिक्रमा की परम्परा से अनजान थी। उन्हें पता ही नहीं था कि काशी, मथुरा, वृन्दावन, अयोध्या व चित्रकूट की भाँति प्रयागराज में भी परिक्रमा की पुरानी परम्परा है। इस स्थिति से अखिल भारतीय अखाड़ा परिषद के महामन्त्री व जूना अखाड़ा के मुख्य संरक्षक महन्त हरि गिरि काफी व्यथित थे। उन्होंने प्रयागराज में समस्त परिक्रमा की परम्परा पुनः आरम्भ कराने का संकल्प लिया। धर्मग्रन्थों का अध्ययन करके परिक्रमा से जुड़ी जानकारी एकत्र किया। फिर परिक्रमा क्षेत्र में आनेवाले मन्दिरों का दौरा करके उनकी वास्तविक स्थिति की पड़ताल की। गंगापार व यमुनापार के अधिकतर क्षेत्रों में पैदल भ्रमण किया। अपने निरीक्षण में महन्त हरि गिरि ने देखा कि बारह माधव सहित अनेक प्राचीन मन्दिरों की दशा अत्यन्त दयनीय है। जबकि पंचकोसी, अन्तर्वेदी व बर्हिवेदी परिक्रमा क्षेत्र में आनेवाले कई मन्दिरों का अस्तित्व ही खत्म हो गया था। उन्होंने समस्त मन्दिरों को उनका पुराना वैभव लौटाने का बीड़ा उठाकर 2017 में काम शुरू किया। उत्तर प्रदेश के मुख्यमन्त्री योगी आदित्यनाथ से मुलाकात करके उन्हें प्रयागराज की पंचकोसी, अन्तर्वेदी व बहिर्वेदी परिक्रमा व बारह माधव की महिमा से अवगत कराकर उनके मन्दिरों का जीर्णोद्धार व परिक्रमा मार्ग दुरुस्त कराने की गुजारिश की। मुख्यमन्त्री योगी आदित्यनाथ को उनका प्रस्ताव पसन्द आया और उन्होंने प्रशासन को उस दिशा में काम करने का निर्देश दिया। प्रशासन ने 2018 में मन्दिरों के जीर्णोद्धार व मार्ग को दुरुस्त कराने का काम आरम्भ कर दिया। खंडित मूर्तियों का धर्मशास्त्रों के अनुरूप पुनर्निर्माण करवाया गया। इधर, महन्त हरि गिरि परिक्रमा क्षेत्र के मन्दिरों में रात्रि प्रवास करके आस-पास के लोगों के बीच सत्संग करते थे। वहाँ के लोगों को उनके गाँव व कस्बे में स्थित प्राचीन मन्दिरों के धार्मिक व पौराणिक महत्त्व से अवगत कराकर उसका संरक्षण करने को प्रेरित किया। स्थानीय लोगों को जब मन्दिरों के महत्त्व का पता चला तो वह भक्तिभाव से ओतप्रोत हो गए। उन्हें गर्व की अनुभूति

होने के साथ सालों से मन्दिरों की उपेक्षा करने पर आत्मग्लानि भी हुई। हर महिला पुरुष व बुजुर्गों ने स्वीकार किया कि उन्हें मन्दिरों के महत्त्व के बारे में जानकारी नहीं थी। इसी कारण वह उसका उचित देख-रेख नहीं कर रहे थे। महन्त हरि गिरि ने सबको अतीत की बातें भूलकर भविष्य को सार्थक बनाने की प्रेरणा दी। इसका स्थानीय लोगों पर व्यापक प्रभाव पड़ा और उन्होंने मन्दिरों की देख-रेख का जिम्मा अपने हाथ में लेने का संकल्प लिया। इससे कभी अस्तित्वहीन रहे प्राचीन मन्दिर पुनः जीवन्त हो गए।

फिर वह समय भी आया जब प्रयागराज में परिक्रमा की परम्परा सैकड़ों सन्त-महात्माओं के गगनचुम्बी जयकारों के साथ आरम्भ हुई। पवित्र परिक्रमा का साक्षी बना प्रयागराज में 2019 में लगा कुम्भ पर्व। महन्त हरि गिरि ने प्रशासन के साथ मिलकर सात फरवरी को परिक्रमा आरम्भ कराने में अग्रणी भूमिका निभाई। उन्होंने 13 अखाड़ों, दंडी संन्यासियों के अलावा प्रमुख सन्त-महात्माओं के साथ संगम तट पर किले के अन्दर स्थित अक्षयवट का दर्शन-पूजन करके परिक्रमा की शुरूआत कराई। परिक्रमा में आम सन्त-महात्माओं के साथ किन्नर संन्यासी भी शामिल हुए। परिक्रमा के जरिए किन्नरों ने खुद को सनातन धर्म की प्राचीन परम्परा से जोड़ा। किन्नरों ने भक्तिभाव से ओत-प्रोत होकर परिक्रमा करके धर्म के क्षेत्र में सन्देश दिया कि सनातन धर्म की पताका फहराने में वह हर स्तर पर योगदान देने को तैयार हैं। इसके बाद किन्नर संन्यासी निरन्तर परिक्रमा कर रहे हैं। वह अपनी सुविधा के अनुसार प्रमुख मन्दिरों व तीर्थ क्षेत्रों का भ्रमण करके दर्शन-पूजन करते हैं। अगर देखा जाए तो किन्नरों ने परिक्रमा का हिस्सा बनकर खुद को प्राचीन परम्परा व संस्कृति से जोड़ने का सार्थक प्रयास किया है। वह त्रेता व द्वापर युगवाली भूमिका निभाने को आतुर व प्रयत्नशील हैं। उस युग में किन्नरों को काफी मान-सम्मान था। राज दरबार से लेकर समाज में किन्नरों को सम्मान के भाव से देखा जाता था। भजन-पूजन में लीन रहनेवाले किन्नर अपनी आध्यात्मिक शक्ति के जरिए समाज को उचित राह दिखाते रहे हैं। कलियुग में किन्नरों को उपेक्षित कर दिया गया। अब उन्हें पुनः धर्म की राह पर चलने का मौका मिला है तो वह उसका सदुपयोग करते हुए पूरी निष्ठा व समर्पण से संन्मार्ग पर पग बढ़ा रहे हैं।

परिक्रमा की परम्परा बन्द न होने पाये उसके लिए महन्त हरि गिरि प्रतिवर्ष माघ मास में प्रयागराज आकर सन्तों व श्रद्धालुओं के साथ स्वयं प्ररिक्रमा करते हैं। साथ ही कल्पवास करनेवाले श्रद्धालुओं को उसके महत्त्व को बताकर उन्हें परिक्रमा करने को प्रेरित करते हैं। सनातन धर्म के वैभव को संरक्षित करने में

अहम भूमिका निभानेवाले महन्त हरि गिरि कहते हैं कि मुगलों व अंग्रेजों ने अपने अत्याचार से हिन्दुओं का अस्तित्व खत्म करने का प्रयास किया था। लेकिन, ऋषि-मुनियों ने अपने त्याग, जप-तप से जो संस्कारों की परम्पराओं बनाई है, उसकी जड़ें काफी गहरी हैं। यही कारण है कि अत्याचार के बावजूद कोई हिन्दुओं के अस्तित्व को खत्म नहीं कर पाया। कुछ परम्पराएँ जरूर बाधित हुई हैं, जिसे सन्त पुनर्जीवित करने के लिए प्रयत्नशील हैं। धर्महित में जूना अखाड़ा व उससे जुड़े हर संन्यासी पूरे समर्पण से कार्य कर रहे हैं। उसी भावना से प्रयागराज में अन्तर्वेदी, बहिर्वेदी व पंचकोसी परिक्रमा व बारह माधव परिक्रमा को पुनः आरम्भ कराया गया है। इसके जरिए भावी पीढ़ी को उनके धर्म व संस्कृति से जोड़ने का प्रयास किया गया है। मुझे खुशी है कि परिक्रमा से जुड़नेवालों की संख्या में निरन्तर बढ़ोत्तरी हो रही है। सनातन धर्मावलम्बी अपनी सुविधा के अनुसार पंचकोसी, अन्तर्वेदी व बहिर्वेदी परिक्रमा कर रहे हैं। ऐसा ही प्रयास देश के दूसरे धार्मिक क्षेत्रों में किया जाएगा। जहाँ धार्मिक परम्परा रुकी होगी या मन्दिर खंडित होंगे, उनका जीर्णोद्धार कराकर पुरानी परम्परा आरम्भ कराने में जूना अखाड़ा हर स्तर पर प्रयास करेगा।

पंचकोसी परिक्रमा के नियम

प्रयागराज में पंचकोसी परिक्रमा का विधान अत्यन्त पवित्र है। धार्मिक मान्यता है कि सतयुग, त्रेता व द्वापर युग में ऋषि-मुनियों के साथ देवता भी इस परिक्रमा में हिस्सा लेते थे। देवता परिक्रमा करनेवाले ऋषि-मुनियों की आसुरी शक्तियों से रक्षा करते थे। प्रयागराज में जैसे संगम तट पर लगातार 12 साल कल्पवास करने का विधान है। उसी प्रकार पंचकोसी परिक्रमा भी 12 वर्ष की जानी चाहिए। बिना किसी अन्तराल के लगातार 12 वर्ष तक यम-नियम से पंचकोसी परिक्रमा करकेवाले श्रद्धालु को अश्वमेध यज्ञ कराने के समान पुण्य की प्राप्ति होती है। पूर्वजों की आत्मा की शान्ति मिलने के साथ श्रद्धालु को समस्त दैहिक, दैविक कष्टों से मुक्ति मिलती है। उसे धन, यश, कीर्ति की प्राप्ति होती है। वह मोक्ष प्राप्ति के योग्य बन जाता है। यही कारण है कि इस परिक्रमा का महत्त्व बहुत अधिक है। लेकिन, परिक्रमा का दायरा बड़ा होने के कारण अधिकतर लोग इसे नहीं कर पाते हैं। सिर्फ सन्त-महात्मा व चुनिन्दा श्रद्धालु ही पंचकोसी परिक्रमा पूरे नियम से करते हैं। इधर, किन्नर अखाड़ा के संन्यासियों ने भी प्रतिवर्ष एक बार पंचकोसी परिक्रमा करने का संकल्प लिया है। किन्नर संन्यासी अपने भक्तों के साथ परिक्रमा करते हैं। वहीं, धार्मिक संगठनों से जुड़े स्वयंसेवी परिक्रमा मार्ग व मन्दिरों की खामियाँ दूर करने के लिए प्रयासरत हैं।

पहले दिन—संगम स्नान करने के बाद परिक्रमा की प्रतिज्ञा व संकल्प लेकर अक्षयवट का पूजन करना चाहिए। यहीं से परिक्रमा का आरम्भ होता है। इसके बाद यमुना नदी के पार स्थित शूलटंकेश्वर का दर्शन-पूजन करने का विधान है। फिर अनन्त सुधारस तीर्थ, उर्वशी कुंड का स्मरण करके आदि वेणीमाधव का दर्शन किया जाता है। यहाँ से यात्रा कीडगंज कृष्णनगर एडीसी चौराहा के पास स्थित जूना अखाड़ा की प्राचीन ठाकुर महादेव (राम जानकी) मन्दिर पहुँचती है। श्रीराम-जानकी का पूजन करने के बाद यात्रा यमुना बैंक रोड स्थित भगवान श्रीदत्तात्रेय की तपस्थली मौज गिरि मन्दिर पहुँचती है। मन्दिर में भृगु ऋषि द्वारा स्थापित प्राचीन शिवलिंग, भगवान दत्तात्रेय, बाबा मौज गिरि का दर्शन पूजन करने के बाद यात्रा आगे बढ़ती है। इसके बाद हनुमान तीर्थ, सीताकुंड, रामतीर्थ, वरुण तीर्थ, चक्रमाधव को प्रणाम करके सोमेश्वरनाथ महादेव मन्दिर के क्षेत्र में रात्रि प्रवास करना चाहिए।

दूसरे दिन—सोमेश्वरनाथ का दर्शन-पूजन करके परिक्रमा आगे बढ़ती है। इसके बाद सूर्यतीर्थ, कुबेर तीर्थ, वायु तीर्थ, अग्नि तीर्थ को प्रणाम करके महाप्रभु वल्लभाचार्य जी की बैठक में जाना चाहिए। यहाँ से गदामाधव का दर्शन करके रामसागर मन्दिर में रात बिताने का विधान है।

तीसरा दिन—रामसागर मन्दिर में दर्शन-पूजन करके यात्रा आरम्भ होती है। यहाँ से बीकर देवरिया देवरख में यमुना के तट जाना चाहिए। यमुना तट पर पूर्वजों का श्राद्ध करने से अनन्त फल की प्राप्ति होती है। श्रद्धालु पूर्वजों की आत्मा की शान्ति व स्वयं की मनोकामना पूर्ति के लिए श्राद्ध करते हैं।

चौथा दिन—पूर्वजों का श्राद्ध करने के बाद परिक्रमा आगे बढ़ती है। इसके बाद बेगसराय पर स्थित वनखंडी शिवजी के मन्दिर जाने का विधान है। दर्शन-पूजन करके यहीं रात्रि प्रवास किया जाता है।

पाँचवें दिन—वनखंडी शिवजी के मन्दिर में दर्शन-पूजन के बाद यात्रा आगे बढ़ती है। इसके बाद नीमघाट होकर द्रोपदी घाट जाकर दर्शन-पूजन करना चाहिए। यहीं पर रात्रि प्रवास करने की परम्परा है।

छठें दिन—द्रोपदी घाट से यात्रा आगे बढ़कर प्रयागराज शहर में शिवकुटी मोहल्ला स्थित शिवकोटि तीर्थ पहुँचती है। भगवान शिवकोटि का दर्शन-पूजन करके वहीं रात्रि प्रवास करने का विधान है।

सातवें दिन—सुबह पुनः शिवकोटि का दर्शन-पूजन करके यात्रा आरम्भ होती है। यहाँ से गंगा पार करके फाफामऊ में स्थित पड़िला महादेव का दर्शन पूजन करके मानस तीर्थ जाकर रात्रि में रुकना चाहिए।

आठवें दिन— मानस तीर्थ से यात्रा आगे बढ़ती है। झूँसी होकर शंकष्टहर माधव का दर्शन करके उनके क्षेत्र में रात बिताने का विधान है।

नौवें दिन— शंकष्टहर माधव का दर्शन करने के बाद यात्रा आगे बढ़ती है। यहाँ से शंख माधव, व्यास आश्रम, समुद्रकूप, एलतीर्थ, सन्ध्यावट, हंसकूप, हंस तीर्थ, उर्वशी तीर्थ का दर्शन-पूजन किया जाता है। इसके बाद अरुन्धति तीर्थ का दर्शन करने के लिए जाते हैं। यहीं रात बिताने की परम्परा है।

दसवें दिन— अरुन्धति तीर्थ से यात्रा आरम्भ करके त्रिवेणी तट पर जाकर दर्शन-पूजन करके वहीं रात बिताने की परम्परा है।

ग्यारहवें दिन— त्रिवेणी तट पर दर्शन-पूजन करके दारागंज व अलोपीबाग में स्थित माँ अलोपशंकरी सहित समस्त मन्दिरों का दर्शन-पूजन करके उसी क्षेत्र में रात रुकना चाहिए।

बारहवें दिन— परिक्रमा के अन्तिम दिन संगम में स्नान करके मधुकुल्या, घृतकुल्या, निरंजन तीर्थ, आदित्य तीर्थ, ऋणमोचन तीर्थ, पापमोचन तीर्थ, सोमतीर्थ, सरस्वती कुंड, कामेश्वर तीर्थ, तक्षकेश्वर, चक्रतीर्थ, सिन्धुसागर तीर्थ, पाँडवकूप का दर्शन करके दशाश्वमेध घाट जाकर भगवान दशाश्वमेध का दर्शन पूजन करना चाहिए। यहाँ से लक्ष्मी तीर्थ, दत्ततीर्थ, सोम तीर्थ व बड़े हनुमान जी का दर्शन करके संगम तट पर जाकर दर्शन व पूजन करके परिक्रमा का विधिवत समापन होता है।

प्रयागराज के द्वादश माधव की महिमा

तीर्थराज प्रयागराज दुनिया में ऐसा पवित्र स्थल है, जहाँ एक-दो नहीं बल्कि बारह माधव का वास है। श्रद्धालुओं को भगवान विष्णु के अलग-अलग 12 स्वरूपों का दर्शन विभिन्न स्थानों पर होता है। सारे स्थान अत्यन्त पवित्र हैं। बारह माधव के कुछ मन्दिर तो आज भी बेहतर अवस्था में हैं। जबकि कइयों का अस्तित्व खत्म कर दिया गया। कुछ जगह कब्जा कर लिया गया है। इससे आम व्यक्ति वहाँ नहीं पहुँच पाते।

-शंखमाधव-छतनाग के पास मुंशीबाग

-चक्रमाधव अरैल

-गदामाधव नैनी

-पद्ममाधव बीकर

-अनन्तमाधव अक्षयवट के पास

-विन्दुमाधव द्रोपदीघाट

-मनोहर माधव चौक में द्रव्येश्वरनाथ मन्दिर में
-असिमाधव नागवासुकी के पास
-संकष्टहर माधव-सन्ध्यावट के नीचे झूँसी में हंसकूप के पास
-आदि वेणीमाधव संगम में वास करते हैं
-वेणी माधव दारागंज
-वट माधव वट के मूल में

अन्तर्वेदी परिक्रमा का क्षेत्र

अन्तर्वेदी परिक्रमा प्रयागराज की आत्मा मानी जाती है। प्रयागराज का अस्तित्व जिन देवी-देवताओं पर टिका है। जिन देव स्थलों से प्रयागराज की ख्याति तीर्थराज के रूप में दुनियाभर में विख्यात है। वह सारे देव स्थल अन्तर्वेदी परिक्रमा के अन्तर्गत आते हैं। अनेक देव स्थलों का दर्शन करानेवाली इस परिक्रमा को करने से श्रद्धालुओं को मनोवांछित फल की प्राप्ति होती है। संगम स्नान व पूजन करके परिक्रमा का शुभारम्भ होता है। श्रद्धालु को परिक्रमा को सकुशल पूर्ण करने का संकल्प लेकर आगे बढ़ना चाहिए। सर्वप्रथम नगर के देवता दारागंज स्थित भगवान वेणी माधव का दर्शन-पूजन किया जाता है। इसके बाद यात्रा आगे बढ़कर कीडगंज कृष्णनगर एडीसी चौराहा के पास स्थित जूना अखाड़ा की प्राचीन ठाकुर महादेव (राम जानकी) मन्दिर पहुँचती है। श्रीराम-जानकी का पूजन करने के बाद श्रद्धालु को यमुना जी में मधु कुल्या, घृत कुल्या, निरंजन तीर्थ, आदित्य तीर्थ और ऋणमोचन तीर्थ का पूजन करना चाहिए। यह सभी किले के पास स्थित हैं। इसके बाद यात्रा आगे बढ़कर यमुना बैंक रोड स्थित भगवान श्रीदत्तात्रेय की तपस्थली मौज गिरि मन्दिर पहुँचती है। मन्दिर में भृगु ऋषि द्वारा स्थापित प्राचीन शिवलिंग, भगवान दत्तात्रेय, बाबा मौज गिरि सहित अनेक देवी-देवताओं के दर्शन-पूजन का सौभाग्य प्राप्त होता है। यहाँ से यमुनातट पर ही पापमोचन तीर्थ, कामेश्वर तीर्थ, सरस्वती कुंड के पास स्थित परशुराम तीर्थ, गोघट्टन तीर्थ, पिशाचमोचन तीर्थ, कामेश्वर तीर्थ, कपिल तीर्थ, इन्द्रेश्वर शिव, तक्षककुंड, दरियाबाद स्थित तक्षक नाग का प्राचीन मन्दिर तक्षकेश्वर तीर्थ का दर्शन करने का विधान है। फिर कालियहृदय चक्र तीर्थ, ककहराघाट पर स्थित सिन्धुसागर तीर्थ, पाँडव कूप, गढ़ी सरायं पर स्थित वरुणकूप होते हुए कश्यप तीर्थ, चौक में स्थित द्रव्येश्वरनाथ शिव, सूर्यकुंड का दर्शन-पूजन करते हुए महर्षि भारद्वाज आश्रम पहुँचकर विश्राम करना चाहिए। अगले दिन प्रातःकाल भारद्वाज आश्रम स्थित भारद्वाजेश्वर, सीताराम आश्रम, विश्वामित्र आश्रम, गौतम आश्रम, जमदग्नि आश्रम, वशिष्ठ आश्रम, वायु

आश्रम का दर्शन-पूजन करना चाहिए। यह सभी प्राचीन मन्दिर भारद्वाज आश्रम पर ही स्थित हैं। यहाँ से दारागंज स्थित नागवासुकी मन्दिर, ब्रह्मकुंड, दशाश्वमेधेश्वर, लक्ष्मी तीर्थ, महोदधि तीर्थ, मलापह तीर्थ, उर्वशी कुंड, शक्रतीर्थ, विश्वामित्र तीर्थ, वृहस्पति तीर्थ, अत्रि तीर्थ, दत्तात्रेय, दुर्वासा तीर्थ, सोम तीर्थ, सारश्वत तीर्थ को प्रणाम करना चाहिए। यह सभी तीर्थ गंगा जी में समाहित हैं। फिर बान्ध स्थित बड़े हनुमान जी का दर्शन-पूजन करके संगम तट पर जाना चाहिए। संगम का पूजन करने के साथ अन्तर्वेदी परिक्रमा समाप्त हो जाती है।

बहिर्वेदी परिक्रमा

प्रयागराज की बहिर्वेदी परिक्रमा का पवित्र विधान है। इस परिक्रमा के जरिए श्रद्धालुओं को प्रयागराज शहर के आस-पास स्थित समस्त प्राचीन मन्दिरों का दर्शन-पूजन करने का सौभाग्य प्राप्त होता है। यह परिक्रमा सामान्यतः दस दिन में पूरा करने का विधान है। हर दिन अलग-अलग देवी-देवताओं के दर्शन व स्तुति करने की परम्परा है। प्राचीनकाल में सन्त-महात्मा व श्रद्धालु नियमित परिक्रमा करते थे। धीरे-धीरे लोगों ने परिक्रमा मार्ग व तीर्थ स्थलों पर अपना ठिकाना बना लिया था। आज उन क्षेत्रों में बड़ी-बड़ी बस्तियाँ हैं। मुगलकाल में परिक्रमा की परम्परा को रोक दिया गया था। इससे अधिकतर हिन्दू धर्मावलम्बी इस परिक्रमा से अनभिज्ञ थे। महन्त हरि गिरि ने परिक्रमा आरम्भ करवाकर समस्त पवित्र स्थलों को जीवन्त किया। सन्त-महात्माओं के जरिए परिक्रमा को व्यापस स्वरूप देने की दिशा में काम किया गया। लेकिन, उस दिशा में अभी काफी काम करने की जरूरत है। परिक्रमा से आमजन जुड़े उस दिशा में शासन-प्रशासन को उचित प्रचार-प्रसार व सुविधा मुहैया करानी होगी।

पहले दिन—संगम स्नान व पूजन करके अक्षयवट का दर्शन करना चाहिए। फिर यात्रा यमुना बैंक रोड स्थित भगवान श्रीदत्तात्रेय की तपस्थली मौज गिरि मन्दिर पहुँचती है। मन्दिर में भृगु ऋषि द्वारा स्थापित प्राचीन शिवलिंग, भगवान दत्तात्रेय, बाबा मौज गिरि का दर्शन-पूजन करने के बाद यात्रा आगे बढ़कर कीडगंज कृष्णनगर एडीसी चौराहा के पास स्थित जूना अखाड़ा की प्राचीन ठाकुर महादेव (राम जानकी) मन्दिर पहुँचती है। श्रीराम-जानकी का पूजन करने के बाद यमुना पार करके अरैल स्थित शूलटंकेश्वर, सुधारस तीर्थ, यमुना जी में स्थित उर्वशी कुंड, हनुमान तीर्थ, सीता कुंड, राम तीर्थ, वरुण तीर्थ व चक्रमाधव को प्रमाण करते हुए सोमेश्वर महादेव मन्दिर पहुँचकर दर्शन करके वहीं, रात्रि विश्राम करने का विधान है।

दूसरे दिन—सोमेश्वर महादेव का पूजन करके यमुना किनारे आगे बढ़ते हुए सोम तीर्थ, सूर्य तीर्थ, कुबेर तीर्थ, वायु तीर्थ व अग्नि तीर्थ के बाद देवरिख गाँव पहुँचकर महाप्रभु वल्लभाचार्य जी की बैठक को प्रणाम करना चाहिए। इसके बाद नैनी में स्थित गदामाधव मन्दिर जाकर उनका दर्शन करके वहीं रात बितानी चाहिए।

तीसरे दिन—गदामाधव का पूजन करके तीसरे दिन की परिक्रमा का आरम्भ होता है। यहाँ से बीकर देवरिया देवरख में यमुना के तट जाना चाहिए। यमुना तट पर पूर्वजों की आत्मा शान्ति व स्वयं की मनोकामना पूर्ति के लिए श्राद्ध करके रात्रि प्रवास करना चाहिए।

चौथे दिन—बीकर देवरिया से परिक्रमा आगे बढ़ती है। यमुनापार करके करदहा गाँव के पास स्थित वन महादेव का दर्शन के लिए जाना होता है। वहाँ दर्शन-पूजन करके रात बिताने की परम्परा है।

पाँचवे दिन—वन महादेव का पूजन करके परिक्रमा पुनः आरम्भ होती है। बेगम सराय से आगे नीम घाट होते हुए द्रोपदी घाट पहुँचकर दर्शन-पूजन करके वहीं रात्रि प्रवास करना चाहिए।

छठें दिन—द्रोपदी घाट से शिवकुटी मुहल्ला में स्थित शिवकोटि मन्दिर आना होता है। यहाँ भगवान शिव का विधिवत पूजन करके रात्रि प्रवास करना चाहिए।

सातवें दिन—शिवकोटि महादेव का पूजन करके गंगा पार करके फाफामऊ स्थित पड़िला महादेव मन्दिर जाना चाहिए। वहाँ दर्शन-पूजन करके मानस तीर्थ में रात बिताने का विधान है।

आठवें दिन—मानस तीर्थ से परिक्रमा आगे बढ़ती है। वहाँ से झूँसी होते हुए नागेश्वर क्षेत्र में नाग तीर्थ का दर्शन करके शंखमाधव का दर्शन-पूजन करके वहीं रात्रि प्रवास करना चाहिए।

नौवें दिन—शंखमाधव का पूजन करके व्यास आश्रम, समुद्र कूप, संकष्टहर माधव, सन्ध्या वट, हंस कूप, जल कुंड, अरुन्धति तीर्थ का दर्शन करके उसी के आस-पास रात बिताने की परम्परा है।

दसवें दिन—अन्तिम दिन की परिक्रमा झूँसी क्षेत्र से आरम्भ होकर संगम पहुँचती है। संगम स्नान, पूजन के बाद दान-पुण्य करके परिक्रमा का विधिवत समापन किया जाता है।

प्राचीन स्थलों को संरक्षित कर रहे किन्नर संन्यासी

भारत का हर प्रदेश व जिला कोई-न-कोई खासियत संजोए है। कहीं एतिहासिक महल, किला, नदी गौवरपूर्ण अतीत की गाथा बयाँ करते हैं। कई स्थल ऐसे हैं जहाँ

के लोगों ने मुगलों के अत्याचार का मुंहतोड़ जवाब दिया था। जबकि कुछ जगह पर अंग्रेजों के दान्त खट्टे करने के सुबूत मिलते हैं। वैसे, सरकार प्रमुख स्थलों को संरक्षित करती है, उसका नियमित देख-रेख भी होता है। परन्तु कई स्थल ऐसे हैं जहाँ शासन-प्रशासन की नजर नहीं पहुँच पाती। अथवा उचित प्रचार-प्रसार के कारण लोग चाहकर भी अनेक गौरवपूर्ण स्थलों से खुद को नहीं जोड़ पाते। धर्म के क्षेत्र में कुछ वर्ष पहले कदम रखनेवाले किन्नर अखाड़ा ने देश के समस्त धार्मिक व पौराणिक स्थलों का संरक्षण करने का बीड़ा उठाया है। किन्नर अखाड़ा ने 'अतीत पर गर्व करो, भविष्य को संवारो' नामक देशव्यापी मुहिम शुरू की है। अखाड़ा के हर महामंडलेश्वर व मंडलेश्वर अपने-अपने क्षेत्रों में स्थित धार्मिक व पौराणिक स्थलों को प्रशासन की मदद से संरक्षित कराएँगे। इसकी शुरुआत प्रयागराज से की गई है। प्रतिवर्ष माघ मास में देश-विदेश से लाखों श्रद्धालु प्रयागराज आते हैं। लेकिन, उसकी खासियत से अधिकतर लोग अनभिज्ञ होते हैं। अधिकतर श्रद्धालु सिर्फ संगम की महिमा से वाकिफ हैं। उन्हें लगता है कि प्रयागराज में संगम के अलावा कुछ खास नहीं है। इसी कारण वह संगम स्नान करके लौट जाते हैं। जबकि प्रयागराज में अनेकों दर्शनीय व पौराणिक स्थल हैं। हर स्थल की अपनी खासियत है। वह गौरवपूर्ण अतीत को संरक्षित किए हैं, परन्तु आमजन का उससे जुड़ाव अपेक्षा के अनुरूप नहीं हो पाता। इसके पीछे उन स्थलों का उचित प्रचार-प्रसार न होना है। जबकि कई स्थलों तक आवागमन का साधन व सुविधाओं का अभाव है। यही कारण है कि लोग वहाँ जाना पसन्द नहीं करते। प्रयागराज में 2019 में आयोजित हुए कुम्भ पर्व में समस्त स्थलों का स्वरूप संवारने प्रयास शुरू किया गया। परन्तु, अपेक्षा के अनुरूप काम नहीं हो पाया। इसके मद्देनजर किन्नर संन्यासी प्रयागराज के हर प्रमुख स्थल का प्रचार-प्रसार कर रहे हैं। सप्ताह में एक दिन संगम तट पर स्वच्छता अभियान चलाते हैं। इसके अलावा यमुना तट पर स्थित किला, बड़े हनुमान मन्दिर, शंकर विमान मंडपम् मन्दिर, माँ ललिता, माँ कल्याणी व माँ अलोपशंकरी मन्दिर, नागवासुकी मन्दिर, महर्षि भारद्वाज आश्रम, किला में स्थित अक्षयवट, पातालपुरी मन्दिर व सरस्वती कूप की महिमा का बखान कर रहे हैं। इसी प्रकार देश के हर जिला में स्थित महत्त्वपूर्ण स्थल व इमारतों को संरक्षित करने का प्रयास चल रहा है। किन्नर अखाड़ा की आचार्य महामंडलेश्वर लक्ष्मीनारायण त्रिपाठी कहती हैं कि, 'हमारा अस्तित्व हमारे अतीत पर टिका है। अतीत को धूमिल या खत्म करके हम अपना वर्तमान व भविष्य उज्ज्वल नहीं कर सकते। इसके लिए हमें अपने अतीत पर गर्व करते हुए उसे संरक्षित करना होगा। तभी जान पायेंगे कि हमने भविष्य में क्या पाया और क्या खोया। इसी कारण किन्नर

अखाड़ा का हर संन्यासी अपने धार्मिक व पौराणिक स्थलों को संरक्षित करने के लिए सर्वस्व न्योछावर करने को तैयार है। जो जिस जिला व प्रदेश में है वह अपने क्षेत्र में स्थित धार्मिक व पौराणिक स्थलों का प्रचार-प्रसार करेगा। खामियाँ दूर करने के लिए प्रयास करेगा। इसके जरिए हम आनेवाली पीढ़ी को उसके गौरवपूर्ण अतीत पर गर्व की अनुभूति कराना चाहते हैं'। वैसे, किन्नर अखाड़ा ने जो बीड़ा उठाया है वह आसान नहीं है। लेकिन, सार्थक दिशा में लिया गया यह उचित संकल्प है। इसका परिणाम भले अपेक्षा के अनुरूप न आए। परन्तु जो होगा वह अपेक्षा से काफी अधिक होगा, क्योंकि यहाँ किसी के पास खोने के लिए कुछ नहीं है। किन्नर अखाड़ा की प्रयागराज की महामंडलेश्वर कौशल्यानन्द गिरि उर्फ टीना माँ अपने काम को लेकर अत्यन्त उत्साहित हैं। वह धार्मिक व ऐतिहासिक क्षेत्रों की महिमा का बखान करके देश के विभिन्न शहरों में रहनेवाले किन्नरों व अपने भक्तों को प्रयागराज आमन्त्रित करती हैं। जो आता है उसे स्वयं हर स्थल पर ले जाकर सारी खासियत का बखान करती हैं। कौशल्यानन्द अपने शहर के गौरव का बखान करते हुए गर्व की अनुभूति करती हैं। साथ ही बाहर से आनेवाले लोगों को एहसास दिलाती हैं कि वह जिस प्रयागराज में रहती हैं वह दुनिया का सबसे समृद्ध शहर है। अगर कहीं कोई खामी नजर आती है तो अधिकारियों से सम्पर्क करके उचित कार्रवाई कराती हूँ। कौशल्यानन्द की तरह किन्नर अखाड़ा का हर संन्यासी अपनी मुहिम में जुटा है। किन्नर अखाड़ा की मंशा व मिशन साफ है, कि उन्हें सदियों तक समाज ने भले उपेक्षित रखा। अपेक्षा के अनुरूप अधिकार व सम्मान नहीं दिया। लेकिन, किन्नर किसी को उपेक्षित नहीं करेंगे, न ही किसी को उपेक्षित रहने देंगे। भले वह कोई इनसान हो या स्थल। किन्नर अखाड़ा व आम किन्नरों को उससे फर्क नहीं पड़ता। किन्नर अपनी दृण इच्छाशक्ति से उपेक्षा नामक शब्द को खत्म करना चाहते हैं। किन्नरों का मिशन कितना सफल होगा वह तो भविष्य तय करेगा। परन्तु उनका आगाज काफी शानदार है...।

कौतुहल का केन्द्र है यमुना तट का किला

संगम से चन्द दूरी पर यमुना तट पर विशाल किला स्थित है। यह किला सैकड़ों साल से लोगों के कौतुहल का केन्द्र है। बान्ध के नीचे उतरते ही हर किसी की किला पर बरबस नजर टिक जाती है। विशाल किला अपने आप में अद्भुत है। किला की स्थापना को लेकर इतिहासकारों में अलग-अलग मत है। कुछ का मानना है कि भारत के प्रतापी राजा सम्राट अशोक ने किला का निर्माण करवाया है। जबकि कुछ इसका निर्माण मुगलकाल में अकबर द्वारा करवाने की बात कहते हैं।

किला 983 बीघा के विशाल भू-क्षेत्र में निर्मित है। यह 45 वर्ष, पाँच माह 20 दिन में बनकर तैयार हुआ। इसे बनाने में छह करोड़ 17 लाख, 20 हजार 214 रुपए खर्च हुए। किला के अन्दर 23 महल, तीन शयनागार-झरोखे, 25 बड़े दरवाजे, 23 बुर्ज, 227 भवन, 116 कोठरियाँ, दो खासोआम, 77 तहखाने, एक दालान, 20 तबेले, एक बावली व पाँच कुएँ हैं। रानियों के लिए 16 महल है, जिसे 16 भागों में बाँटा गया है। जबकि राजा का कक्ष तीन खंड में बना है। हर खंड में 16-16 कमरे बनाए गए हैं। सबसे नीचे के खंड में एक तालाब भी बनाया गया है। इस किला से कभी कोई बड़ा युद्ध नहीं हुआ। इस कारण यह 'कुंआरा किला' भी कहलाता है। किला के अन्दर 12 आनन्द वाटिकाएँ थीं। किला के अन्दर विशाल सुरंग भी है, जिसे सुरक्षा कारणों से बन्द कर दिया गया है। किन्नर संन्यासी किला का महत्त्व सोशल मीडिया के जरिए देश-विदेश में प्रचारित कर रहे हैं।

श्रद्धा का केन्द्र अक्षयवट

यमुना तट पर स्थित किला के अन्दर अक्षयवट का प्राचीन वृक्ष है। सनातन धर्मावलम्बियों की मान्यता के अनुसार अक्षयवट सृष्टि निर्माणकाल से यहाँ स्थित है। यह प्रलय आने पर भी नष्ट नहीं होता। धर्मग्रन्थों के अनुसार अक्षयवट के पत्ते में भगवान विष्णु के बाल स्वरूप में वास करते हैं। वन जाते समय भगवान श्रीराम के अक्षयवट के नीचे रुकने की बात भी धर्माचार्य बताते हैं। अक्षयवट का दर्शन करने मात्र से मनुष्य को मनोवांछित फल की प्राप्ति हो जाती है। मुगल शासकों ने अक्षयवट को नष्ट करने का काफी प्रयास किया। अनेकों बार अक्षयवट को काटकर जलाया गया। परन्तु कुछ समय बाद वह पुनः पुराने स्वरूप में आ जाता था। अक्षयवट का दर्शन-पूजन करने कोई सनातन धर्मावलम्बी न पहुँचने पायें, उसके लिए मुगलों ने उसके चारों ओर घेरा बनवाकर बन्द कर दिया था। अंग्रेजी हुकूमत में भी अक्षयवट के दर्शन-पूजन पर पाबन्दी थी। देश को 1947 में अंग्रेजों से देश को आजादी मिल गई। परन्तु अक्षयवट कैद से मुक्त नहीं हुआ। आजादी के बाद किला में सेना ने अपना ठिकाना बना लिया था। इससे सुरक्षा की दृष्टि से अक्षयवट के दर्शन-पूजन पर पाबन्दी जारी रही। तब की पीढ़ी अक्षयवट के महत्त्व व उसके अस्तित्व को भूल चुकी थी। किला के अन्दर अक्षयवट की खोज इलाहाबाद हाईकोर्ट के सेवानिवृत्त न्यायमूर्ति व विश्व हिन्दू परिषद के अध्यक्ष रहे शिवनाथ काटजू ने किया था। चंडी पत्रिका की प्रेरणा व अपने आध्यात्मिक गुरु पं. देवीदत्त शुक्ल की निर्देश पर न्यायमूर्ति शिवनाथ ने किला के अन्दर प्रवेश किया। मेजर कुन्दन सिंह ने न्यायमूर्ति काटजू को किला में प्रवेश करने की अनुमति प्रदान

की थी। कई दिनों तक किला के अन्दर भ्रमण करने के बाद न्यायमूर्ति काटजू ने 28 जुलाई 1950 को अक्षयवट के मूल स्वरूप को खोज लिया। तब अक्षयवट के आस-पास की स्थिति बहुत खराब थी। चारों ओर झाड़, झंखाड़ व जहरीले जीव-जन्तुओं का वास था। आम व्यक्ति का वहाँ जाना असम्भव था। परन्तु, गुरु देवीदत्त की आज्ञा का पालन करने के लिए न्यायमूर्ति काटजू ने असम्भव कार्य को सम्भव कर डाला। इससे आमजन को किला के अन्दर अक्षयवट के होने की जानकारी हुई। अक्षयवट की खोज होने के बावजूद आम लोगों को उसके दर्शन-पूजन की अनुमति नहीं थी। सेना के अधिकारियों की अनुमति लेकर चुनिन्दा लोग ही उसका दर्शन कर पाते थे। परन्तु हिन्दू धर्मावलम्बियों की आस्था अक्षयवट को लेकर काफी प्रबल थी। इसको देखते हुए केन्द्र की नरेन्द्र मोदी व उत्तर प्रदेश की योगी आदित्यनाथ की सरकार ने प्रयागराज में लगे 2019 कुम्भ पर्व से पहले अक्षयवट को आम श्रद्धालुओं के लिए खोल दिया। उसके बाद से श्रद्धालु अक्षयवट के मूल स्वरूप का आसानी से दर्शन कर रहे हैं। देश के विभिन्न प्रदेशों में प्रवास करनेवाले किन्नर संन्यासी साल में एक बार अक्षयवट दर्शन करने जरूर आते हैं। अक्षयवट का दर्शन करके अधिक से अधिक लोग पुण्य अर्जित करें उसके लिए किन्नर अखाड़ा के संन्यासी प्रवचन के दौरान उसकी महिमा का बखान करते हैं। भक्तों को प्रसाद के रूप में अक्षयवट का चित्र व पत्ता भेंट करते हैं।

अद्‌भुत है पाताल पुरी मन्दिर

यमुना तट पर स्थित किला के अन्दर संगम की ओर बने द्वार से प्रवेश करने पर प्राचीन पातालपुरी मन्दिर स्थित है। यह मन्दिर अद्‌भुत कारीगरी का नमूना है। यह पत्थर के ऊँचे खम्भों पर टिकी है। इसमें 100 खम्भे लगाए गए हैं। मन्दिर के 12 द्वार पश्चिम दिशा की ओर हैं। पश्चिम दीवार पर राजाराव गोपाल कासन का 1832 का अभिलेख अंकित है। प्रसिद्ध चीनी ह्वेनसांग 644 के आस-पास प्रयागराज आए थे। तब उन्होंने पातालपुरी मन्दिर का अवलोकन किया था। मन्दिर में भगवान गणेश, नरसिंह अवतार सहित 43 देवी-देवताओं की प्राचीन प्रतिमाएँ स्थापित हैं। किला का निर्माण होने पर मन्दिर को उसके अन्दर समाहित कर लिया गया। मुगलों ने मन्दिर का स्वरूप बिगाड़ने का काफी प्रयास किया। परन्तु, ज्यादा नुकसान नहीं पहुँचा पाये। इसी कारण इस मन्दिर में दर्शन-पूजन का विशेष महत्त्व है। मान्यता है कि पाताल पुरी मन्दिर में श्रद्धाभाव से शीश झुकाने मात्र से श्रद्धालुओं को मनोवांछित फल की प्राप्ति हो जाती है। किन्नर संन्यासी मन्दिर में दर्शन-पूजन के लिए वर्ष में एक बार किसी त्यौहार पर जरूर आते हैं। अगर दूसरे प्रदेश व

शहर से कोई किन्नर प्रयागराज आता है तो उसे पाताल पुरी मन्दिर दर्शन कराने के लिए लाया जाता है।

दुर्लभ है अशोक का स्तम्भ

यमुना तट पर स्थित किला के अन्दर प्राचीन अशोक स्तम्भ है। सम्राट अशोक ने अपने शासनकाल में इसे कौशाम्बी में स्थापित कराया था। मुगल शासनकाल में कौशाम्बी से इसे फिरोजशाह द्वारा यहाँ लाया गया था। इसका वनज 493 मन, लम्बाई 35 फिट, व्यास तीन फुट और ऊपरी भाग का व्यास दो फुट दो इंच है। स्तम्भ में ब्राह्मी लिपि में सम्राट अशोक के छह अभिलेख लिपिबद्ध हैं। यह अत्यन्त दुर्लभ अशोक स्तम्भ है। किला के अन्दर सेना ने इसे संजो कर रखा है। इसके पास आम लोगों के आने-जाने पर पाबन्दी है। सेना की अनुमति से किला के अन्दर प्रवेश करनेवाले लोग ही अशोक स्तम्भ का दीदार कर पाते हैं। किन्नर अखाड़ा अशोक स्तम्भ को किसी संग्रहालय में रखने की माँग उठाता रहा है, जिससे हर व्यक्ति उसे देखकर स्वयं को गौरवशाली अतीत से जोड़ सके।

आस्था का केन्द्र सरस्वती कूप

किला के अन्दर सरस्वती कूप अर्थात कुआँ भी स्थित है। जनश्रुति के अनुसार सरस्वती कूप से प्राप्त होनेवाले जल की कल्पना सरस्वती नदी से की गई है। इसी कारण यह सनातन धर्मावलम्बियों की आस्था का केन्द्र है। सरस्वती कूप अनादिकाल से है। परन्तु उसका जल आज भी निर्मल है। सरस्वती कूप के पास माँ सरस्वती का मन्दिर है। किला के अन्दर प्रवेश करनेवाले श्रद्धालु माँ सरस्वती का पूजन करके प्रसाद स्वरूप अपने साथ सरस्वती कूप का जल लेकर जाते हैं। प्रयगाराज आनेवाले किन्नर संन्यासी संगम के साथ सरस्वती कूप का जल प्रसाद स्वरूप लेकर जाते हैं।

मौज गिरि मन्दिर स्थल से प्रभु श्रीराम ने पार की थी यमुना

यमुना बैंक रोड पर स्थित प्राचीन बाबा मौज गिरि मन्दिर प्रयागराज की धार्मिक व ऐतिहासिक विरासत है। जहाँ मन्दिर स्थित है वह स्थल कभी भगवान श्री दत्तात्रेय की तपस्थली था। भगवान दत्तात्रेय ने इसी पावन स्थल पर अपने शिष्य भृगु ऋषि को समस्त ज्ञान प्रदान करके विलोप हुए थे। भृगु ऋषि सदियों तक उसी स्थल पर तपस्या में लीन रहे, उसके बाद समस्त ज्ञान महर्षि भारद्वाज को प्रदान करके प्रयाग से प्रस्थान कर गए। भृगु ऋषि के प्रस्थान करने के बाद भी यह स्थल ऋषि-मुनियों के जप-तप का केन्द्र बना रहा। इलाहाबाद विश्वविद्यालय में मध्यकालीन

एवं आधुनिक इतिहास विभाग के विभागाध्यक्ष प्रो. योगेश्वर तिवारी बताते हैं कि जहाँ मौज गिरि मन्दिर स्थित है त्रेता युग में वनवास के लिए भगवान श्रीराम, माता सीता व लक्ष्मण चित्रकूट गए थे। तीनों लोगों ने मौज गिरि मन्दिर से ही नाव में बैठकर यमुना पार किया था। तब यहाँ मन्दिर की जगह ऋषि-मुनियों की झोपड़ी हुआ करती थी। जहाँ आज मन्दिर स्थित है वहीं, जूना अखाड़ा के सिद्ध सन्त बाबा मौज गिरि सैकड़ों साल तपस्या में किया था। बाबा मौज गिरि पाँच सौ वर्ष तक जीवित रहे, चार सौ से अधिक समय उनका इसी स्थल पर साधना करते हुए बीता था। बाबा मौज गिरि के सानिध्य में अनेक ऋषि-मुनि व नागा संन्यासी जप-तप करते थे। बाबा मौज गिरि के ब्रह्मलीन होने के बाद जूना अखाड़ा ने उनकी स्मृति में मन्दिर का निर्माण करवाया। मुस्लिम आक्रान्ताओं व मुगलों ने बाबा मौज गिरि मन्दिर को ध्वस्त करने का काफी प्रयास किया। लेकिन, जूना अखाड़ा के नागा संन्यासियों ने उनसे मोर्चा लेकर खदेड़ दिया। मौज गिरि मन्दिर 12वीं शताब्दी के बाद नागा संन्यासियों का प्रमुख केन्द्र बन गया था। उस दौर में मुस्लिम आक्रान्ता सनातन धर्मावलम्बियों के मठ-मन्दिरों को निशाना बना रहे थे। तलवार की नोक पर हिन्दुओं का धर्मान्तरण कराने का सिलसिला काफी बढ़ गया था। इसकी सूचना मिलने पर हिमालय की कन्दराओं में तपस्या में लीन 'सनातन धर्मयोद्धा' के नाम से विख्यात नागा संन्यासी देशभर में फैल गए। देश के हर प्रमुख जिला में स्थित मठ-मन्दिरों को नागा संन्यासियों ने अपना आश्रय स्थल बनाया। वहाँ रहकर अस्त्र-शस्त्र का अभ्यास करते थे। जब मुस्लिम आक्रान्ता किसी मठ-मन्दिर को नुकसान पहुँचाते अथवा हिन्दुओं को परेशान करने के लिए आते थे, तब नागा संन्यासी उनसे मोर्चा लेते थे। नागा संन्यासियों का बड़ा केन्द्र प्रयागराज स्थित बाबा मौज गिरि मन्दिर था। नागा संन्यासी व जूना अखाड़ा के महात्मा दिन-रात आस-पास के क्षेत्रों में भ्रमण करके हिन्दुओं की सुरक्षा करते थे। इस दौरान उन्हें कई बार युद्ध करना पड़ा, जिसमें कई संन्यासियों को अपने प्राणों की आहुति देनी पड़ी। लेकिन, नागा संन्यासियों की वीरता के आगे हर बार दुश्मन घुटने टेकने पर मजबूर हुए थे। मुगलों के बाद ब्रिटिश हुकूमत भी मौज गिरि मन्दिर का अस्तित्व मिटाना चाहती थी। ब्रिटिश अधिकारी जूना अखाड़ा के महात्माओं की वीरता व धर्म-राष्ट्र के प्रति उनके समर्पण भाव से वाकिफ थे। महात्माओं को यहाँ से हटाने के लिए ब्रिटिश हुकूमत ने मन्दिर का अस्तित्व ही खत्म करने की साजिश रची थी। इसके लिए यमुना में रेल व वाहन का विशाल पुल बनाने की योजना बनाई गई। पुल को मौज गिरि मन्दिर स्थल से बनाने की योजना तैयार की गई। इसका प्रस्ताव भी पास करा लिया गया। ब्रिटिश अधिकारियों को लगा कि इससे मन्दिर आसानी से टूट जाएगा

और कोई विरोध भी नहीं होगा। लेकिन, उनका मंसूबा भी सफल नहीं हो पाया। जब इसकी जानकारी जूना अखाड़ा के महात्माओं व नागा संन्यासियों को हुई तो उन्होंने कड़ा विरोध किया। स्थानीय निवासी भी महात्माओं के साथ खड़े हो गए। ब्रिटिश सैनिक जब मन्दिर तोड़ने के लिए मौके पर आए तो जूना अखाड़ा के महात्माओं व नागा संन्यासियों ने उनसे युद्ध करके भागने पर विवश कर दिया। सात-आठ बार दोनों ओर से युद्ध की स्थिति बनी। परन्तु, हर बार ब्रिटिश सैनिकों को भागना पड़ा। ब्रिटिश अधिकारियों को जब लगा कि वह युद्ध से अपने मंसूबे पर सफल नहीं हो पायेंगे तब पुल बनाने के लिए उन्होंने जूना अखाड़ा के महात्माओं के साथ बात-चीत शुरू कर दिया। फिर महात्माओं की अनुमति पर मौज गिरि मन्दिर से कुछ दूरी पर पुल का निर्माण करवाया गया। मौज गिरि मन्दिर किन्नरों के धार्मिक उत्थान का केन्द्र भी है। जूना अखाड़ा ने 12 जनवरी 2019 को मौज गिरि मन्दिर में ही किन्नर अखाड़ा को अपने साथ लेकर चलने का ऐतिहासिक निर्णय लिया था। जूना अखाड़ा के मुख्य संरक्षक महन्त हरि गिरि, अध्यक्ष महन्त प्रेम गिरि, जगद्गुरु पंचानन गिरि, राष्ट्रीय प्रवक्ता श्रीमहन्त नारायण गिरि, किन्नर अखाड़ा की आचार्य महामंडलेश्वर लक्ष्मीनारायण त्रिपाठी, महामंडलेश्वर भवानी माँ, महन्त कामिनी, महन्त कमल सहित दोनों अखाड़ों के संन्यासियों ने एक-दूसरे के साथ चलने की सहमति पर मुहर लगाई थी। श्रद्धालुओं को मन्दिर में भृगु ऋषि द्वारा स्थापित प्राचीन शिवलिंग, भगवान दत्तात्रेय, भृगु ऋषि सहित अनेक देवी-देवताओं के दर्शन-पूजन का सौभाग्य प्राप्त होता है। मान्यता है कि श्रद्धाभाव से मौज गिरि मन्दिर आनेवाले व्यक्ति को मानसिक, आर्थिक, सामाजिक व शारीरिक कष्टों से मुक्ति मिलती है। इसी कारण मन्दिर में वर्ष पर्यन्त धार्मिक अनुष्ठान चलता रहता है।

अलौकिक है बड़े हनुमान जी का मन्दिर

संगम तट से चन्द दूरी स्थित है बड़े हनुमान जी का प्राचीन मन्दिर। बान्ध के नीचे उतरते ही किला की दीवार से सटा यह मन्दिर हर किसी की आस्था का केन्द्र है। यह दुनिया के प्राचीन व अलौकिक मन्दिरों में एक है। यहाँ हनुमान जी की विशालकाय प्रतिमा लेटी हुई है। यह प्रतिमा स्वयम्भू है। बताया जाता है कि मुगलकाल में औरंगजेब ने हनुमान जी की प्रतिमा यहाँ से हटवाने की बहुत कोशिश की, परन्तु उसे सफलता नहीं मिली। प्रतिमा को जैसे-जैसे उठाने का प्रयास किया जाता, वह उतना ही नीचे धंसती चली गईं। हारकर औरंगजेब ने प्रतिमा को छोड़कर जाना पड़ा। इससे हनुमान जी की शक्ति की ख्याति तेजी से फैली। इस घटना से लोगों की आस्था हनुमान जी पर और बढ़ गई। यहाँ दर्शन-पूजन के लिए

श्रद्धालुओं की भीड़ एकत्र होने लगी। प्रतिमा की देख-रेख मठ बाघम्बरी गद्दी के महात्मा करते थे। धीरे-धीरे प्रतिमा स्थल को मन्दिर का स्वरूप दिया गया। मन्दिर के मौजूदा पीठाधीश्वर व अखिल भारतीय अखाड़ा परिषद के अध्यक्ष महन्त नरेन्द्र गिरि ने मन्दिर को भव्य स्वरूप प्रदान करके देश-विदेश में उसकी ख्याति बढ़ाई। हनुमान जी के दर पर सच्चे हृदय से मत्था टेकने मात्र से श्रद्धालुओं को मनोवांछित फल की प्राप्ति होती है।

अद्‌भुत मन्दिर है शंकर विमान मंडपम्

गम तट से चन्द दूरी व बान्ध पर स्थित है शंकर विमान मंडपम् का भव्य व विशाल मन्दिर। यह मन्दिर दक्षिण भारतीय परम्परा द्रविण शैली का अनूठा स्वरूप है। जहाँ मन्दिर स्थित है प्राचीनकाल में उसी स्थल पर आदिशंकराचार्य व कुमारिल भट्ट का मिलन हुआ था। इसकी खोज कांचि कामकोटि के शंकराचार्य ब्रह्मलीन स्वामी चन्द्रशेखरेन सरस्वती ने की थी। स्वामी चन्द्रशेखरेन 1934 में चातुर्मास करने प्रयागराज आए थे। चातुर्मास के दौरान उन्होंने दारागंज में स्थित सिद्धेश्वर महादेव मन्दिर प्रांगण में प्रवास किया। नित्य भोर में गंगा स्नान करने जाते और साधना में समय व्यतीत करते थे। स्वामी चन्द्रशेखरेन ने सिद्धेश्वर महादेव की स्तुति के लिए यहीं 'सिद्धेश्वरा अष्टक' की रचना की। अपने तप के बल पर उन्होंने आदिशंकराचार्य व कुमारिल भट्ट का मिलन स्थल का पता किया। फिर वहाँ मन्दिर निर्माण की इच्छा व्यक्ति की। परन्तु अपने जीवनकाल में वह मन्दिर नहीं बना सके। गुरु की इच्छापूर्ति के लिए उनके शिष्य कांचि कामकोटि के शंकराचार्य ब्रह्मलीन स्वामी जयेन्द्र सरस्वती ने उसी स्थल पर भव्य मन्दिर का निर्माण कराया। दक्षिण भारत की कलाशैली में 16 पिलर में बना यह मन्दिर अध्यात्म व स्थापत्य की दृष्टि से अद्‌भुत है। यहाँ दक्षिणात्य पांडु, चोल और पल्लव कला शैलियों का दर्शन होता है।

शंकर विमान मंडपम् का तीन मंजिला मन्दिर पूज्यनीय के साथ दर्शनीय भी है। मन्दिर के प्रवेश द्वार पर आदिशंकराचार्य व मंडन मिश्र की मूर्तियाँ स्थापित हैं। साथ ही आदिशंकराचार्य व कुमारिल भट्ट के प्रयागराज में हुए बहुचर्चित मिलन व संवाद को प्रदर्शित किया गया है। मन्दिर के प्रथम तल पर प्रथम तल कांचि कामकोटि की अधिष्ठात्री देवी माँ कामाक्षि का मन्दिर है। इसके परिक्रमा मार्ग में देवी के मन्दिर में 51 शक्तिपीठों का खूबसूरती से वर्णन किया गया है। द्वितीय तल में भगवान विष्णु बाला जी स्वरूप में विराजमान हैं। बाला जी की प्रतिमा बनने पर उसे तिरुपति बालाजी ले जाए गया था। बालाजी को प्रतिमा का स्पर्श कराने के

बाद यहाँ स्थापित किया गया। इसमें 108 सालिग्राम व श्रीराम के जीवन का चित्रण किया गया है। जबकि तृतीय तल में 130 टन वजन का अद्‌भुत शिवलिंग है। एक शिवलिंग में एक हजार लिंग समाहित हैं। मन्दिर के प्रबन्धक रमणी शास्त्री बताते हैं कि शिवलिंग में छेनी व हथौड़ी चलाना वर्जित है। नदियों में स्वतः घिसकर शिवलिंग का स्वरूप लेनेवाले पत्थर को ही मन्दिर में स्थापित करने का विधान है। परन्तु, शंकर विमान मंडपम् मन्दिर में स्थापित शिवलिंग में छेनी मारी गई है। एक शिवलिंग में हथौड़ी से छेनी की चोट करके उसमें एक हजार लिंग निर्मित किया गया है। शिवलिंग में छेनी व हथौड़ी चलाने के दोष को मिटाने के निरन्तर वैदिक पाठ किया गया। शिवलिंग में जितनी देर छेनी का काम चलता था उतनी देर वैदिक विद्वान वैदिक पाठ करते थे। वैदिक पाठ के जरिए शिवलिंग को छेनी से गढ़ने का दोष दूर किया गया। इसके बाद विधि-विधान से मन्दिर में शिवलिंग की स्थापना की गई। किन्नर संन्यासी प्रमुख त्यौहार पर मन्दिर में दर्शन-पूजन करने आते हैं। साथ ही मन्दिर की महिमा को जन-जन तक पहुँचाने का काम कर रहे हैं।

पौराणिक स्थल है प्राचीन ठाकुर महादेव (राम जानकी) मन्दिर

कीडगंज मोहल्ला में मिंटो पार्क के पास त्रिवेणी रोड पर एडीसी चौराहा स्थित प्राचीन ठाकुर महादेव (राम जानकी) मन्दिर हर किसी के आकर्षण का केन्द्र है। यहाँ स्थित भगवान श्रीराम, माता सीता व लक्ष्मण की अष्टधातु से निर्मित दुर्लभ मूर्तियाँ हैं। उक्त मार्ग से गुजरनेवाले व्यक्ति का सिर मन्दिर के सामने आकर बरबस झुक जाता है। मन्दिर प्रयागराज की पंचक्रोशी, अन्तर्वेदी व बहिर्वेदी परिक्रमा मार्ग में आता है। परिक्रमा करनेवाले श्रद्धालुओं को मन्दिर में मत्था टेकना अनिवार्य है। इतिहासकारों व विद्वानों का मत है कि जिस स्थान पर मन्दिर स्थित है त्रेता, द्वापर युग में वहाँ टीला था। साथ ही मौजूदा समय जो अक्षयवट का वृक्ष यमुना तट पर स्थित किला के अन्दर है, उसका फैलाव यहाँ तक था। अक्षयवट के नीचे ऋषि-मुनियों ने अपनी तपस्थली बना रखी थी। महर्षि भारद्वाज के कई शिष्यं उसके नीचे तपस्या में लीन रहते थे। त्रेता युग में प्रभु श्रीराम, माता जानकी व लक्ष्मण के साथ चित्रकूट जाने के लिए निकले तो ऋषियों से मिलने के लिए कुछ क्षण उस टीले पर भी रुके थे। वहाँ अक्षयवट के नीचे ऋषियों से मिलने के बाद प्रभु श्रीराम, माता सीता व लक्ष्मण जी आगे बढ़े थे। यमुना पार करके वह चित्रकूट गए। समय बीतने के साथ अक्षयवट का फैलाव कम होता गया। मुगलों ने हिन्दुओं की आस्था पर ठेस पहुँचाने के लिए अक्षयवट को कई बार काटकर जलवाया था। इससे उसका विस्तार कम हो गया। साथ ही जिस टीला में ऋषि-मुनि तपस्या करते थे

उसको ध्वस्त करवाकर समतल करा दिया गया, जिससे सनातन धर्मावलम्बियों की आस्था उस स्थल से खत्म हो जाए और आनेवाली पीढ़ी उसके महत्त्व को जानने से वंचित रहे। इसके बाद काफी समय तक पूरा क्षेत्र विरान पड़ा रहा। मुगलों का राज समाप्त होने पर ब्रिटिश हुकूमत में उसी स्थल पर सुल्तानपुर के धर्मनिष्ठ राजा ने तीन मंजिला भव्य मन्दिर का निर्माण करवाया। बबुआइन महादेव कुंवर पत्नी बाबू लक्ष्मण प्रसाद ने ब्रिटिश अधिकारियों के विरोध के बावजूद मन्दिर का निर्माण कराया है। लक्ष्मण प्रसाद सुल्तानपुर के राजा थे। पत्थरों पर खूबसूरत नक्काशी देखकर हर कोई आश्चर्यचकित हो जाता है। मौजूदा समय मन्दिर के प्रबन्धन का जिम्मा जूना अखाड़ा के पास है। मन्दिर का निर्माण करानेवाली रानी का जूना अखाड़ा के महात्माओं के प्रति अगाध श्रद्धा थी। वह जूना अखाड़ा के वाराणसी स्थित आश्रम में रहनेवाले महात्माओं का दर्शन करने अक्सर जाती थीं। सन्तों के सानिध्य में रहकर धार्मिक चर्चाएँ करने व प्रवचन सुनना उन्हें बहुत पसन्द था। जूना अखाड़ा के महात्माओं के निर्देश पर ही उन्होंने प्रयागराज में ठाकुर महादेव (राम जानकी) मन्दिर का निर्माण करवाया था। मन्दिर में स्वयं एक तपस्वी की भाँति रहती थीं। रानी जूना अखाड़ा के महात्माओं को बुलाकर उनकी सेवा करती थीं। मन्दिर में प्रवास करनेवाले महात्माओं के भोजन व फल का प्रबन्ध रानी स्वयं करती थीं। उन्होंने मन्दिर के सामने एक धर्मशाला का निर्माण भी करवाया था। धर्मशाला में दूर-दराज से संगम स्नान करने के लिए आनेवाले लोगों का आश्रय स्थल था। लेकिन, मौजदा समय उस धर्मशाला का अस्तित्व समाप्त हो गया है। रानी की इच्छा थी कि उनके निधन के बाद मन्दिर के प्रबन्धन का जिम्मा जूना अखाड़ा अपने हाथों में लेकर भजन-पूजन का सिलसिला जारी रखे। रानी ने जीवित रहते हुए अखाड़े के महात्माओं से मन्दिर का जिम्मा सम्भालने का काफी आग्रह किया था, क्योंकि उन्हें अन्देशा था कि जूना अखाड़ा के अतिरिक्त कोई मन्दिर की सुरक्षा व संरक्षा ठीक से नहीं कर पाएगा। न ही नियमानुसार भजन-पूजन होगा। जूना अखाड़ा ने रानी की इच्छा के अनुसार मन्दिर प्रबन्धन का जिम्मा अपने हाथों में ले लिया। इसके बाद जूना अखाड़ा मन्दिर के प्राचीन स्वरूप को संरक्षित करने के साथ उसकी धार्मिक व पौराणिक ख्याति को जन-जन तक पहुँचाने में जुटा है। अखाड़े के महात्मा मन्दिर में धार्मिक गतिविधियों को निरन्तर बढ़ा रहे हैं।

नाग हृदय तीर्थ है नागवासुकी मन्दिर

गंगा तट पर दारागंज मोहल्ला में नागवासुकी का प्राचीन मन्दिर स्थित है। यहाँ नागराज वासुकी की आकर्षक प्रतिमा का दर्शन होता है। स्कन्द पुराण में इस

स्थल को नाग हृदय तीर्थ कहा गया है। मन्दिर के उत्तर दिशा में भोगवती तीर्थ है। मान्यता है कि माँ गंगा स्वर्ग से पृथ्वी पर आकर शेषनाग के फन पर अवतरित हुईं थीं। यहाँ फन का भोग है। भोग में गंगा के गिरने के कारण उन्हें भोगवती भी कहा जाता है। पुराणों में वर्णित है कि भोगवती तीर्थ स्थल में ब्रह्माजी की वेदी है। मन्दिर में काल सर्पदोष की विशेष पूजा की जाती है। काल सर्पदोष दूर कराने के लिए मन्दिर में दूर-दूर से लोग आते हैं। जबकि नाग पंचमी पर मन्दिर प्रांगण में विशाल मेला लगता है। किन्नर भी मेला का हिस्सा बनते हैं। भक्तिभाव से ओतप्रोत होकर किन्नर मन्दिर में पूजन करते हैं। मन्दिर में श्रद्धालु की सहुलियत के लिए श्रमदान भी करते हैं।

भीष्म पितामह की दुर्लभ प्रतिमा

दारागंज मोहल्ला में नागवासुकी मन्दिर के प्रवेश द्वार के पास भीष्म पितामह की विशालकाय प्रतिमा स्थित है। भीष्म पितामह की यह दुर्लभ प्रतिमाओं में एक है। उचित प्रचार-प्रसार न होने के कारण प्रयागराज के अधिकतर लोग इस प्रतिमा के बारे में नहीं जानते। अध्यात्मिक विद्वान स्व. देवीदत्त शुक्ल की प्रेरणा से पितृपक्ष की प्रतिप्रदा पर पूर्वजों के नाम पर दीपदान करने की परम्परा आरम्भ हुई। इसके बाद पं. देवीदत्त शुक्ल पं. रमादत्त शुक्ल शोध संस्थान की ओर से वह परम्परा आज भी निभाई जाती है। संस्थान के सचिव व्रतशील शर्मा व चंडी पत्रिका के सम्पादक ऋतशील शर्मा के सानिध्य में श्रद्धालुजन अपने-अपने पूर्वजों का स्मरण करते हुए दीपदान करते हैं। संस्थान की ओर से प्रतिमा स्थल की देख-रेख की जाती है। अधिक से अधिक लोग भीष्म पितामह का दर्शन करने के लिए आएं उसके लिए संस्थान प्रचार-प्रसार में जुटा है। किन्नर संन्यासी व आम किन्नर पितृपक्ष में अपने पूर्वजों की स्मृति में दीपक जलाने आते हैं। दीपदान करने के बाद किन्नर भीष्म पितामह की प्रतिमा स्थल पर बैठकर चिन्तन व प्रायश्चित करते हैं। वह प्रायश्चित भीष्म पितामह की मृत्यु को लेकर होता है। किन्नर अखाड़ा की महामंडलेश्वर कौशल्यानन्द गिरि कहती हैं कि, 'भीष्म पितामह की मृत्यु का कारण किन्नर शिखंडी को माना जाता है। शिखंडी अर्जुन के रथ पर सवार होकर आए तो भीष्म पितामह ने उन्हें देखकर अपना धनुष रख दिया। इसके बाद अर्जुन ने उनके ऊपर बांणों की बौछार कर दिया। फिर भीष्म पितामह बाणों की शैया में लेट गए और वहीं उनकी मृत्यु हो गई। पितामह की मृत्यु से शिखंडी भी मर्माहित थे। हम भी उस घटना को लेकर आज भी कष्ट की अनुभूति करते हैं।'

महर्षि भारद्वाज की तपस्थली है उनका आश्रम

प्रयागराज की पवित्र धरा प्राचीनकाल में ऋषि-मुनियों की तपस्थली थी। महर्षि भारद्वाज अपने शिष्यों के साथ सृष्टि कल्याण के लिए यहीं जप-तप में लीन रहते थे। त्रेतायुग में मर्यादा पुरुषोत्तम श्रीराम राज-पाठ त्यागकर वनवास जाते समय महर्षि भारद्वाज से मिलने उनकी कुटिया में आए थे। श्रीराम ने महर्षि भारद्वाज का दर्शन करके उनका उपदेश ग्रहण किया था। भारद्वाज के कहने पर ही श्रीराम ने वनवास करने चत्रकूट गए और वहीं प्रवास किया। लंका पर विजय प्राप्त करने के बाद अयोध्या जाते समय पुनः श्रीराम महर्षि भारद्वाज से मिलने आए थे। भारद्वाज आश्रम में भगवान शिव, श्रीराम, महर्षि भारद्वाज, याज्ञवल्क्य सहित अनेक देवी-देवताओं व ऋषियों का मन्दिर है। मन्दिर के शिखर पर पहले एक दीप था, जिसे तोड़ दिया गया। मन्दिर के टीले पर भरत कुंड भी था, परन्तु उसका अस्तित्व खत्म कर दिया गया। कहते हैं पहले आश्रम से पास से गंगा का प्रवाह था। प्रयागराज में 2019 में आयोजित हुए कुम्भ पर्व से पहले प्रदेश की योगी आदित्यनाथ की सरकार ने महर्षि भारद्वाज आश्रम का जीर्णोद्धार कराया। उप मुख्यमन्त्री केशव प्रसाद मौर्य ने इस कार्य में व्यक्तिगत रुचि लेते हुए भारद्वाज आश्रम के पौराणिक स्वरूप को जीवन्त करते हुए उसमें आधुनिकता प्रदान कराया। आश्रम के केन्द्र पर महर्षि भारद्वाज की विशाल प्रतिमा स्थापित की गई। कुम्भ के दौरान अपने हर दौर में केशव भारद्वाज आश्रम आकर कार्यों का निरीक्षण करते थे। इससे आश्रम को भव्यता मिली। कुम्भ के दौरान देश-विदेश के करोड़ों श्रद्धालुओं ने मन्दिर जाकर दर्शन-पूजन किया। किन्नर अखाड़ा से जुड़े संन्यासी भारद्वाज आश्रम में नियमित रूप से दर्शन-पूजन करने जाते हैं। शहर से बाहर का व्यक्ति आश्रम जाए उसके लिए सोशल मीडिया में व्यापक प्रचार-प्रसार कर रहे हैं।

भगवान जगन्नाथ का अद्‌भुत मन्दिर

कीडगंज कृष्णनगर में त्रिवेणी रोड पर भगवान जगन्नाथ का प्राचीन मन्दिर स्थित है। प्रयागराज में भगवान जगन्नाथ का यह सबसे प्राचीन मन्दिर है। इसका निर्माण 1829 में कराया गया था। मन्दिर में भगवान जगन्नाथ, बलभद्र व सुभद्रा भव्य सिंहासन में विराजमान हैं। मन्दिर परिसर में श्रद्धाभाव से आनेवाले भक्तों को समस्त कष्टों से मुक्ति मिलती है। यहाँ किया गया अनुष्ठान कभी व्यर्थ नहीं जाता है। यही कारण है कि मन्दिर में दर्शन-पूजन व अनुष्ठान कराने के लिए वर्ष पर्यन्त देश के विभिन्न कोनों से भक्त आते हैं। आषाढ़ शुक्लपक्ष की द्वितीय तिथि को हर वर्ष भगवान जगन्नाथ की भव्य रथयात्रा निकाली जाती है। ध्वज-पताका,

बैंडबाजा के साथ निकलनेवाली यात्रा में सैकड़ों भक्त शामिल होते हैं। ब्रिटिश हुकूमत में प्रबन्धन व पूजन करनेवाले पं. बिहारी तिवारी ने मन्दिर की ख्याति बहुत बढ़ाई थी। हर जाति-धर्म के लोग मन्दिर में मत्था टेकने आते थे। यहाँ तक कि कई अंग्रेज अफसर भी जगन्नाथ भगवान की शोभायात्रा में शामिल होते थे। इनके बाद जगन्नाथ प्रसाद तिवारी, राजाराम तिवारी व चिन्तामणि तिवारी ने अलग-अलग समय में मन्दिर प्रबन्धन की जिम्मेदारी सम्भाली है। मौजूदा समय श्रीजगन्नाथ स्वामी सेवा समिति के पास मन्दिर प्रबन्धन का जिम्मा है। समिति के अध्यक्ष डॉ. महेन्द्र तिवारी, महामन्त्री सिब्बू तिवारी, सदस्य व पुजारी दीपक तिवारी व जितेन्द्र तिवारी हैं। समिति के अध्यक्ष डॉ. महेन्द्र तिवारी मन्दिर के धार्मिक व पौराणिक स्वरूप को जीवन्त किया है। वह कहते हैं कि भगवान जगन्नाथ का यह मन्दिर न सिर्फ प्रयागराज बल्कि देश का धरोहर है। राष्ट्र व धर्महित में मन्दिर को सरंक्षित करने का हर सम्भव प्रयास किया जा रहा है।

स्वतन्त्रता आन्दोलन का केन्द्र आनन्द भवन

भारद्वाज आश्रम के बगल में आनन्द भवन स्थित है। स्वतन्त्रता आन्दोलन रहे आनन्द भवन में देश के प्रथम प्रधानमन्त्री जवाहर लाल नेहरू व पूर्व प्रधानमन्त्री इन्दिरा गान्धी से जुड़ी अनेक स्मृतियाँ संरक्षित हैं। जवाहर लाल नेहरू के पिता मोतीलाल नेहरू ने सात अगस्त 1899 में 20 हजार रुपए में 19 बीघा का यह बंगला राजा जयकिशन दास से खरीदा था। इसमें एक मंजिल का विशाल भवन था। मोतीलाल नेहरू ने नए भवन का निर्माण करवाने के बाद पुराने आवास कांग्रेस का मुख्यालय बना दिया। उसका नाम स्वराज भवन रखा गया। जबकि नए भवन को आनन्द भवन कहा जाने लगा। जवाहर लाल नेहरू ने 1928 में पहली बार यहीं पूर्ण स्वतन्त्रता की घोषणा करनेवाला भाषण लिखा। अंग्रेजों भारत छोड़ो आन्दोलन का प्रारूप यहीं बनकर तैयार हुआ। जवाहर लाल नेहरू की पुत्री व पूर्व प्रधानमन्त्री इन्दिरा गान्धी का जन्म आनन्द भवन में हुआ था। स्वतन्त्रता आन्दोलन 1942 में ब्रिटिश सरकार ने स्वराज भवन को जब्त कर लिया। देश को अंग्रेजों से आजादी मिलने के बाद स्वराज भवन मुक्त हो गया। जवाहर लाल नेहरू ने स्वराज भवन में अनाथ बच्चों के लिए बाल भवन बना दिया। इन्दिरा गान्धी ने प्रधानमन्त्री बनने के बाद आनन्द भवन को 1970 जवाहरलाल नेहरू स्मारक निधि को सौंप दिया। आनन्द भवन में एक संग्रहालय है, उसमें महात्मा गान्धी, जवाहर लाल नेहरू, इन्दिरा गान्धी सहित अनेक क्रान्तिकारियों की स्मृति संरक्षित है। वैसे तो आनन्द भवन की ख्याति देश-विदेश में है। प्रयागराज में यह पर्यटन का प्रमुख केन्द्र भी है।

लेकिन, किन्नरों का इससे जुड़ाव अधिक नहीं था। इधर, कुछ वर्षों में किन्नर भी आनन्द भवन का दीदार करने आने लगे। वह स्वतन्त्रता आन्दोलन की गौरवपूर्ण गाथा से जुड़कर गौरवांवित हो रहे हैं।

नवग्रह मन्दिर में होते हैं नौ ग्रहों के दर्शन

रामलीला के जरिए मर्यादा पुरुषोत्तम श्रीराम के आदर्शों को जन-जन तक पहुँचाकर रामराज की संकल्पना को साकार करने में जुटी है प्राचीन श्रीपथरचट्टी रामलीला कमेटी। ध्वनि प्रकाश के माध्यम से रामलीला का मंचन व श्रीराम राज्याभिषेक का भव्य आयोजन अद्भुत होता है। कमेटी के रामबाग प्रांगण में स्थापित नवग्रह मन्दिर हर किसी के आकर्षण का केन्द्र है। पाँच फरवरी 2012 शुक्लपक्ष की त्रयोदशी संवत 2068 को मन्दिर बनकर तैयार हुआ। मन्दिर में नवग्रह की अलौकिक प्रतिमाएँ हैं। भगवान विष्णु, माता लक्ष्मी की दुलर्भ प्रतिमा है। इसके अलावा विष्णु के दशावतारों का खूबसूरत चित्रण किया गया है। प्रांगण में खाटू श्याम का भव्य मन्दिर स्थित है। यहाँ जनकल्याण के लिए 24 घंटे देशी घी का अखंड ज्योत जलती है। कमेटी के प्रवक्ता लल्लूलाल गुप्त 'सौरभ' कहते हैं कि नवग्रह मन्दिर के जरिए श्रीपथरचट्टी रामलीला कमेटी ने प्रयाग की धरोहर को संजोने के साथ उसमें आधुनिकता का रंग डालने का प्रयास किया है। मन्दिर में प्रवेश करने पर उसकी भव्यंता की अनुभूति भी होती है।

खुसरोबाग की हरियाली मोहती है मन

प्रयागराज के दर्शनीय स्थलों में खुशरोबाग भी शामिल है। मुगल सम्राट जहाँगीर की पत्नी शाह बेगम के पुत्र शाहजादा खुसरो की मृत्यु 1622 में बुरहानपुर में हुई थी। खुसरो के पार्थिव शरीर को यहीं दफनाया गया है। इसी कारण इसका नाम खुशरोबाग पड़ा। इसका क्षेत्रफल 64 एकड़ में फैला है। परिसर के चारों ओर पत्थर के बड़े ढोकों से विशाल दीवार बनाई गई है। इसका निर्माण 1625 में आरम्भ हुआ। निर्माण का कार्य 1632 में पूरा हुआ। इसके द्वारों की ऊँचाई 60 फुट के आस-पास है। मुख्य द्वार के अन्दर प्रवेश करते ही ताड़ के वृक्षों की लम्बी कतारें व चारों ओर फैली हरियाली सबका मन मोह लेती है। परिसर के अन्दर विभिन्न किस्म के अमरूदों का विशाल बाग भी है। लेकिन, उसका उचित प्रचार-प्रसार अभी तक नहीं हो पाया है। खुसरोबाग के प्राकृतिक सौन्दर्य का लाभ हर व्यक्ति ले, उसके लिए किन्नर अखाड़ा विशेष प्रयास कर रहा है। किन्नर अखाड़ा की बैठक खुशरोबाग में कराकर हर वर्ग के लोगों को आमन्त्रित किया जाता है। इससे प्रयागराज के अलावा दूसरे प्रदेशों में भी खुशरोबाग की ख्याति फैल रही है।

संरक्षित है लाक्षागृह

प्रयागराज जिला में हंडिया के पास लाक्षागृह नामक स्थान है। गंगा तट पर स्थित लाक्षागृह का पौराणिक महत्त्व है। मान्यता है कि वनवास के समय पांडवों के लिए दुर्योधन ने यहीं लाख का गृह निर्मित कराया था। यहीं, आग लगाकर पांडवों को मारने का षड़यन्त्र रचा गया। परन्तु पांडव किसी तरह बचकर बाहर निकल आए। इस स्थल को जीवन्त करने के लिए धर्मक्षेत्र लाक्षागृह पर्यटन स्थल विकास समिति के संचालक ओमकारनाथ त्रिपाठी कई वर्षों से संघर्षरत हैं। इनके प्रयास से लाक्षागृह आज भी संरक्षित है। लाक्षागृह तक जाने के लिए सड़क का निर्माण किया गया। आम लोगों को जोड़ने के लिए स्थल को भव्यता प्रदान किया गया है। इससे लोगों का इस प्रमुख स्थल पर आवागमन होने लगा है। ओमकारनाथ त्रिपाठी को किन्नर संन्यासी पूरा समर्थन दे रहे हैं। किन्नर अखाड़ा उनके कन्धे से कन्धा मिलाकर चलने का ऐलान कर चुका है। इसके चलते लाक्षागृह का प्रचार-प्रसार तेज हो गया है।

श्रीराम ने श्रृंगवेरपुर से पार किया गंगा

प्रयागराज मुख्यालय से लगभग 30 किलोमीटर की दूरी पर लालगोपालगंज के पास गंगा तट पर श्रृंगवेरपुर है। श्रृंगी ऋषि की तपस्थली होने के कारण इस स्थल का नाम श्रृंगवेरपुर पड़ा। इसी पवित्र स्थल पर त्रेतायुग में अयोध्या के राजा दशरथ को पुत्रेष्ठि यज्ञ करवाया था। यज्ञ पूर्ण होने के बाद श्रीराम, भरत, लक्ष्मण व शत्रुघ्न का जन्म हुआ। वनवास के लिए जाते समय श्रीराम ने यहीं से गंगा पार किया था। श्रृंगवेरपुर में निषादराज गुह का किला था। परन्तु उनका अस्तित्व अब खत्म हो चुका है। यहाँ श्रृंगी ऋषि, शान्तामाई सहित अनेक देवी-देवताओं के प्राचीन मन्दिर स्थित है। श्रृंगवेरपुर आज भी सन्त-महात्माओं की तपस्थली का केन्द्र है। गंगा तट के आस-पास महात्मा तपस्या में लीन रहते हैं। किन्नर संन्यासी भी एकान्तवास के लिए यहाँ आते हैं। श्रृंगवेरपुर में प्रवास करके किन्नर संन्यासी साधना में लीन रहते हैं।

महग्राम गढ़वा

प्रयागराज से लगभग 40 किलोमीटर की दूरी पर दक्षिण-पश्चिम दिशा में स्थित है महग्राम गढ़वा। इसका प्राचीन नाम भट ग्राम था। जो गुप्त काल में प्रसिद्ध नगर था। गढ़वा की छोटी-छोटी पहाड़ियाँ और उसके बीच झील हर किसी के आकर्षण का केन्द्र है। करीब 1750 ई. में इसके हाते को बघेल राजा विक्रमादित्य ने बनवाया था। यह स्थल प्रयागराज में पर्यटन का प्रमुख केन्द्र है। यहाँ का मनोरम दृश्य देखकर हर कोई मन्त्रमुग्ध हो जाता है। यही कारण है कि गढ़वा में हमेशा

लोगों की भारी भीड़ रहती है। किन्नर अखाड़ा ने पर्यटन विभाग के जरिए इस स्थल का कायाकल्प कराने की मुहिम आरम्भ किया है। इसका सार्थक परिणाम भी सामने आया है।

पर्यटन का केंद्र सुजावन देव मन्दिर

प्रयागराज से 20 किलोमीटर की दूरी पर स्थित यमुना तट पर चार सौ बीघा में तीन बड़े-बड़े टीले हैं। एक टीले में सुजावन देव का प्राचीन मन्दिर स्थित है। यह टीला यमुना नदी के अन्दर स्थित है। कार्तिक मास की यम द्वितीया तिथि पर यहाँ विशाल मेला लगता है। यह मनोरम स्थल पर्यटन का केन्द्र हैं। यहाँ अक्सर हिन्दी व भोजपुरी फिल्मों की शूटिंग होती है। इसके साथ ही यह स्थल साधना का केन्द्र भी है। किन्नर संन्यासी महाशिवरात्रि पर सुजावन देव का दर्शन-पूजन करने के लिए पूरे लाव-लश्कर के साथ आते हैं। किन्नर संन्यासियों के आगमन से श्रद्धालुओं का जमघट लग जाता है। किन्नरों की भगवान शिव के प्रति विशेष आस्था होती है। वह मन्दिर के आस-पास श्रमदान करके अपनी श्रद्धा प्रकट करते हैं। इसके जरिए आम श्रद्धालुओं को वहाँ स्वच्छता बनाए रखने का सन्देश देते हैं।

आस्था का केन्द्र हैं त्रिदेवियाँ

तीर्थराज प्रयागराज में वैसे तो अनेकों देव स्थल हैं। परन्तु यहाँ की त्रिदेवियों यानी तीन देवियों की महिमा अपरम्पार है। यहाँ माँ ललिता, माँ कल्याणी व माँ अलोपशंकरी का वास है। प्राचीनकाल से तीनों देवियाँ सनातन धर्मावलम्बियों का कष्ट दूर करके उन्हें मनोवांछित फल प्रदान कर रही हैं। त्रिदेवियों का वास होने से प्रयागराज का धार्मिक स्वरूप वृहद हो जाता है। हर मन्दिर की महिमा निराली है। वह सदियों से भक्तों की आस्था का केन्द्र है। तीनों देवियों में किन्नरों की अटूट आस्था है। किन्नर अखाड़ा गठन होने से पहले भी किन्नर अपनी सुविधा के अनुसार मन्दिरों में जाकर दर्शन-पूजन करते थे। जब किन्नर अखाड़ा का गठन हो गया और किन्नरों ने भी संन्यासी बनने लगे तो देवी मन्दिरों में उनका आना अधिक हो गया। धर्माचार्य के रूप में वह माँ ललिता, माँ कल्याणी व माँ अलोपशंकरी का दर्शन-पूजन करने आते हैं। अपने भक्तों व आम किन्नरों को माँ की महिमा बताकर उन्हें मन्दिर जाने को प्रेरित करते हैं।

मीरापुर में स्थित हैं माँ ललिता देवी

प्रयागराज के मीरापुर मुहल्ला में यमुनातट पर ककहरा घाट के पास माँ ललिता का प्राचीन मन्दिर स्थित है। शास्त्रों में इस उक्ति 'प्रयागे तु ललिता' से

स्पष्ट होता है कि प्रयाग में भगवती ललिता की आराधना का प्राचीन स्थल है। माता सती के हाथ की उंगली गिरने से भगवती ललिता का उद्‌भव हुआ। श्री दुर्गा सप्तशती कवच में माँ ललिता को दुर्गादेवी के हृदय की रक्षा करनेवाली शक्ति के रूप में बताया गया है। वनवास के दौरान पांडवों के ललिता देवी मन्दिर में पूजन करने की बात भी कही जाती है। चंडी पत्रिका के 1942 में प्रकाशित अंक में माँ ललिता की महिमा का बखान महाशक्ति के रूप में किया गया है। माँ ललिता के पास भैरव बाबा का प्राचीन मन्दिर स्थित है। मान्यता है कि भैरव बाबा का दर्शन करने पर ही माँ ललिता के दर्शन का पूरा फल प्राप्त होता है। इनके अलावा नवग्रह, राम दरबार, संकटमोचन दरबार, ललितेश्वर महादेव की प्राचीन प्रतिमाएँ मन्दिर में स्थापित हैं। माँ ललिता की हृदय से उपासना करने पर मानव को भोग व मोक्ष दोनों की प्राप्ति होती है। जनकल्याण को मन्दिर में वर्ष पर्यन्त अनुष्ठान चलता है। शारदीय व वासन्तिक नवरात्रि में माँ के दरबार में शतचंडी यज्ञ कराकर सृष्टि कल्याण की कामना की जाती है।

माँ कल्याणी का भव्य मन्दिर

नगर के कल्याणी देवी मुहल्ले में माँ कल्याणी देवी का सिद्धपीठ हैं। मन्दिर अक्षयवट के उत्तर-पश्चिम कोने पर स्थित है। पद्‌म पुराण के अनुसार ललिता ही कल्याणी देवी के स्वरूप में स्थापित है। महर्षि याज्ञवल्क्य ने माँ भगवती का ध्यान एवं आराधना करके 32 अंगुल की देवी कल्याणी की प्रतिमा स्थापित किया है। देवी की चार भुजाओं के रूप में सिंह पर आसीन हैं। मन्दिर के दक्षिण में महादेव विराजमान हैं, बाए भाग में माँ छिन्नमस्ता की प्रतिमा स्थापित है। जबकि गणेश जी, हनुमान जी व भगवान दत्तात्रेय की आकर्षण प्रतिमाएँ स्थापित है। माँ कल्याणी का दर्शन-पूजन करने के लिए दूर-दूर से भक्त आते हैं। शारदीय व वासन्तिक नवरात्रि में माँ के दरबार में शतचंडी यज्ञ का आयोजन करके जनकल्याण की कामना की जाती है।

शक्ति का केन्द्र हैं माँ अलोपशंकरी

अलोपशंकरी देवी का मन्दिर प्रयागराज के अलोपीबाग मुहल्ला में स्थित है। संगम और अक्षयवट के उत्तर-पश्चिम दिशा में मन्दिर है। पौराणिक मान्यता है कि माता सती का यहाँ जो अंग कटकर गिरा है वह लुप्त हो गया। इससे मन्दिर का नाम अलोपशंकरी पड़ा। विद्वानों का मत है कि माँ अलोपशंकरी का मन्दिर शक्तिपीठ है। यहाँ माँ की पूजा पालने के स्वरूप में की जाती है। मन्दिर का प्रबन्धन महानिर्वाणी अखाड़ा के पास है। हर सोमवार व शुक्रवार को माँ के दरबार

में मेला लगता है। भक्त दूर-दूर से माँ का दर्शन-पूजन करने आते हैं। मनोकामना पूर्ति के लिए भक्त माँ को नारियल व चुनरी अर्पित करते हैं। वैसे तो माँ के दरबार में निरन्तर पूजन व भजन होता है। परन्तु शारदीय व वासन्तिक नवरात्रि में मइया के दरबार में प्रतिदिन हजारों श्रद्धालु दर्शन-पूजन के लिए आते हैं। जनकल्याण की कामनापूर्ति के लिए मइया के दरबार में सन्त-महात्मा मन्त्रोच्चार के बीच नौ दिनों तक शतचंडी यज्ञ करते हैं।

सौन्द्रर्य की दुनिया में किन्नरों का हस्तक्षेप

सदियों से किन्नर हमारे बीच रहते आए हैं, लेकिन समाज में उन्हें जो दर्जा मिलना चाहिए वो नहीं मिल पाया है। भारत सहित अनेक देशों में कानूनी रूप से किन्नरों यानी ट्रांसजेंडर को समाज का हिस्सा मानकर पूरी आजादी व अधिकार दिया गया है। लेकिन, उनकी चुनौतियाँ कम नहीं हुई। सामाजिक उपेक्षा का शिकार किन्नर आज भी हैं। उन्हें उचित अधिकार व सम्मान नहीं मिला है। लेकिन, तमाम चुनौतियों का सामना करते हुए किन्नर खुद की अलग पहचान बना रहे हैं। देश-विदेश में अनेक किन्नरों अपनी खुबसूरती के लिए विख्यात हैं। मॉडलिंग व अभिनय के क्षेत्र में अपना जलवा बिखेरकर नाम व पैसा कमा रहे हैं। कई किन्नरों ने अपनी खूबसूरती से अभिनेत्रियों को पीछे छोड़ दिया है। जो उन्हें एक नजर देख लेता है उनका कायल हो जाता है। हर कोई उनके साथ कुछ समय बिताने को आतुर रहता है। फोटो खिंचवाने व आटोग्राफ लेनेवालों की होड़ रहती है। खास बात यह है कि किन्नरों को खुद के किन्नर होने पर गर्व है। वे अपनी पहचान छिपाने के बजाए उसे प्रचारित करते हैं। समाज के लोग भी उन्हें किन्नर के रूप में स्वीकार कर रहे हैं। यह देखकर दूसरे किन्नरों में खुद की खूबसूरती बढ़ाकर लीक से अलग हटकर कुछ विशेष काम करने की प्रेरणा जग रही है।

थलिथा जामरीली

थलिथा ब्राजील की रहनेवाली हैं। पेशे से मॉडल और इंडस्ट्रियल डिजाइनर हैं। थलिथा जन्मजात लड़का थीं। लेकिन, बाद में अपनी सर्जरी करवा लिया। थलिथा जामरीली की खूबसूरती देखकर किसी को भी अपनी आँखों पर यकीन नहीं होता कि वे किन्नर हैं।

कारमेन करेरा

कारमेन करेरा प्रसिद्ध अमेरिकन रियलिटी टीवी हस्ती व कलाकार हैं। वे फैशन की दुनिया में अपनी जगह बना चुकी हैं। उन्हें लोग किन्नर की नजरो से नहीं बल्कि एक खूबसूरत सुन्दरी के लिए जानते है। कारमेन ने खुद मीडिया के सामने

यह स्वीकार किया था की वे एक ट्रांसजेंडर हैं। वे मानती हैं कि इसे बताने में कोई शर्मवाली बात नहीं है। अपनी असलियत छिपाने के बजाए उसे खुलकर बताना चाहिए। ईश्वर ने उन्हें जैसा बनाया है उस पर शर्म व हीन भावना लाने के बजाए गर्व करना चाहिए। इसी कारण वे खुद के किन्नर होने पर गर्व करती हैं।

बिशेष हुइरेम

बिशेष मणिपुर (भारत) की रहनेवाली हैं। यह इतनी खूबसूरत हैं कि इनके आगे महिलाओं की खूबसूरती भी फीकी पड़ जाती है। अपनी इसी खूबसूरती की वजह से बिशेष हुइरेम ने थाईलैंड में हुए मिस इंटरनेशनल क्वीन ब्यूटी कॉन्टेस्ट में हिस्सा लिया था। एक मीडिया रिपोर्ट के मुताबिक हुइरेम ने थाईलैंड में अन्तर्राष्ट्रीय ब्यूटी क्वीन कॉन्टेस्ट में भाग लिया था। यह प्रतियोगिता केवल किन्नरों के लिए रखी जाती है। इस कॉन्टेस्ट में हुईरेम के अलावा बाकी देशों के 54 किन्नर शामिल हुए थे। फैशन में ग्रेजुएट करनेवालीं हुईरेम मणिपुर फिल्मों में काम करने के लिए अभिनेत्रियों से ज्यादा पैसा लेती हैं। हुईरेम मणिपुर की शुमंग लीला में हिस्सा लेकर मशहूर हुई हैं। उसमें महिलाओं के रोल पुरुष करते हैं।

एमेलिया माल्तेपे

एमेलिया माल्तेपे टोरंटो (जापान) की रहती हैं। लेकिन, मूलरूप से बांग्लादेश की रहनेवाली हैं। ये पेशे से मॉडल हैं। उन्होंने ग्लैमर की दुनिया में यह सोचकर कदम रखा था कि वो कुछ भी कर सकती हैं। इसके लिए उन्होंने अपने शरीर में बदलाव के लिए हार्मोन का इस्तेमाल किया। मॉडलिंग की दुनिया में सफल होने के बाद एमेलिया ने खुद बताया की वे एक ट्रांसजेंडर हैं।

जेन्ना तालाकोवा

जेन्ना एक कैनेडियन मॉडल और टीवी की हस्ती हैं। इनकी ओर 2012 में मीडिया का ध्यान आकर्षित हुआ। इन्होंने ट्रांसजेंडर महिलाओं के लिए कई कार्य किए और मिस यूनिवर्स कनाडा की प्रतिस्पर्धा में शामिल हुईं और सफलतापूर्वक जीत भी हासिल कर ली। जेन्ना तालाकोवा के साथ फोटोशूट के लिए बड़े ब्रांड उनसे सम्पर्क करते हैं।

तलाश जान

पाकिस्तान की किन्नर तलाश जान अक्सर सोशल मीडिया में सुर्खियाँ बटोरती हैं। अपनी खूबसूरत अदाकारी व डांस से हर किसी का ध्यान आकर्षित करती हैं। खूबसूरत आँखोंवाली तलाश जान ऐसी किन्नर हैं जो जीवनयापन करने के लिए

पहले मौत के कुएँ में काम करती थीं। तब वे ज्यादा प्रसिद्ध नहीं थीं। जान की बाजी लगाकर घंटों काम करने के बावजूद चन्द रुपए ही कमा पाती थीं। एक बार तलाश जान की फोटो उनके जाननेवाले ने फेसबुक में वायरल कर दिया। वे फोटो मुल्तान शहर के न्यूरो सर्जन लेबानूर को काफी पसन्द आई। लेबानूर ने खूबसूरत आँखोंवाली तलाश जान की तस्वीर को अपने फेसबुक पेज पर शेयर कर दिया। इसके बाद उस फोटो को सात लाख से ज्यादा लाइक व लाखों लोगों ने शेयर किया। इसके बाद तलाश जान काफी प्रसिद्ध हो गईं।

माविया मलिक

पाकिस्तान में रहनेवाली माविका मलिक ने एंटरटेनमेंट इंडस्ट्री में खुद को एक मॉडल के तौर पर लांच किया था। इसके साथ कोहेनूर न्यूज पर उन्होंने एंकरिंग भी किया। किन्नर न्यूज एंकर के रूप में उन्हें काफी प्रसिद्धि मिली। ये दुनिया की पहली किन्नर न्यूज एंकर हैं। सोशल मीडिया में इनके काम की काफी तारीफ की गई।

वेलेंटाइन डी हिंग

नीदरलैंड की वेलेंटाइन डी हिंग प्रसिद्ध मॉडल हैं। फैशन की दुनिया में उनका बड़ा नाम है। ये पहली किन्नर हैं, जिन्हें अन्तरराष्ट्रीय मॉडलिंग एजेंसी आइएमजी ने अपने साथ काम करने के लिए चुना। हिंग ने 10 साल तक किन्नरों पर बनी डाक्यूमेंट्री में काम किया। प्रयागराज में 2019 में लगे कुम्भ मेला में वेलेंटाइन डी हिंग आई थीं। किन्नर अखाड़ा का शिविर लगाने के लिए हुए भूमि पूजन में हिस्सा लिया था। किन्नर अखाड़ा की आचार्य महामंडलेश्वर लक्ष्मीनारायण त्रिपाठी के साथ विधि-विधान से भूमि पूजन किया। वे पूरी तरह से सनातन संस्कृति के रंग में रम गई थीं। संगम की रेती पर कुछ समय बिताकर उन्हें खुद के आध्यात्मिक शक्ति से ओतप्रोत होने की अनुभूति हुई थी। उन्होंने कहा था कि प्रयागराज आकर उन्हें आन्तरिक शान्ति व प्रसन्नता मिली है। ऐसी अनुभूति उन्हें दुनिया में कहीं नहीं मिली।

'ट्रांसमैन' का चातुर्दिक जलवा

स्वभाव, प्रभाव व अभाव मनुष्य के जीवन में व्यापक बदलाव लाता है। अगर जननांग अर्थात लिंग के अनुरूप मनुष्य का स्वभाव नहीं है तो वे खुद को कभी सन्तुष्ट नहीं कर सकता। न ही उसके कार्य में परिपक्वता आती है। ऐसे व्यक्तियों का जीवन अधर में रहता है, वे अजीब-सा खालीपन महसूस करते हैं। लेकिन, समस्या ऐसी होती है कि वे अपना दर्द व अनुभूति किसी को बता नहीं पाते। हिम्मत करके अगर कुछ लोग अपने दिल की बात किसी करीबी को बताते भी हैं तो उन्हें सहानुभूति के बजाए तरह-तरह की यातनाएँ मिलने लगती हैं। हर कोई गलत नजर से देखने लगता है। इससे जीवन नर्क के समान हो जाता है। इसके बावजूद कुछ लोग तमाम चुनौतियों का सामना करते हुए आत्मसन्तुष्टि के लिए बड़ा कदम उठा लेते हैं। आर्थिक संकट दूर करने के लिए काफी संख्या में पुरुष खुद को किन्नर बना लेते हैं। लिंग कटवाकर कुछ किन्नर बन जाते हैं। जबकि लिंग परिवर्तित करवाकर पुरुष से महिला बननेवालों की संख्या निरन्तर इजाफा हो रहा है। लेकिन, पुरुष से महिला बननेवाली 'ट्रांसवुमेन' किन्नर घरानों से जुड़कर जीवनयापन करती हैं। इनके अलावा लड़की से लड़का बननेवालों की संख्या में लगातार बढ़ रही है। लड़कियाँ भी लिंग परिवर्तित कराकर लड़के के रूप में सबके बीच काम कर रही हैं। कुछ ने अलग-अलग क्षेत्रों में विशेष उपलब्धि हासिल करके सबको दंग कर दिया है। वो अपने क्षेत्र में 'आइकन' बन गए हैं।

लिंग परिवर्तित करके नए स्वरूप व नाम में जीवन व्यतीत करना आसान नहीं है। ऐसे लोगों को तमाम दिक्कतों का सामना करना पड़ता है। जीवन में द्वन्द्ध जन्म लेने के कुछ साल बाद ही शुरू हो जाता है। जन्मजात लड़की होने के बावजूद उसके अनुरूप गुण नहीं होता। चाल-ढाल, काम करने का तरीका, बातचीच का लहजा, उठने-बैठने का संस्कार लड़के के समान होता है। ऐसे

लोग मन व शरीर के भाव को एक करने के लिए आठ से दस लाख रुपए खर्च करके लिंग परिवर्तित कराते हैं। ऐसे लोगों को 'ट्रांसमैन' कहा जाता है। लड़की से लड़का बनने के बाद उनके जीवन में व्यापक परिवर्तन आता है। लेकिन, उसके पहले अनेक चुनौतियों का सामना करना पड़ता है। जो व्यक्ति को अन्दर से तोड़ देती है। उन्हें घर, परिवार व रिश्तेदार स्वीकार नहीं करते। हर कोई उपेक्षा की नजर से देखता है। यौन शोषण, नशीली दवाएँ देने के साथ मारपीट की जाती है। देश के चर्चित फैशन डिजाइनर सायशा शिंदे कभी स्वप्निल के नाम से जाने जाते थे। जो पहले खुद को समलैंगिक पुरुष मानते थे, लेकिन जब इनकी उम्र छह साल थी तो उन्हें एहसास हुआ कि वो एक ट्रांसजेंडर महिला हैं। इसके बाद इस सच्चाई को दुनिया के सामने लाने का निर्णय लिया। स्वप्निल अपना लिंग परिवर्तित कराकर महिला बन गए। इस परिवर्तन से इनकी ख्याति पर कोई असर नहीं हुआ। आज सायशा शिंदे के रूप में उन्हें मान-सम्मान मिल रहा है। लॉकअप सीरियल में इनके काम को काफी सराहना मिली है।

दिल्ली के निशान्त डोगरा की कहानी सायशा से काफी अलग है। निशान्त का जन्म लड़की के रूप में हुआ। माँ-बाप ने नाम रखा 'निशा'। निशा चार बहनों में सबसे छोटी थी। उम्र जैसे-जैसे बढ़ती गई, निशा का स्वभाव उसी के अनुरूप बदलता गया। लड़कियों में उनकी कोई रुचि नहीं थी। लड़कों के साथ बैठना, उन्हीं के साथ खेलना व पढ़ने में उनका मन रमा रहता था। लेकिन, घरवालों को यह मंजूर नहीं था। माँ-बाप लड़कों से दूर रहने की हिदायत देते थे। ऐसा न करने पर अक्सर डांट व मार पड़ती थी। लेकिन, निशा उससे बेफिक्र थीं, वह अपनी भावनाओं के अनुरूप लड़कों के करीब रहती थीं। साथ ही लड़का बनने का सपना भी देखती रहीं। दसवीं कक्षा में पहुँचने पर नौकरी शुरू कर दी, दो बहनों की शादी भी हो गई। एक बार अपने जीजा से मन की बात कही तो उन्होंने घर में सबको बता दिया। इसके बाद निशा के जीवन में तमाम तरह की पाबन्दियाँ लगा दी गईं। माँ परेशान हो गईं कि ऐसा न करो, साथ ही शादी करने का दबाव भी बनाया जाने लगा। इससे परेशान होकर निशा ने घर छोड़ दिया। घर छोड़ने के साथ 'दिल्ली डेवलपमेंट अथॉरिटी' में डाटा इंट्री आपरेटर की नौकरी भी छूट गई। तमाम दिक्कतों को झेलने से लिंग परिवर्तित करवाकर निशा से निशान्त डोगरा बन गए। निशान्त बताते हैं कि, 'लड़का बनकर घर गया तो घरवाले काफी खुश हुए। मेरे पास बेटा पाकर ज्यादा खुश होते हैं। रिश्तेदारों की सोच भी बदल रही है, लड़का बनकर वे सबकी जरूरत पूरा करना चाहते हैं।' लड़की से लड़का बननेवाले निशान्त जैसे हजारों लोग हैं। एक सर्वे के अनुसार करीब दस

लाख में एक 'ट्रांसमैन' का जन्म होता है यानी लड़की होने के बावजूद उनके अन्दर लड़के का गुण समाहित रहता हैं।

बॉडी बिल्डिंग में देश-विदेश में नाम कमानेवाले आर्यन भी 'ट्रांसमैन' हैं। इनके लिंग व स्वभाव में काफी अलगाव था। लड़कियों के कपड़े पहनना, उनके साथ रहना उन्हें कभी नहीं भाया। जन्म के बाद से खुद को लड़का ही मानते थे और उसी के अनुरूप उनका हमेशा रहन-सहन रहा। करीब 16 साल की उम्र में लिंग का परिवर्तन करके लड़की से लड़का बन गए, उसके बाद उनके जीवन में चमत्कारिक बदलाव आया। आर्यन कहते हैं कि, 'आत्मा, दिल व स्वभाव के मेल खाए बिन व्यक्ति कभी परिपूर्ण नहीं हो सकता। ऐसा व्यक्ति अपने जीवन में कभी सर्वश्रेष्ठ नहीं कर सकता, उनके साथ भी वैसा ही था। लड़की के रूप में जन्म लेने पर घरवालों ने 'नायला' नाम रख दिया। लेकिन, लड़की का स्वभाव उनके अन्दर था ही नहीं। शरीर के अनुसार उनका स्वभाव मेल नहीं खा रहा था। घर में कोई फ्राक पहनने को बोलता था तो भड़क जाता था। सही मायने में खुलकर जी नहीं पाता था।' आर्यन जीवन के द्वन्द्व में खुद को उलझने नहीं दिया। बल्कि शारीरिक बनावट के विपरीत जीवन व्यतीत करते थे। लड़कों के स्कूल में पढ़ाई की, उन्हीं के साथ खेलते थे। खास बात यह है कि उनके दोस्तों को कभी पता भी नहीं चला कि वे लड़की हैं। उम्र बढ़ी तो माँ ने लिंग परिवर्तित कराने को प्रेरित किया। फिर सर्जरी करवाकर पूरी तरह से लड़का बन गए। आर्यन का कहना है कि, 'लड़की के रूप में जन्म लेने पर तमाम पाबन्दियाँ होती हैं। पढ़ाई-लिखाई, रहन-सहन, व्यवहार में तरह-तरह की बन्दिशों का सामना करना पड़ता है। लेकिन, लड़कों के साथ वैसा नहीं होता। हाँ, 'ट्रांसमैन' बननेवालों को जरूर समस्या आती है। उनके साथ भी वैसा ही हुआ। लिंग परिवर्तित होने के बाद नया डाक्यूमेंट तैयार करने में काफी दिक्कत झेलनी पड़ी। इसके चलते दिल्ली विश्वविद्यालय में प्रवेश नहीं ले पाए। लेकिन, हिम्मत नहीं हारे और मिशन में लगे रहे।' लिंग परिवर्तित होने के बाद आर्यन ने बॉडी बिल्डिंग में अपना जलवा बिखेरकर खूब नाम कमाया। वे यूएस के अटलांटा में 'ट्रांसमैन' की प्रतियोगिता में हिस्सा लेना चाहते थे। लेकिन डाक्यूमेंट में ट्रांसजेंडर लिखा होने के कारण वीजा नहीं मिला। इसके बाद 2018 में मसलमेनिया की प्रतियोगिता में द्वितीय स्थान प्राप्त किया। आइबीबीएफ में तृतीय स्थान प्राप्त किया। वहीं से स्पीड्स केडिंग में राष्ट्रीय खिलाड़ी रहते हैं। आर्यन 'ट्रांसमैन' के जीवनयापन को लेकर काफी चिन्तित हैं। वे कहते हैं कि, 'ट्रांसवुमेन' किन्नर घराने से जुड़कर आसानी से जीवन व्यतीत कर लेती है। लेकिन, 'ट्रांसमैन' के साथ ऐसा नहीं है,

उन्हें काम योग्यता के आधार पर मिलता है। अगर योग्यता नहीं है तो जीवनभर भटकना पड़ता है। इसे देखते हुए वे 'ट्रांसमैन' को आत्मनिर्भर बनाने के लिए शेल्टरहोम बनाना चाहते हैं। जहाँ उन्हें शिक्षित करने के साथ व्यक्तित्व का विकास किया जाएगा, जिससे वह आसानी से रोजगार प्राप्त कर सकें। यह मुहिम देशभर में चलाई जाएगी। इसके जरिए 'ट्रांसमैन' को अधिकार व सम्मान दिलाया जाएगा।'

ये सारी सूचना कल की है, ये सारी जानकारी विनम्र जी ने हमको कल रात में बताई है। उन्होंने कहा कि भाभी के लिए शुभ सूचना है।

●●●